U1069962

YANTAIRIBAOCHUANMEIJITUANNIANJIAN

烟台日报传媒集团年鉴

2012

黄海数字出版社

《烟台日报传媒集团年鉴》编纂委员会名单

主　任：郑 强

副主任：戴志东

委　员：殷成明　衣文敏　胡泽太　田衍生　王英斌
李文俊　滕　岳　胥延义　姜爱敏

《烟台日报传媒集团年鉴》编辑部

主　任：李　田　　**副主任**：吴立文

主　编：孙为刚

供稿人员（按姓氏笔划为序）：

于　梅　于金阳　王　锐　王军华　王　康　王蔚屹　申大陆　申风惠
许　杰　刘　雪　刘清呐　刘震东　刘卫东　刘洪涛　李　卫　李　洋
李　静　李河源　吴立文　吴晓波　张　怡　张　梦　张　凯　周英杰
季云岭　杨　涛　邹　刚　祝　玫　郑勇军　姜泽明　郎济彬　殷　新
郝洪波　郝晓杰　徐爱勇　焦文静　董志伟　欧阳联灿

供片人员（按姓氏笔画为序）：

王　轶　申吉忠　刘震东　刘新国　李　卫　李德强　李小雪　张　梦
张　凯　柳昊杰　郑桂江　唐　克　董志伟

图片翻拍：李　卫　吴明磊

图片设计：赵淑红　　责任校对：尹瑞芳

编辑说明

一、《烟台日报传媒集团年鉴》是烟台日报传媒集团继成功编纂《烟台日报社志》之后编纂出版的一部大型地方报业年刊，是综合、系统、准确的资料性著作，由烟台日报传媒集团主办，烟台日报传媒集团年鉴编纂委员会编纂。本年鉴编纂坚持以马克思列宁主义、毛泽东思想、邓小平理论和“三个代表”重要思想为指导，坚持科学发展观，以翔实的资料和数据记载本年度烟台日报传媒集团各项事业的发展历程，反映改革开放的新情况、新成就、新经验，为今后编纂史志积累可靠资料，为集团的发展提供决策参考。

二、《烟台日报传媒集团年鉴》（2012）采用分类编辑法，分类坚持工作内容和部门分工相结合的原则，除少数综合性内容外，一般分为类目、分目、条目3个层次。为便于检索，条目标题加【】符号表示。

三、《烟台日报传媒集团年鉴》（2012）主要反映2011年度集团各部门、各方面的基本情况。本卷年鉴设图片、特载、大事记、专记、企业文化、职能部门、机构人员、新闻出版（事业部）、网站、控股公司、光荣榜、文献辑存、附录等13个类目。

四、本卷年鉴中的文稿、数据、图表由集团各部门负责提供，并经有关部门或单位负责人审阅。

五、由于水平所限，加之是省内第一部传媒集团（报社）年鉴，可资借鉴的著作不多，不足之处在所难免，恳请读者批评指正。

《烟台日报传媒集团年鉴》编辑部

2012年10月

图书在版编目数据

烟台日报传媒集团年鉴（2012）孙为刚主编
黄海数字出版社 2012.10
中国标准书号：ISBN 978-7-89425-013-1

烟台日报传媒集团年鉴（2012）

主　　编：孙为刚
责任编辑：张　婷
出版发行：黄海数字出版社
网　　址：www.huanghaidigital.com
地　　址：山东省烟台市北大街54号
电　　话：0535-6617918
印　　制：烟台报捷新闻印刷有限公司
开　　本：787毫米X1092毫米
印　　张：12.5
字　　数：246千字
图　　片：112幅
印　　数：1200册
版　　次：2012年10月第一版
印　　次：2012年10月第一次印刷
书　　号：ISBN 978-7-89425-013-1
定　　价：60.00元

图书如有印装问题，请与印制单位联系　电话:0535-6999111

目　录

图　片

特　载

大 事 记

专　记

企业文化

职能部门

机构人员

新闻出版（事业部）

网站

控股公司

光荣榜

文献辑存

附　录

图片

Pictures

烟台日报传媒集团年鉴

深入开展“走、转、改”活动

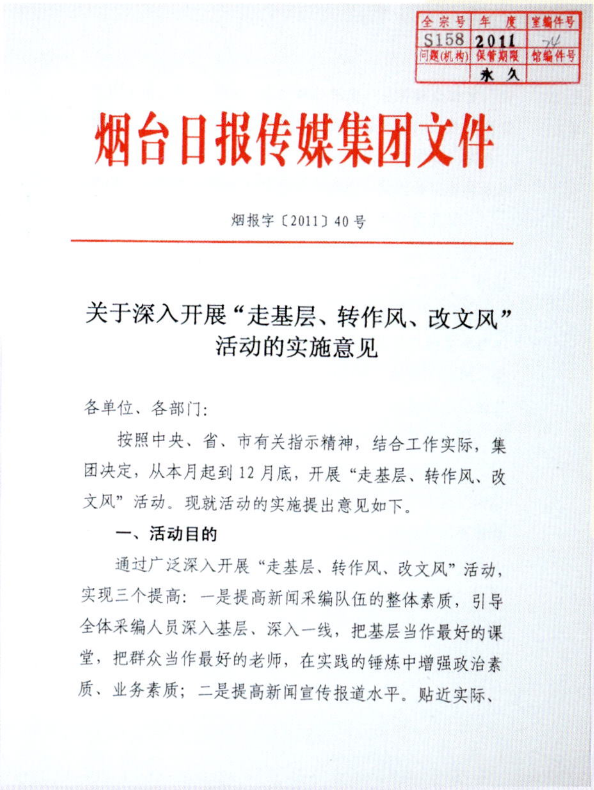

全宗号	年度	室编件号
S158	2011	74
问题(机构)	保管期限	馆编件号
	永久	

烟台日报传媒集团文件

烟报字〔2011〕40号

关于深入开展“走基层、转作风、改文风”活动的实施意见

各单位、各部门：

按照中央、省、市有关指示精神，结合工作实际，集团决定，从本月起到12月底，开展“走基层、转作风、改文风”活动。现就活动的实施提出意见如下。

一、活动目的

通过广泛深入开展“走基层、转作风、改文风”活动，实现三个提高：一是提高新闻采编队伍的整体素质，引导全体采编人员深入基层、深入一线，把基层当作最好的课堂，把群众当作最好的老师，在实践的锤炼中增强政治素质、业务素质；二是提高新闻宣传报道水平。贴近实际、

集团《关于深入开展“走基层、转作风、改文风”活动的实施意见》影印件

“走、转、改”专栏

各媒体关于“走基层、转作风、改文风”的专栏

“走、转、改”专栏

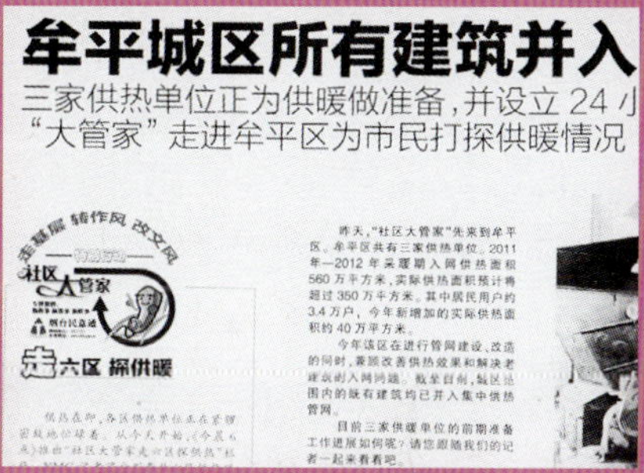

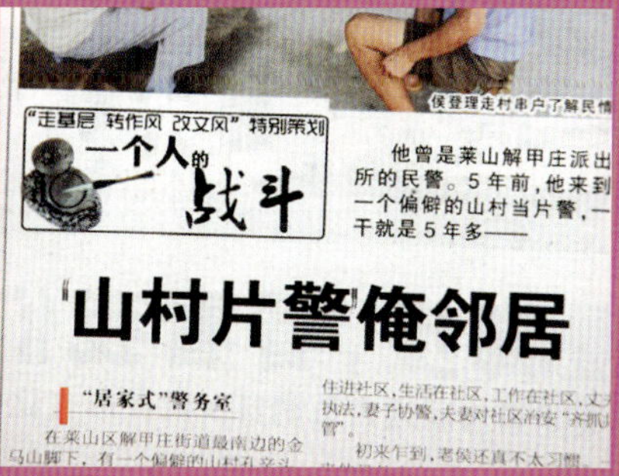

记者在农村采访

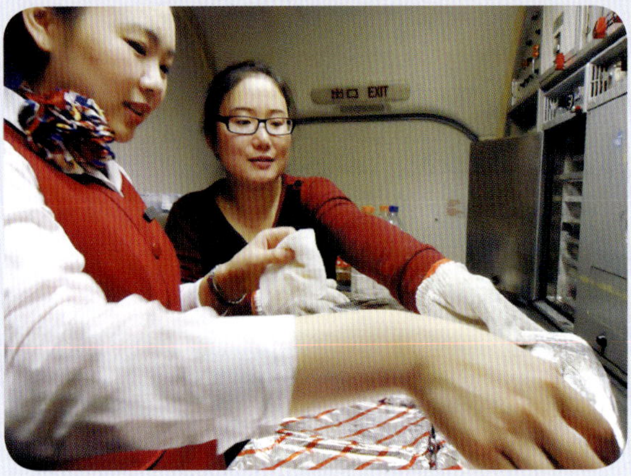

记者在飞机上体验生活

记者在船舱内采访

记者在预备役师某部体验军营生活。

记者通过视频电话采访隔离病房中的张广秀

日报、晚报、晨报关于张广秀的报道

记者在贵州省江口县采访王媛媛的事迹

日报、晚报、晨报关于王媛媛的报道

今日龍口
2011年 11.4
LONGKOU NEWS
培育新载体 激发新活力
"四轮齐驱"领跑东城商业
决战第四季
今冬明春农田水利建设规划确定
411惠民项目掀高潮
她用一条腿换来一条命
龙口最美女孩 车流中勇救伤者
龙口市博爱医院

11月4日，《今日龙口》关于刁娜的报道

烟台晚報
YANTAI EVENING NEWS
2011.11.8 星期二
96110
廉租房租赁补贴明起申请
1921户家庭符合条件，市民可上网查询
"最美女孩"车海救人
国企领导不得自定薪酬奖励
检察官涉嫌伪造"委员长批示"
青岛黑老大聂磊成长路
要理财 到光大
3个月理财 5万起存 预期年收益5.3%
一年保本理财 10万起存 最高年收益12%
两个巨奖得主现身领奖
一个 875 万元
一个 769 万元
烟台民意通
漫游通话就用烟台移动漫游卡，资费更低 网络更好
烟台移动 2011 烟台理财季正式启动

11月8日，《烟台晚报》关于刁娜的报道

《今日龙口》记者采访刁娜

9月18日，《烟台日报》创刊60周年石刻在南山公园落成。图为石刻正面

图为石刻背面

“最美的颂歌献给党”歌咏比赛

6月29日，集团纪念建党90周年歌咏比赛——“最美的颂歌献给党”在集团四楼大会议室举行。图为《烟台晚报》代表队在演唱

图为全媒体新闻中心代表队在演唱

图为风云广告公司代表队在演唱

图为小报童发行公司代表队在演唱

图为呼叫中心
代表队在演唱

图为报洁物业公司
代表队在演唱

图为《烟台日报》
代表队在演唱

图为光速影视公司
代表队在演唱

图为《今晨6点》
代表队在演唱

第八届读者节

10月10日，集团第八届读者节在市文化中心广场举行。图为读者节主会场

晚报《读者节特刊》

日报《读者节特刊》

晨报《读者节特刊》

《烟台晚报》摊位前

《华夏酒报》摊位前

96110呼叫中心摊位前

“闪客”亮相读者节

《烟台日报》编辑接受记者采访

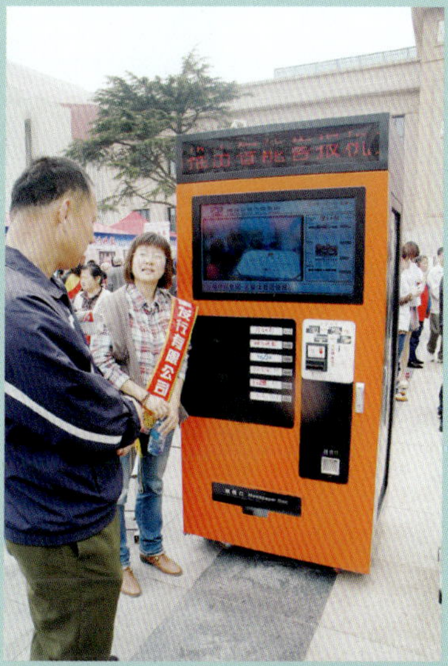

小报童发行公司研制的
自动售报机亮相读者节

5月12日，集团主办的《重生——YMG记者镜头下的北川》摄影展在市美术博物馆开幕。

8月16日，集团年中述职会在集团四楼大会议室举行。图为会场

3月，集团“银钮新闻部落”上线。图为界面首页

6月30日，集团参与承办的“党在我心中”烟台市庆祝建党90周年大型美术作品展在烟台市美术博物馆举行。图为展览开幕现场

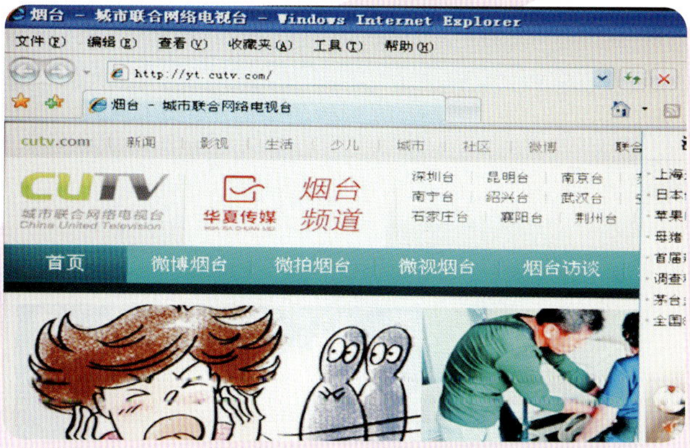

9月，集团参与发起、投资的城市联合网络电视台（CUTV)正式开播。图为（CUTV)台标

11月，集团与烟台大剧院联合主办“小明星大舞台”钢琴音乐会。图为音乐会场景

2012年1月17日，集团为主承办的第三届烟台市道德模范颁奖典礼在烟台大剧院举行。图为典礼现场

1月18日，《水母网》开通10周年庆典在东上海赋大酒店举行。图为庆典现场

1月1日，《华夏酒报》举办自酿葡萄酒大赛。图为评委正在认真品评

1月，光速影视公司与市交警支队共同编纂的《烟台交通手册》出版发行。图为发行现场

12月20日，《烟台晚报》“温暖烟台活动”走进招远市毕郭镇敬老院。

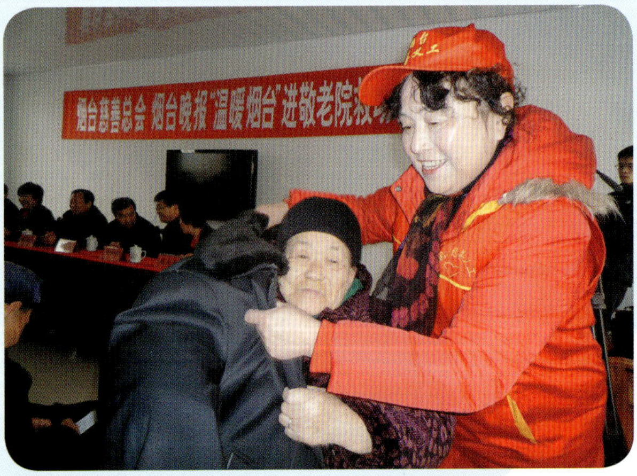

3月7日，《烟台晚报》发起捐建广秀书屋。

4月3日，《今晨6点》组织采摘节。图为采摘节出发仪式现场

4月9日，全媒体新闻中心组织“社区大管家”走进芝罘区世秀小区。图为活动现场

4月29日，《今晨6点》举办张裕小公主大赛。图为大赛现场

7月1日，《烟台日报》组织的“党报车沪上行”抵达上海。图为英模代表在中共一大会址前合影

7月8日，96110民意通呼叫中心在虹口宾馆举办开通一周年庆祝活动。图为庆祝活动现场

7月，96110民意通呼叫中心开始编印专供有关部门领导参阅的《情况反映》。

10月21日，晨报编辑孙小华（左二）赴济南捐献造血干细胞。图为欢送现场

3月24日，集团第十届职工台球比赛
在成功路桌球俱乐部举行。图为比赛现场

7月21日，集团第九届羽毛球比赛
在舒氏运动会馆举行。图为比赛现场

10月15日，集团组队参加市羽毛球比赛。图为赛后合影

8月24日，集团够级比赛
在集团十楼棋牌室举行。图为比赛现场

12月1日，集团棋类比赛
在集团十楼棋牌室举行。图为比赛现场

第26届运动会

5月28日，集团第二十六届运动会
在海军航空工程学院体育场举行。图为入场式

入场式场景之一

入场式场景之二

入场式场景之三

入场式场景之四

起跑

起跳

期待

冲刺

投掷

接力

背越

拔河

9月17日，第二届中韩（烟台）国际马拉松大赛在烟台举行。图为开赛现场

烟台国际马拉松大赛选手撞线

韩国民众在街头观看第一届中韩（韩国）马拉松大赛

5月5日，第一届中韩（韩国）马拉松大赛在韩国华城市举行。图为大赛现场

2012年1月25日，集团嘉年华在烟台国际会议中心中华厅举行。图为集团领导向全体员工祝贺佳节

2011年度

先进集体合影

突出贡献奖获得者合影

年度经理人合影

2011年度“十佳编辑记者”合影

签名墙上留美名

满面春风入会场

文艺节目丰富多彩

烟台日报社获
“第四届全省新闻系统文明单位”称号

集团获“二〇一一年度骨干明星企业”称号

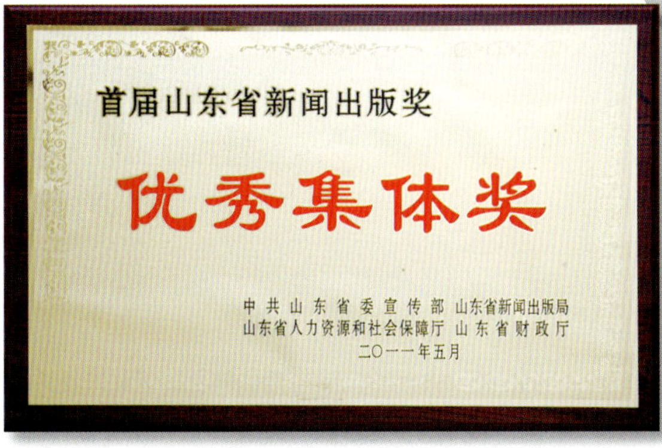

烟台日报社获“首届山东省新闻出版奖优秀集体奖”

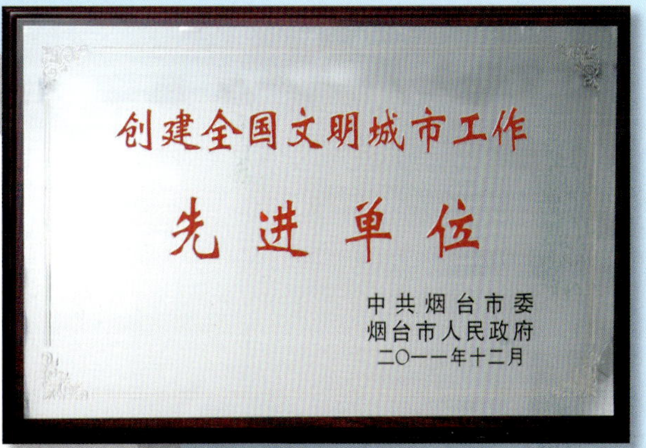

集团获“创建全国文明城市工作先进单位”称号

集团获
“山东省上海世博会新闻宣传先进集体”称号

集团获“第五届王选新闻科学技术奖”三等奖

荣誉称号

烟台日报社获“2006-2010年
全市普法依法治理工作先进集体”称号

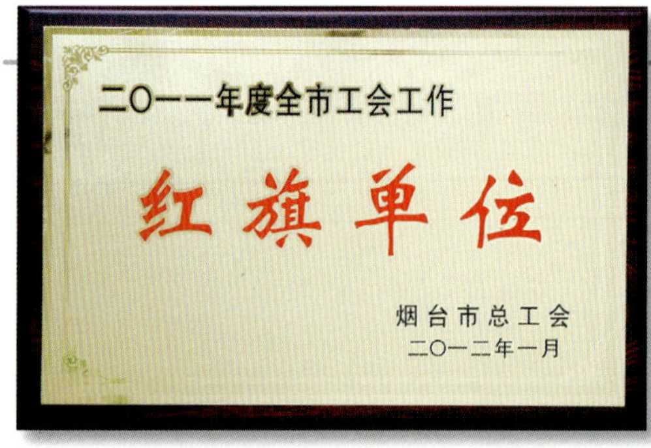

集团工会获“二〇一一年度
全市工会工作红旗单位”称号

《水母网》获“全国地方十强新闻网站”称号

小报童发行公司获
“全国报纸自办发行先进集体”称号

《华夏酒报》获2011年度
“进口葡萄酒行业十大最受欢迎媒体”称号

96110呼叫中心获烟台市“青年文明号”称号

96110呼叫中心获烟台市“巾帼文明岗”称号

黄海数字出版获“首届山东省新闻出版奖”

特　载

烟台日报传媒集团关于2011年若干重点工作的安排意见

经集团党委研究，2011年为集团的“创收增效年”，围绕这一主题，着力抓好以下重点工作：

一、提升产品质量，增强媒体竞争力

各媒体要把好政治导向，强化政治意识、大局意识、纪律意识、法律意识，执行好“六关六审”，降低一般差错，杜绝重大差错，确保媒体安全，切实减少新闻侵权、版权纠纷的数量。

各媒体要坚持客户导向，开门办报，做客户喜欢的内容，选择最能打动客户的角度，全方位贴近客户。要严格执行集团规定的截稿时间，日报截稿时间不得晚于24:00，晚报、晨报不得晚于23:50。

各媒体要重视策划的作用，在活动策划中把握三点：一是做好调研，动态掌握客户需求变化，从客户需求出发做策划；二是塑造和维护品牌，整合各方面资源，提升媒体知名度和影响力；三是创收增效，核算好成本收益，尽可能节约费用，创造利润。

日报、晚报、晨报实行产品领先策略，提高市场竞争力。时政新闻充分挖掘本地优势，合理延伸报道触角，做好本地化解读；民生新闻用好、用活96110，全面掌控社会信息源，实现优势最大化；报纸后半段运用好彩刊的各种编辑手段，打造品牌栏目，培养忠实读者群；版面和内容设计紧贴市场，提高应变能力和响应速度，确保在内容竞争中的优势地位。

《华夏酒报》、《37°女人》、《优格》、《阅读文摘》等媒体要精准媒体定位，精耕细作报刊内容，努力提升营销水平，千方百计拓展市场空间，进一步提升市场占有率和利润率。

《水母网》、黄海数字出版社、光速资讯网等媒体要强化市场导向，探索适合自身特点的媒体传播方式，打造成熟稳定的盈利模式，构建充分满足客户需求的新媒体产品线。

全媒体新闻中心确保稿件足质足量供应，稿件供需比原则上不低于1.5:1。要强化新闻策划，强调新闻时效性，在深度报道和现场“短平快”报道两个层面突破创新，要运用好多媒体的采访和传播手段，做好内容的一次生产、多次销售。

96110呼叫中心确保热线24小时通畅，确保新闻线索的及时、足量提供，同时做好商家联盟，推进增值服务，探索和开辟新的盈利增长点。

县市报立足县域实际，做深做透本地新闻，最大化满足当地读者需求，配合主报搞好品牌营销，抢占市场空间，提升对县域市场的掌控力。

责任领导：栾心国、殷成明、张海波、胡泽太、王英斌、滕岳。

二、积极应对竞争，确保媒体的相对竞争优势

各媒体、职能部门和子公司要严格执行集团应对竞争的十六字战略方针：“坚定信心、积极应对、稳打稳扎、寸土必争”。

在新闻领域，整合信息渠道和资源，集中全媒体集群的力量，充分发挥编辑二次加工的作用，增强品牌栏目的黏合力，巩固原有读者群，开发新的市场空间，打造有竞争力的新闻产品。

在发行领域，最大化利用内外部资源，守住营销渠道，巩固在本地报刊市场的市场占有率和优势地位；最大化拓展市场空间，特别是县域和社区，要不留空白，深入挖掘，争取增量。

在广告领域，运用好独家代理销售、大客户协议等营销策略，以差异化的产品和营销锁定广告客户和代理经销商；防御性产品注重提高产品附加值，《今晨6点•风云消费》等竞争性产品及时响应和跟进竞争。

在活动领域，充分发挥集团和各媒体策划部的作用，注重挖掘品牌的力量，通过创意好、贴近性好的活动策划，提高媒体影响力，以最低的成本获取最好的效果，培育忠实的客户群。

坚持和贯彻好集团大客户经理制。要强化大客户经理的管理。做好筛选、组织和考核，坚持新闻、发行、广告、活动四位一体运作，坚持每周报告制度，坚持客户信息的及时维护，各单位要给予大客户经理全方位的支持和配合。

责任领导：栾心国、殷成明、张海波、衣文敏、胡泽太、田衍生、王英斌、李文俊、滕岳、胥延义。

三、深化体制机制改革，提高公司化运营水平

集团办公室牵头，上半年完成华夏传媒集团公司的注册，进一步完善投融资机制，协助做好资本运作的相关工作。同时，健全公司治理的体制机制，强化董事会的各项职能，做到授权充分、明确，有章可循，有法可依。

资产运营部牵头，理顺财务管理机制，编制好现金流预算，确保集团有充足现金应对竞争；强化资产运营职能，运筹好各种资源，有效盘活资产；强化财务管控职能，科学管控子公司的投资、担保、借出、关联交易等经济活动。

人力资源部牵头，编制人力资源报告，客观反映人力资源现状，为相关决策提供战略支撑；制订子公司人力资源管理办法，指导和规范子公司层面的人力资源管理；推进e-HR系统集团版在集团和子公司两个层面的应用。

审计部上半年编制好内审计划，做好子公司审计，半年进行一轮常规审计，同时做好子公司经济效益和预算费用的审计，达到防微杜渐，指导工作的效果。

法务督查部牵头，规范子公司经营行为，提高依法治企水平，有效规避法律风险，切实减少集团有关经济与劳动纠纷案件数量。

法务督察部牵头，做好安全生产管理，落实各项安全生产管理制度，健全安全生产监督流程，协调各单位共同营造安全的生产生活氛围，有效防范安全生产责任事故。

教育培训部在做好“515工程”相关培训工作的基础上，积极开发新的培训项目，拓展新的市场空间，打造新的赢利点，提升产业化运作的规模和水平。

创意策划部树立经营责任意识，提高成本意识，增强策划活动的创收能力，在保证策划数量，提升策划质量的同时，完成经营目标任务。

上半年完成印刷产业园管理公司的组建和运营，对现有的印刷产业园进行资源整合、品牌包装和专业化管理，盘活闲置资产，打造省级印刷产业重点园区。

上半年完成艺术品开发部的组建和运营，进行系统的市场调研，摸清发展潜力和方向，推进书画、艺术品开发运营相关工作的稳步开展。

责任领导：衣文敏、田衍生、王英斌、李文俊、胥延义。

四、深度整合新媒体资源，将产品优势转化为市场优势

一是要做好资产的整合。三月底前，完成星云公司新组织架构的搭建，有效融合技术中心、水母网和新媒体三个板块，定位于集团主要的技术供应商与新媒体运营商，理顺体制机制和运营流程。

二是做好资源的整合。以水母网为集团新媒体平台，整合其它新媒体产品，采用公司化运作的方式研发、生产、销售，缩短产品从实验室到市场，从实验品到商品的时间。年底前，新媒体业务进入全国同行业的第一梯队。

三是做好产品的整合。重点做好两类产品：一是竞争性产品，主要是新闻频道，要依托全媒体新闻资源优势，充分体现产品差异，让别人“能主动想到你”、“愿意找你”；二是防御性产品，主推论坛、博客、微博等具有较强黏度的产品，提高网络社区的人气，培育忠实客户群。

四是做好线上与线下的整合。在网络广告和活动广告增量的基础上，提升网络增值服务和移动增值服务的比重，优化产品结构和营收结构。

五是做好新、老媒体的整合。要继续深化媒体深度融合，发挥好媒体内容平台、读者互动平台和采编客户端的作用，提高各报、全媒体新闻中心以及各县市报与新媒体的资源共享和整合，最终实现增值收益最大化。

责任领导：殷成明、张海波、胡泽太、王英斌、滕岳。

五、完善3P管理体系，提高人力资源

管理水平

人力资源部牵头，进一步完善3P管理体系，主要做好五方面工作：

1、贯彻好《干部选拔任用管理细则》，重新修订、完善《员工职业生涯发展管理办法》，补充更新员工离岗休息等政策，进一步完善干部选拔任用的标准、程序和要求，让员工明确自己的努力方向。

2、贯彻好《员工薪酬管理办法》，调整、规范、完善员工薪酬体系，引导员工正确对待薪酬，正确使用社会保障工具，同时将企业编社会保险的缴费基数和系数与员工所在职级、绩效、工作年限等因素关联起来。

3、贯彻好《员工绩效管理办法》和《员工时间管理细则》，在业绩管理的基础上，增加胜任力管理和时间管理，在部门和集团年度绩效考核两个层面应用“平衡计分卡”，完善行为考核工具，严格淘汰机制，提升组织绩效。

4、抓好员工培训，优化和改善员工知识结构，建立“集团统一培训与部门内训相结合”的新培训体系，管理好“百家讲堂”、“谁知道”等网上教育平台，用好清华工商管理课程高级研修班等培训资源，使员工培训的水平再上新台阶。

5、加强员工关系管理，要宣讲好集团的各项制度，注意集团理念的传输，组织好企业文化活动，及时为员工解疑答惑，学会用网络的语言和形式做好员工关系维护，营造风正、气顺、心齐的文化氛围。

责任领导：李文俊、胥延义。

六、围绕创收增效，提高核心业务盈利能力

广告公司调整完善营收结构和薪酬结构，强化激励措施，增强内部活力，以专业化服务巩固已有客户群和市场空间，以策划活动寻找新的市场空间和广告赢利点，以《风云消费》等竞争性产品应对竞争，最终提高盈利能力，完成集团主要媒体的广告任务。

发行公司继续开展常态化征订，加大洗楼的范围和密度，提高服务的效率和水平，保持住已有征订量；报刊零售加大网点布设密度，加强对网点内经营产品的管理和控制，完善产品配送体系；运作好华昌物流公司，拓展国内外货运代理业务，打造一站式供应链服务基地。

印刷公司要在保证集团报刊印刷时效和质量的基础上，继续拓展社会印刷业务，提高外部业务量和贡献率，外部印刷收入占总收入比重要达到35%以上；同时要注意提高净资产收益率，争取维持在两位数以上。

责任领导：田衍生、王英斌。

烟台日报传媒集团2011年工作总结

2011年，按照《烟台市2011年工作要点》的要求，烟台日报传媒集团在产业发展、体制改革、媒体宣传等方面进行了一系列改革和创新，较好地完成了市委、市政府下达的工作任务。2011年，集团总收入首次突破4亿元，广告收入首次突破2亿元，同比实现增长15%,实现了“十二五”开局年的开门红。集团还荣获“全国报业经营管理优秀单位”、“省级文明单位”、“首届山东省新闻出版奖优秀集体奖”、“烟台市2010年度骨干明星企业”等荣誉称号。

一、产业发展

按照集团党委“努力做强核心业务，积极拓展成长业务，谨慎发展新兴业务”的总体经营思路，集团采取了一系列积极有效的新举措，集团整体盈利能力显著提升。

（一）核心业务稳健发展

三张主要报纸日报、晚报、晨报健康稳定发展，各项业务进一步成熟，品牌价值不断提升，为集团主营业务的顺利开展打下了良好的基础。日报对稿件和版面进行适当调整，版面形式方面，充分发挥美编的作用，努力营造版面的美感和冲击力。稿件处理方面，运用生活化的语言表述新闻事实，使日报更具亲和力和可读性；晚报7月起对读者关注度高的“极速影视”周刊等一系列版面进行升级，由之前的3个版扩至16个版。策划实施了“老于帮办进社区”、“为困难家庭订报”、“温暖烟台”等十余个公益活动，并于年底创办了第二份市区报纸《今日莱山》；晨报针对读者需求和自身定位，新增了“影视快线”专版，策划实施了《今晨6点》篮球挑战赛、少年成长训练营、烟台明星宝贝选拔赛等活动，进一步提升了晨报“年轻、新锐、时尚”的媒体品牌；全媒体新闻中心设置了重大时政、突发事件、县域、财经等专业报道小组，制定了《重大时政新闻报道的预案》，新闻采编水平全面提升。在“走基层、转作风、改文风”实践活动中，部门主任带队定期到基层一线“轮岗”，每名记者建立500人的市民联系网，有效控制了县市区特别是市内五区的新闻渠道，先后挖掘出张广秀、王媛媛、刁娜等一批重大人物典型，在全国引起了强烈反响。

广告深入挖潜提升创收能力。一是优化部门设置。把原有的16个部门，整合为9个部门，促进了相近行业的相互带动，提高了员工的工作效率；二是优化管理制度。内部分工实现扁平化管理，简化了运营流程，降低了沟通成本，提高了工作效率；三是优化考核机制。对不同岗位进行层级评定，设置浮动薪酬、奖励薪酬，与当月任务完成情况挂钩考核；四是优化广告代理制度。通过公开招标，实行了行业独家代理，最大限度地调动了积极性。2011年广告收入达到历史最好水平。

印刷积极培育新的增长点。先后引进了包装打样系统、自动糊折盒机、盒型切割机、全自动高速水性覆膜机以及多套包装配套设施，大力发展彩印包装印刷业务。还与百度公司签署协议，市场开拓成效明显。年内新增固定客户20余家，对外印刷业务收入增长23.9%。同时，印刷产品质量也在稳步提升，获新闻出版总署优质奖项的达24种。

发行努力巩固销售市场，完善报刊营销网络。巩固发行市场方面，在市区繁华地段的公交站点设立报架，尝试“爱心无人售报”。每天在17路双层巴士上免费赠阅100份报纸，进一步提升市场形象；扩充营销网络方面，与城管部门联手实施冷饮亭项目。目前，冷饮亭样式已经设计完毕，审批后将逐步替换烟台市80余个冷饮摊点；延伸产业链条方面，控股组建烟台华昌物流，拓展国际物流市场，相继开展了国内物流业务、国际贸易的运作和策划。目前已经为胜地汽车零部件、阿法埃莎、氨纶、东方海洋、中国新时代健康产业集团等企业提供货运代理服务。

县市报的盈利能力显著提升，对集团的贡献度明显增强。六张县市报总的收入比去年增长42%，利润增长107%，已经超过晨报，仅次于晚报。

（二）成长业务势头良好

《华夏酒报》围绕“中国酒行业的产业经济商报”定位，调整办报思路，主攻酒类生产企业和经销商都关注的酒类市场领域。推出了《2010中国酒业风云大片》、《2011中国酒业大猜想》、《关注进口葡萄酒电子商务》、《关注白酒时尚化》、《解读中国酿酒产业“十二五”发展规划》等20多组系列报道，组织12期特刊，受到酿酒企业的广泛好评。报纸质量的提升，使得酒报的广告和发行业务明显提升，2011年，酒报的总收入、广告额和发行量都保持了平稳增长，发行总量比年初增加30%以上。先后获得“中国行业报经营管理优秀单位”和“进口葡萄酒行业十大最受欢迎媒体”等荣誉称号。

《37°女人》和《优格》继续巩固既有的广告和发行市场，在全国期刊发行普遍大幅下滑的情况下，实现稳中有升，全年净利润增长50%，首度实现整体盈利。一方面，在继续抓好民营零售的同时，新辟邮政零售渠道，扩大市场占有率；另一方面，推出新产品《私享》，成功切入中高端男性读物市场，与《37°女人》和《优格》形成了优势互补的良性格局。同时，不断进行内容的二次销售。今年以来，利用已有内容编辑出版了《时尚女性幸福指南》系列丛书，跻身中国邮政10大礼品书项目。

《阅读文摘》重新进行市场定位，封面风格逐步转向新闻人物，并增加了《成长》、《品味》等栏目。在营销上先后参与了“烟台啤酒节”等商业活动，策划实施了“烟台新春礼品方案有奖征集”活动，稳步提高和巩固杂志的影响力。

（三）新兴业务步入正轨

黄海数字出版社继续进行数字出版盈利模式的探索。新推出了“游学园”教育互动平台、“寒烟书舍”原创文学基地、

"黄海考试"等一系列网络产品，目前已形成30余万的固定客户群；为吉斯等企业量身订制了移动终端阅读产品，图书出版数量也由去年的100部增加至130部。

《水母网》与集团技术中心进行重新整合，技术研发实力明显提升。手机报方面，在做好主城区手机报的同时，搭建起专门的县区手机报编辑后台，向各个县市区推广，目前已发展用户近10万人；新媒体方面，集团开发的iOS新闻客户端软件升级为"银钮新闻部落"，YMG新闻、《37°女人》、《优格》、《水母网》、《风尚》、《风云播报》等6个媒体进驻银钮。在第五届"王选新闻科学技术奖"评选中，银钮新闻部落获得三等奖；网站影响力方面，《水母网》新闻点击量平均每日11万，春节、高考等热点时段日平均点击量达到50万，继续保持全市排名第一；公司经营方面，集中开发房产、财经、汽车、商超、通讯等大行业客户。目前，越秀、万科、金地、龙湖等大型房企，75%的烟台车企，50%的驻烟银行和保险、券商已经与网站开展合作。海尔、联想、苏宁等品牌已将水母网列为烟台地区唯一网络合作伙伴。2011年，公司经营利润首次突破20万。

光速影视首次整体实现全面盈利。在户外营销上，50个滚动屏式高品质阅报栏、14块广告围挡实现了对南大街、北马路、二马路三个黄金路段的全覆盖；在市场拓展上，获得东风标致汽车2011年鲁东区域的广告、活动运营总代理权，成为烟台地区首家与国内汽车厂商深度合作的广告企业，也为以后进军汽车、房地产营销领域打下基础。

教育培训和创意策划的产业化运作成效明显。教育培训部先后推出"清华名家讲坛"、"新闻与公文写作培训班"、"魅力女性高级研修班"等活动，在实现社会效益的同时保证了经营利润的连续增长；集团策划部的创意策划进一步走向市场，成功承办了市地税局"先锋颂"建党90周年经典诵读晚会、第六届全国青少年艺术节烟台海选、烟台市公安局福山分局建局70周年庆典等活动，实现了创意输出、品牌输出。牵头举办了"第二届中韩（烟台）国际马拉松大赛"，吸引了包括韩国、美国、日本、新加坡、澳大利亚、马来西亚等多个国家近4000名选手参赛。与保利大剧院合作举行了烟台少儿钢琴马拉松选拔赛，在提高集团品牌知名度的同时创造了可观的经济效益。

二、体制改革

整合优势资源组建华夏传媒集团。集团以控股的华夏传媒集团有限公司作为母公司，发起组建华夏传媒集团。今年7月，经过国家工商总局名称核准，华夏传媒集团正式获准成立，成为我市首家现代传媒企业集团，为非时政类报刊转企改制搭起平台，也为全市文化产业进入资本市场打开了通道。

华夏传媒集团由华夏传媒集团有限公司、北京华夏酒报文化传媒有限公司、北京大写国际文化传媒有限公司、山东黄海数字出版社有限责任公司、烟台光速影视文化传播有限公司共同组成，以资本为主要联结纽带，以集团章程为共同规范的企业法人联合体。集团的成立，有助于各成员企业充分整合资源，集中共享品牌，转变体制机制，规范管理架构，实现集团化运营和规模化扩张。

三、新闻宣传

在确保导向正确的前提下，我们坚持团结、稳定、鼓劲、正面宣传为主的方针和“以正确舆论引导人”的原则，积极创新报道形式，创新产品形态，创新传播途径，新闻宣传工作取得了新的突破。

一是围绕中心工作，紧扣重大主题，做好舆论引导。在做好日常报道的基础上，集团围绕市委、市政府的重点工作，精心组织策划了一系列战役性报道：“两会”期间，围绕十二五规划，进行了大篇幅、全方位的解读，并首次运用微博和银钮对两会进行了第一时间的报道，取得了良好的宣传效果；围绕争创第三届全国文明城市，集中策划开展了“文明春风靓港城”专题采访报道活动，每周一、三、五各推出一期整版报道，报道以记者行动、观察、感言等形式，深入报道了城市文明的脚步和市民素质的提升；集中策划大型采访活动“蓝色崛起烟台行”，深入海阳、莱阳、莱州等各县市区蓝色经济区建设一线采访，对话县市区委书记，以24个版刊发20多万字稿件，引起强烈反响，成为烟台社会各界掌握学习烟台蓝色热潮的风向标；“科学发展新亮点”大型采访报道活动历时20多天，通过富有现场感和冲击力的报道，全面反映全市上下在新形势下，解放思想提升境界、加压奋进勇攀高峰的实际举措和加快发展、赶超进位的先进经验，动员广大干部群众以更加昂扬的士气、更加有为的锐气，在新的更高的起点上奋力开创烟台经济社会发展新局面；各媒体今年以来还围绕“全市经济工作会议”、“优化发展环境”、“建党90周年”、“一节两会”、“辛亥革命与烟台”等主题策划组织了大量专题报道，有力提升了新闻产品质量和媒体影响力。

二是抢抓工作亮点，反映最新动态，加强对上报道。对上报道方面，集团指定专门的报道小组负责，尽量在第一时间反映最新动态，报道工作亮点。在我们的努力下，对上报道发稿24篇，完成了月月有稿件的工作指标，并且发稿版面不断前移。1月17日，《人民日报》头版显著位置刊发消息《蓝色经济成为烟台发展引擎》，报道我市优化提升现代海洋渔业、海洋文化旅游、海洋交通运输物流、临港加工制造等四大骨干支柱产业，发展“高端、高质、高效”蓝色经济的成绩和经验；5月27日，《光明日报》在2版刊发消息《山东筑牢食品安全基石》，宣传我市今年新推出的食品安全“阳光监督”公示牌做法；6月1日，《经济日报》在2版刊发长篇通讯《烟台：文化“加薪”》，浓墨重彩地宣传了烟台市委、市政府文化惠民的大手笔，收到了良好的宣传效果；7月3日，《经济日报》7版刊发通讯《烟台：实现经济建设和社会建设“两翼齐飞”》，报道了改革开放以来，烟台在经济建设和社会建设两方面所取得的一系列重大成就；10月27日，《经济日报》 6版刊发消息《烟台面向跨国公司招商》，报道了烟台高新区的辛安河污水处理厂、蓬莱市的索诺玛葡萄酒文化中心等九个重点项目，在为城市转方式、调结构过程中所发挥的排头兵作用；11月16日，《人民日报》在4版刊发通讯《“一条腿救了一条命，值了！”》，对“最美女孩”刁娜感人的救人事迹进行了报道，有效激发起了整个社会的向善力量。

三是开展“走转改”活动，不断贴近民生，解难题求实效。省委宣传部部署“走转改”活动后，集团第一时间成立了由各媒体总编辑组成的“走转改”活动领导小组，制定相关方案，在集团层面对活动进行统一调度协调。《烟台日报》策划开设了“YMG现场新闻大赛”、“第一现场”、“YMG记者在基层”、“蹲点调研”等四个“走转改”专栏，围绕政府关心、群众关注的热点问题，以深度报道、现场新闻、连续报道等多种形式展开报道；《烟台晚报》策划开设“来自基层一线的报道”专栏，刊发广大采编人员来自基层一线的报道，并在重要版面开设“蹲点笔记”专栏，刊发编辑在蹲点调研过程中的感悟和见闻；《今晨6点》开设了《走基层·话民生》和《走基层·热点追踪》专栏，关注民生话题、持续追踪社会热点，还开设《走基层·我当居委主任》、《走基层·影像记录》专栏，蹲点居民社区，记录百姓生活；96110民意通呼叫中心建立了热线电话24小时畅通制度，安排专职记者值守热线，及时采访了解情况，协调有关部门解决问题，并选择有代表性的事件在平面媒体的“走转改”专栏进行报道。集团媒体先后刊发了《这样“种地”、靠谱吗？》、《小山村的大规划》、《夹河大坝垮塌半月没修复》、《7天长假，他们跑了3800公里》等一大批贴近民生的优秀稿件，并通过新闻报道，督促、提醒有关部门为市民排忧解难，充分发挥了舆论宣传的社会效应，赢得了广大读者的赞许。

四是整合媒体资源，强化品牌形象，打造民意通道。为及时准确地反映社情民意，搭建党群、干群“连心桥”，集团去年启动了“烟台民意通”项目，组建96110民意通呼叫中心，以《水母网》“烟台民意通”互动平台为纽带，整合各媒体系列民生品牌栏目，构建了一个全方位的民意表达和民生服务体系。今年以来，“烟台民意通”项目被市委、市政府纳入到听取群众意见“三条渠道”中，与胶东在线、中国烟台的“网上民声”专栏共同组成“互联网上听取群众意见”渠道，并将听取群众意见和答复解决群众反映问题情况，列入部门年度目标管理考核，确保群众反映的问题件件有回音、事事有落实，为文明城市建设增光添彩。今年共有115个部门和单位上网回复网友提问，综合回复率超过80%，累计点击量近200万人次；96110热线全年共接听市民来电11万个，累计为市民协调解决各类问题近千件；三报“烟台民意通”系列专栏刊发民生稿件3600余篇，帮助群众解决问题1700多个。

大事记

2011年大事记

1月

1日，《烟台日报传媒集团员工职业生涯发展管理办法》、《烟台日报传媒集团干部选拔任用管理细则》、《烟台日报传媒集团员工薪酬管理办法》、《烟台日报传媒集团员工绩效管理办法》、《烟台日报传媒集团员工时间管理细则》即日起执行。

是日，日报、晚报、晨报推出读者评报积分活动。

11日，由烟台市精神文明建设委员会办公室与烟台日报传媒集团共同举办的“中国工商银行杯”2009-2010“十佳烟台好人”双年度人物颁奖典礼在烟台大剧院举行。

15日起，集团各媒体推出“蓝色经济”系列报道，年内共刊发相关稿件近500篇，为蓝色经济的发展营造舆论氛围。

18日，《水母网》开通10周年庆典在东上海赋大酒店举行。市委宣传部、集团领导及各界人士300余人出席庆典活动。

是日，《烟台日报》推出“走进百亿企业”系列报道，全面展示全市“工业巨人”积极转方式、精心调结构的发展路径和突出成就。

19日起，为宣传好争创第三届全国文明城市，日报、晚报、晨报分别开设专栏，全媒体新闻中心派出报道团队，全程报道“创城”工作。

是月，e-HR集团版投入使用，该系统有机整合在ESA系统中，搭建起一个现代化的人力资源管理运行平台以及网络办公和信息互动平台，包括商业智能、组织管理、招聘管理等十多个功能模块，形成覆盖集团和子公司两个层面人力资源管理的闭环管理流程。

是月，集团被山东省上海世博会参展

工作领导小组执行委员会授予“山东省上海世博会新闻宣传先进集团”称号。

是月，集团被中国报业协会授予“2009-2010年度全国报业经营管理优秀单位”称号。

2月

3日（正月初一）至17日（正月十五），由《烟台日报》、《烟台晚报》、《今晨6点》冠名的迎春主题活动在市区主要公园、景区举行。

12日起，日报、晚报、晨报分别推出“贯彻落实全市经济工作会议精神”系列报道，刊发动态报道、系列评论等，配合中心工作。

13日起，日报、晚报、晨报相继推出“关注张广秀”系列报道，报道身患白血病的福山区福新街道办事垆上村委村主任助理、25岁大学生村官张广秀的感人事迹。

15日，日报、晚报、晨报联合烟台市劳动就业办公室推出“春风送岗直通车”活动。

22日，共青团烟台市委、烟台市志愿者协会、《烟台晚报》招募志愿者。

是日，共青团烟台市委、烟台市志愿者协会、《今晨6点》联合举办“十大志愿者”评选活动。

是月，集团被市委、市政府授予“2010年度骨干明星企业”称号。

是月，在北京召开的2011年中国行业报年会上，《华夏酒报》获“2010年度中国行业报经营管理优秀单位”称号，《华夏酒报》华中事业部主任周晓获“2010年度中国行业报经营管理优秀个人”称号。

3月

3月起，《水母网》“烟台民意通”栏目为配合全市工作，积极与政府相关职能部门协调，连续推出30个市直部门的公开承诺内容，得到广大市民的一致好评。

5日，集团志愿者在文化广场参加团市委组织的“3•5学雷锋”活动。

5日至16日，《烟台日报》在一版显著位置，三版整版篇幅推出“蓝色崛起”系列报道，并配发评论员文章。

6日，集团党委决定：组建烟台印刷产业园管理有限公司，主营印刷产业园的厂房建设、对外招商、园区管理等；组建艺术品开发部，负责集团书画、艺术品开发运营方面的相关业务；撤销集团技术部，成立集团技术中心，与星云信息传讯公司合并，一套班子，两块牌子，原技术部人员、媒体融合与数字信息部部分人员进入星云信息传讯公司。

15日，全媒体新闻中心特别采访小组启程飞赴北京，启动晨报“追忆烟台开埠150周年”大型报道活动。自3月21日至7月13日共推出12期系列报道。

28日至4月28日，《烟台日报》在一版显著位置刊发导读，三版刊发专版推出“蓝色崛起烟台行”系列报道。

是月，集团“银钮新闻部落”正式在苹果公司App Seore上线。

是月，集团被市委、市政府授予“2010年度履行人口和计划生育工作职责先进单位称号”。

是月，集团被中国广告协会报刊分会授予“2010年度中国报刊广告经营先进单位”称号。

是月，报捷新闻印刷有限公司印制的包装盒产品荣获“全省包装印刷产品银奖”。

4月

4月初，全媒体新闻中心派记者赴贵州采访报道优秀选调生王媛媛先进事迹。11日，日报、晚报、晨报同时推出长篇通讯《海的女儿 山的情》以及一系列相关报道，追记烟台姑娘王媛媛扎根贵州山区的先进事迹。

24日，集团根据市委、市政府的统一安排，对结对帮扶的莱阳西辛格庄村、莱阳吕家滩村和莱阳穴坊中心小学共捐助扶贫款30万。

26～5月31日，晨报与市文联、市妇联等单位共同主办“御金台•母婴乐乐GO杯”烟台明星宝贝选拔赛，2000多名小选手报名参赛。

27日，集团民意通呼叫中心邀请“96110城市服务联盟”会员单位律师做客96110，当天为105位市民提供法律咨询服务。同时，将每月10日设为“法律咨询日”。

27～9月26日，晨报与张裕酒城合作，举办“2011张裕酒城葡萄小公主SHOW”选拔赛，183位小选手报名参赛。

29日，集团风云广告有限公司成立地产研究中心，全面掌握烟台地产动向，为准确运作房地产广告提供依据。

是月，市委宣传部、市残疾人联合会、市新闻工作者协会、市残疾人事业促进会授予集团“全市残疾人事业好新闻评选优秀组织奖”。

5月

3日，黄海数字出版社出版的《诗祭——“汶川作证 中华不倒”诗歌朗诵会》（DVD）获首届山东省新闻出版奖。

5日，烟台日报传媒集团与韩国京仁日报社联合主办的2011中韩（韩国）国际马拉松赛在韩国京畿道华城举行。集团马拉松代表队22人参加，并取得优异成绩。

12日，《重生——YMG记者镜头下的北川》摄影展在烟台市美术博物馆开幕。

18～9月3日，晨报举办第三届“烟台宝贝”大赛。大赛历时3个多月，报名人数达400多人，上百位美女在晨报展示青春与自信。

19日，集团被省精神文明建设委员会、省新闻工作者协会、省新闻学会授予“第四届全省新闻系统文明单位”称号。

22日，为庆祝中国共产党成立90周年，日报推出了“庆祝建党90周年•红色记忆”专栏，通过采访老党员、老革命、老领导，讲述烟台一系列具有重大历史意义的事件，展示党的伟大历史功绩。

22～23日，《华夏酒报》与山西省酿

酒协会共同主办的第十届全国酿酒新技术与市场拓展研讨会在山西太原举行。

28日，集团第26届运动会在航空工程学院体育场举行，共有837人参加18个大项84个组别的比赛，8人打破了运动会记录，小报童发行公司获得团体总分第一名，《烟台日报》编辑部、全媒体新闻中心、广告公司等单位获优秀组织奖。

是月，集团被中共山东省委宣传部、山东省新闻出版局、山东省人力资源和社会保障厅、山东省财政厅授予“首届山东省新闻出版奖优秀集体奖”。

6 月

7日，YMG官方微博推出“青青•高考”专题，引发广大网友转发、评论。

13日至30日，中共烟台市委党史研究室、《烟台日报》、《水母网》主办“烟台地方党史知识竞赛”活动。

16～17日，海阳亚沙会倒计时一周年之际，日报、晚报、晨报集中报道海阳亚沙会的筹备情况。

21日，三报推出《胜经•2011高考志愿填报全指南》等系列特刊，指导考生填报志愿，解读高校招生政策。

23日，由《烟台日报》主办、烟台交运旅游集团承办的“党报车沪上行”活动正式启动。

29日，集团纪念建党90周年歌咏比赛——“最美的颂歌献给党”在四楼大会议室举行。《烟台晚报》代表队、全媒体新闻中心代表队、小报童发行公司代表队等分获一、二、三等奖。

30日，集团艺术品开发部组织策划以“党在我心中”为主题的大型书法、美术、摄影作品展览，分别在烟台美术馆、烟台美术博物馆和群众艺术馆隆重开幕。

是月，集团被省精神文明建设委员会授予“省级文明单位”称号。

是月，集团小报童发行公司被全国报纸自办发行协会授予“全国报纸自办发行先进集体”称号。

7 月

1日，8位英模代表乘“党报车”抵达上海，开始为期两天的红色之旅。

4～7日，日报推出解放思想大讨论系列评论，并推出“解放思想提升境界、加压奋进勇攀高峰”专版，晚报、晨报也结合自身特点开展系列宣传，为全市解放思想大讨论活动营造氛围。

11日开始，集团民意通呼叫中心每周将市民反映的问题和投诉整理出版一期《情况反映》，传送至市纪委、市委办、市府办以及50多个市直机关和企业的“一把手”。

31～8月3日，集团主办“第六届中国青少年艺术节”烟台赛区海选活动。

是月，“银钮新闻部落”获第五届王选新闻科技奖三等奖。

8 月

3日，集团各媒体推出“科学发展新亮点”大型系列报道活动，报道全市“解放思想提升境界、加压奋进勇攀高峰”活动。

3日起，创建文明城市进入攻坚阶段。在市委、市政府统一部署下，集团各媒体进行全面宣传报道，推出“争创文明城，你我同行动”系列报道，日报、晚报、晨报以每日10个版面的篇幅，陆续开设“创城进行时”、“创城监督台”、“创建文明城，你我共行动”、“文明大看台”、“文明监督台”等专栏，推出“创城看各区”、“创城看行动”、“创城看社区”、“创城看督导”、“创城看市容”等系列报道。

16日，集团年中述职会在四楼大会议室举行。

9 月

9日，集团发出通知，决定自即日起至12月底，开展“走基层、转作风、改文风”活动。日报、晚报、晨报相继开辟“走转改”专版，开设“YMG现场新闻大赛”、“蹲点调研”、“第一现场”、“YMG记者在基层”等专栏。

17日，集团与烟台市体育局、烟台市旅游局、韩国京仁日报社联合举办的2011第二届中韩（烟台）国际马拉松赛在烟台市滨海路举行，来自国内外近5000名选手参加本次比赛。

18日，《烟台日报》创刊66周年之际，《烟台日报》创刊纪念石刻在南山公园栖云阁广场落成。石刻正面为《烟台日报》创刊号第一版原版面拓印，背面为创刊60周年碑铭。纪念石刻落户市中心景区，成为展现集团形象和烟台历史文化的标志性景观。

24日，第五届烟台国际葡萄酒节、山东半岛蓝色经济区海洋食品博览会和第十二届国际果蔬•食品博览会（简称“一节两会”）在烟台国际博览中心隆重开幕。日报、晚报、晨报在重要版面，以大量篇幅报道“一节两会”开幕盛况及收获。

25日，YMG特派记者抵达酒泉卫星发射中心，全程报道“天宫一号”发射。

是日，集团聘任酒泉卫星发射中心主任崔吉俊为“烟台日报传媒集团特约科技顾问”、“烟台市新闻摄影学会名誉会长”。

27 日，中国电力报社副总编辑韩健一行5人到集团学习考察。

30日，烟台日报43名编辑记者放弃节假日，走进企业、农村，与工人、农民一起过“十一”。

是月，集团参与发起、投资的城市联合网络电视台（CUTV）正式开播，CUTV包括全国总台和43个地方频道，囊括新闻、影视、生活、综合、直播等板块。

10 月

1日起，日报、晚报、晨报启动“走基层、转作风、改文风•与工人农民一起过

‘十一’”活动，连续推出系列报道。

是日，集团启动读者季活动，发动全员力量，全面深入基层一线，进一步密切与广大读者的联系，新闻、发行、广告、活动四位一体运作，最终实现新闻掌控、发行增量、广告增收、活动见效。

10日，集团第八届读者节在烟台市文化广场举办。期间，推出“闪客行动”，以前沿行为艺术的方式宣传集团形象。活动现场，展示了新引进的4台自动售报机。日报、晚报、晨报同时推出纪念专刊。

是日，为纪念辛亥革命100周年，日报、晚报、晨报推出《辛亥百年——烟台风云》等系列特刊，以大量珍贵史料图文并茂地展现了辛亥革命在烟台的历程。

21日，集团员工孙小华赴济南捐献骨髓造血干细胞，成为烟台新闻媒体系统捐献造血干细胞第一人。

28日起，日报、晚报、晨报在头版开设“贯彻六中全会精神 推动文化大发展大繁荣专栏”等专栏，日报同时推出“学习贯彻党的十七届六中全会精神”4个理论专版，集中报道全市推动社会主义文化大发展大繁荣的经验。

31日起，96110民意通呼叫中心与晨报健康顾问团联合开通“天天医生在线”，全市各大医院专家轮流做客96110，为市民免费提供健康咨询服务。

是月，集团进入山东省首批非时政类报刊转企改制单位名单，成为全省第一家启动非时政类报刊改革的地市级报社。按照非时政类报刊改革要求，报社将《烟台日报》、《烟台晚报》、《今晨6点》的经营性资产以及《华夏酒报》、《37°女人》、《优格》、黄海数字出版社注入华夏传媒集团有限公司。

是月，烟台报洁物业管理有限公司对集团办公大楼中央空调进行改造。

11月

1日，烟台光速传媒有限公司与烟台市交警支队共同策划编辑出版《烟台交通手册》（2011版），给驾驶员提供直观可靠的交通信息指南。

8～10日，《华夏酒报》主办的第五届中国葡萄酒经济年会在广州召开，主题为“葡萄酒盛宴下的中国机会”。《华夏酒报》在会上发布了《2012中国葡萄酒发展趋势报告》。

8日，晚报以《龙口最美女孩车流中勇救伤者，撞伤一条腿换回一条命》为题，在全国率先报道“最美女孩”刁娜的感人事迹。随后，集团各媒体及时跟进，进行全方位的报道。刁娜的感人事迹见报后，在全国引起强烈反响，《人民日报》、中央电视台等中央新闻媒体先后进行报道。

26～27日，集团艺术品开发部推出“2011烟台市秋季大型鉴宝活动”，邀请国内顶级专家现场鉴定数百名烟台藏家带来物品。

29日，集团各媒体推出“亚沙会倒计时200天”系列专版，对海阳亚沙会筹备情况进行全面报道。

是月，集团与烟台保利大剧院管理有限公司联合主办“小明星大舞台”钢琴音乐会，为塑造“走进大剧院，钢琴随你弹”的文化品牌打下基础。

是月，烟台小报童发行有限公司历时三年时间，开发出全新零售POS系统，在市区主要零售站投入使用。报刊收款、订货、补货全部由网络控制，报刊零售业务真正实现了流程化、智能化和信息化。

是月，集团被烟台市委、市政府授予“2006-2010年全市普法依法治理工作先进集体”称号。

12月

2日，集团党委发出通知，部署2011年度工作总结和2012年度开局工作。

26日，集团党委决定，成立烟台今日传媒有限公司、烟台华夏厚方文化发展有限公司，撤销集团策划部。

是月，小报童发行公司零售POS系统投入使用。

2011年十件大事记略

1、e-HR集团版启用

2011年初，e-HR集团版投入使用，为集团搭建了现代化的人力资源管理运行平台和网络办公平台。它包括商业智能、组织管理、胜任力管理、招聘管理等十多个功能模块，涵盖“选、用、育、留、汰”五个环节，形成人力资源的闭环管理流程。在此基础上，集团还创建了子公司管理运作平台，17家子公司共享这一平台，展示公司治理信息、交流公司管理经验，内容涵盖了理念、行为、视觉三个识别系统，有效提升了子公司管理水平。

2、重构集团新媒体运营框架

3月，经集团党委研究决定，撤销集团技术部，人员和相关职能并入星云信息传讯公司。重组后的星云信息传讯公司定位于以技术为主导的网络内容供应商，业务涵盖水母网站、SP运营、新媒体研发、网络服务、软件研发、技术外包等领域，为集团新媒体的研发、培育和运营提供了平台支持和组织保障。

3、“银钮新闻部落”成功上线

3月，集团“银钮”软件升级版“银钮新闻部落”正式在苹果公司App Store上线。6月，集团推出基于Android手机平台的“银钮新闻部落”，完成跨平台的布局。银钮新闻部落是基于3G移动互联网研发的移动媒体软件，成功引入“云服务”概念，从单一媒体的内容呈现，发展为多家媒体共同参与的内容展示和互动，读者在手机上可以一站式浏览国内多家媒体的新闻产品。7月，“银钮新闻部落”获得第五届王选新闻科学技术奖三等奖。

4、CUTV烟台频道上线开播

集团进军网络电视、布局新媒体迈出关键性的步伐：9月，集团参与发起、投资的城市联合网络电视台（CUTV）正式开播，CUTV包括全国总台和43个地方频道，囊括新闻、影视、生活、综合、直播等板块，是真正意义上的“网络央视”。同时，集团通过参股CUTV的方式曲线获得了国家广电总局核准的IPTV资质，由集团运营的CUTV烟台频道已上线开播，综合音视频、博客、播客、微博等多种形式，以融媒体的理念制作和发布节目，注重线上线下的互动，充分展现烟台本土文化、集团独家视角的魅力。

5、深入开展“走基层、转作风、改文风”活动

9月，集团以“走基层、转作风、改文风”活动为契机，掀起一场提升新闻产品质量和舆论引导水平的热潮。活动中，全体采编人员深入基层一线，在全市14个县市区建立了118个新闻联系点和5万人的市民联系网，有效掌控了新闻资源，扩大了影响范围。同时推出一大批群众喜闻乐见的新闻精品，累计刊发走基层稿件900余篇、照片300余幅。集团媒体挖掘、首发的张广秀、王媛媛、刁娜等典型事迹报道，被《人民日报》、新华社、中央电视台等全国各大媒体转载和采访报道近千次，引起强烈社会反响。

6、树立《烟台日报》创刊纪念石刻

9月18日，《烟台日报》创刊纪念石刻在创刊纪念日正式树立在南山公园栖云阁广场。创刊纪念石刻整体长5.2米、高4.8米，重20吨。正面为《烟台日报》创刊号第一版原版面（局部）拓印，背面为碑铭，碑铭文字高度概括了中国共产党历史上第一份解放区沿海城市党委机关报《烟台日报》草创、更迭、发展的全过程，成为展现集团形象和烟台历史文化的标志性景观。

7、非时政类报刊先行转企改制

10月，集团与大众报业集团、青岛日报报业集团和济南日报报业集团一起，进入山东首批非时政类报刊转企改制单位名单，成为全省第一家启动非时政类报刊改革的地市级报社。此次改革，报社将主管主办的《烟台晚报》、《今晨6点》、《华夏酒报》、《37°女人》、《优格》以及山东黄海数字出版社注入华夏传媒集团有限公司。人员安置实行“新人新办法、老人老办法”，确保平稳过渡。改革后，华夏传媒集团将从一个纯粹的控股公司，转变成以《烟台晚报》、《今晨6点》等媒体为主营业务的实体运营公司，公司股权结构更合理，主营业务更突出，盈利能力大幅提升，将为整体股改上市铺平道路。

8、“读者季”活动进一步扩大市场优势

为了进一步掌控市场，全力应对竞争，集团在第四季度集中开展了2011“读者季”活动。发动集团全员的力量，全面走访，全员营销，做新闻促发行，做活动促品牌，做服务促经营。活动在10月到12月一个季度的时间内，巩固住2010年全员征订的成果，新增报纸订量超过4万份。同时，进一步巩固和拓展了媒体的广告市场份额，密切了与读者和大客户的关系，确保了集团在市场上的绝对优势地位。

9、**成立今日传媒有限公司和华夏厚方文化发展有限公司**

12月，集团党委研究决定，成立烟台今日传媒有限公司和烟台华夏厚方文化发展有限公司。今日传媒有限公司主要承担集团六家今日系列公司的股权管理以及采编、经营等业务的指导工作，通过公司化治理，整合今日系列社区报资源，提升对县域市场的掌控能力；烟台华夏厚方文化发展有限公司由集团控股、社会投资者和管理团队持股，是集团策划部彻底市场化的成果，公司在做好原有活动策划业务的基础上，将向不动产营销、企业公关等领域拓展。

10、**集团总收入突破4亿、广告收入突破2亿元**

2011年，集团不仅成功顶住了市场竞争的压力，事业发展也达到了前所未有的高度：年终盘点，集团日报、晚报、晨报三张主要报纸的发行同比增长18%，广告同比增长15%，增长速度创近年来最高水平，集团的总收入突破4亿，广告收入突破2亿，均创出历史最高水平。

2011年十件美事记略

1、**集团上调薪酬预算**

为鼓舞士气、迎接挑战，1月起，集团上调员工岗位薪酬标准，重点向基层一线倾斜、向普通员工倾斜，确保集团员工薪酬对外有竞争力。集团年增薪酬支出257万元，人均收入增长了17.78%。

2、**组织经营管理骨干参加培训**

1月，集团充分利用教育培训部授课资源，组织13名媒体和子公司的经营管理骨干参加清华大学企业家工商管理课程高级研修班。经过一年200多个课时的系统学习，掌握了企业管理、财务、人力资源等EMBA核心课程，有效提升了集团中层经营管理者的业务素质和水平

3、**集团为员工统一争取、办理手机优惠套餐**

11月，集团与烟台移动公司达成了一揽子合作协议，在新闻、发行、广告等多个层面开展深度合作，进一步拓展集团的市场份额。集团为在职员工办理了福利手机号码、提供担保享受套餐赠机业务以及网内每月500分钟内部免费通话的虚拟移动网服务，近千名员工从中受益。

4、**县市报板块加速隆起**

集团的六张县市报在2011年继续保持强劲增长势头，截至目前，六张县市报总收入同比增长46%，突破4000万元，利润增长67%。其中，《今日龙口》总收入

突破2000万元。这标志着县市报板块在集团媒体方阵中的净利润贡献度已跃升到仅次于晚报的位置，成为集团重要的经济支柱。

5、三家公司首度分红

大写传媒、光速影视市场开拓收效明显，在弥补以前年度亏损后，首度实现盈利。其中，大写传媒净利润同比增长50%，并推出第三本杂志《私享》，成功切入中高端男性读物市场。光速影视在巩固已有市场份额的基础上，成功获得东风标致汽车2011年鲁东区域的广告、活动运营总代理权。海阳今日文化发展有限公司在创办后的第二个财务年度也将实现盈利和分红。

6、集团面向全国招聘人才

2011年，集团面向全国211重点高校招聘人才。共吸引了来自全国各地的新闻、经管、美术等专业的273名应届毕业生前来应聘。集团严格按照《员工招聘管理细则》等制度和流程，借助eHR招聘管理和职业性格、职业能力测试等外部测评系统，先后组织四次笔试面试，最终招收13人入职，成为集团最新鲜的新生力量。

7、集团连获国家、省、市大奖

今年以来，集团先后获得“全国报业经营管理优秀单位”、“首届山东省新闻出版奖优秀集体奖”、“省级文明单位”、“烟台创建第三届全国文明城市工作先进单位”、“烟台市2010年度骨干明星企业”等荣誉称号。同时，集团党委书记、社长郑强获得“首届山东省新闻出版奖优秀人物奖”、“烟台市2010年度骨干明星企业经营者”等荣誉称号。

8、投资新疆实现开门红

集团的第一个跨地域投资项目——新疆大晨报股份有限公司传来喜讯，第一个财务年度即可实现分红，集团最初的投资增值50%以上。2010年12月，集团作为成立发起单位，与新华社的中国广告联合总公司、深圳广播电影电视集团、桂林日报社以及新疆都市消费晨报社共同发起组建了新疆大晨报股份有限公司。2011年，大晨报股份公司建立了完整的股份公司架构，经济效益和品牌影响力显著提升，展现出强劲的增长势头，集团投资获得了丰厚的回报。

9、员工年终效益奖较大增长

在市场竞争白热化的背景下，集团顶住竞争成本上升的巨大压力，坚持“昂扬斗志、坚定信心、积极应对、稳扎稳打、寸土必争”20字方针，经济效益逆势大幅增长。为再鼓干劲，让全体员工共享集团经济发展的成果，在职员工春节的节日补贴由800元增至2000元，年终效益奖也根据各自年度绩效的不同有较大增长。

10、集团报纸登上山航航班

12月31日，集团与山东航空公司签署战略合作协议，成为全省唯一一家与山航合作、把报纸送上山航飞机的地市级媒体。2000余份《烟台晚报》和《今晨6点》将在新的一年配送到山航所有从烟台起飞的航班，抢占最有高度、最具影响力的高端政商人群市场。

专 记

张广秀、王媛媛、刁娜等重要典型报道

大学生村官张广秀事迹报道

张广秀，2009年7月毕业于鲁东大学，当年8月，考取了福山区福新街道办事处的村官，任坤上村村委主任助理。张广秀在村里工作期间表现非常突出。2010年9月，张广秀被诊断出患有急性白血病。《烟台晚报》获知消息后，2010年12月27日，刊发消息《24岁女大学生村官患白血病》，首次对张广秀的事迹进行报道，同时呼吁社会各界向张广秀伸出援手，并公布记者热线和捐款账号。12月28日，晚报刊发《我要早点好起来继续当村官》；12月29日，刊发《张广秀有望年前做配型》；2011年1月3日，刊发《女大学生村官张广秀身患白血病感动众人》。至3月底，晚报连续刊发《我肯定会回到村官岗位上》；《广秀精神感动全国》；《市委决定：向张广秀学习》；《市委书记赴京看望张广秀》等稿件，报道24岁的大学生村官张广秀身患重病仍坚持工作的事迹。2月13日至3月7日，《烟台日报》陆续推出《张广秀：大学生“村官”的骄傲》、《我对这片土地爱得深沉——记“80”后优秀大学生村官张广秀》的系列报道，这组报道由四篇通讯、四篇评论员文章和一组张广秀日记组成，报道大学生村官张广秀扎根基层、奉献才干，吃苦耐劳、锻炼成长，坚守信念、勇于担当的时代精神。晨报自2月21日起推出“关注大学生村官张广秀”系列报道，至3月9日共推出7个专版，深入挖掘张广秀的感人故事，为配合全市开展向张广秀学习做好舆论宣传工作。

集团主流媒体的报道在省内外引起较大反响。市委书记孙永春、省委书记姜异康、党和国家领导人习近平、李源潮等地方和中央领导同志先后做出重要批示。大学生村官张广秀的先进事迹在全国产生较大影响。

烟台籍女选调生王媛媛事迹报道

2011年3月28日，贵州江口一名工作人员给全媒体新闻中心时政新闻部打来电话，反映一位烟台籍女选调生在贵州出车

祸去世，事迹很突出，他们当地打算作为典型宣传。在意识到这条信息的价值后，新闻中心于3月29日在《烟台晚报》推出了第一条独家报道。报道见报后，引起市委主要领导重视，让相关部门组织王媛媛的材料。得知这一消息后，新闻中心决定派出记者到贵州采访，相关报道引起了市委宣传部的高度重视。此后，由新闻科负责人带队组织市直媒体深入贵州作了进一步的采访报道，经过一个星期广泛深入的采访，前线记者掌握了大量关于王媛媛同志先进事迹的翔实材料，并陆续发回了大量稿件。在返程途中，连夜赶写出长篇通讯《海的女儿山的情》，经宣传部领导审定后，4月11日，《烟台日报》、《烟台晚报》、《今晨六点》三报重要位置同时刊载，并配发评论员文章，全面深入地宣传报道了王媛媛同志的先进事迹，在烟台、铜仁以及贵州各界引起强烈反响。该稿被新华、新浪、搜狐、网易、和讯等30余家网站转发，贵州省委书记栗战书、宣传部长谌贻琴先后就《海的女儿山的情》一文作出批示，号召全省学习王媛媛的精神和先进事迹。中共中央政治局委员、中央书记处书记、中宣部部长刘云山，在4月下旬就《海的女儿山的情》一文作出批示，要求有关方面做好王媛媛事迹宣传工作。

4月1日至16日，《烟台日报》在二版推出报道11篇，评论员文章2篇，报道王媛媛的生前事迹，贵州群众缅怀的场景，江口全县、家乡牟平群众和大学生掀起学习王媛媛的热潮等多个层面报道王媛媛的感人事迹。追记烟台姑娘王媛媛扎根贵州山区的高尚情怀。在社会上引起强烈反响。

4月11日至11月17日，晚报又连续刊发了《工作中，媛媛把自己当男孩子》；《媛媛骨灰运回牟平，昨日安葬》；《媛媛，我们来看望你了！》；《王媛媛是烟台的骄傲》；《烟台籍选调生王媛媛落葬回龙山 立雕像颂扬》等8篇稿件，报道祖籍烟台的贵州省选调生王媛媛扎根贵州山区，全心全意为山区人民服务的事迹。

最美女孩刁娜事迹报道

刁娜，24岁，是龙口南山旅游公司职员。10月23日傍晚5时，她和爱人开车经过龙口市通海路富龙搅拌站附近时，看见一年轻女子倒在路中，头上、身上都是血，像是被车撞伤。此处车来车往，过往的司机一不留神很可能会再次撞到该女子。刁娜和爱人迅速下车，站在受伤女子前方，打手势、喊话，指挥过往车辆绕开受伤女子，同时拨打120急救电话。天渐黑，就在刁娜爱人去车里拿提示牌之际，刁娜被一辆轿车撞倒在地，腿部严重骨折。随后，刁娜和被救者王园园一起被送到龙口市人民医院抢救，当晚，刁娜做了手术，被救女子受伤更严重，幸亏抢救及时，脱离危险。对于舍己救人的行为，刁娜不后悔，她说：“一条腿换回一条命，值得。”

11月4日，《烟台晚报》地方版《今日龙口》在一版率先报道刁娜在车流中救人的事迹。全媒体新闻中心获得消息后，意识到这是一条极具新闻价值的信息，专门召开刁娜事件宣传策划会，经过整合资源，11月8日，《烟台晚报》在一版突出位置刊发大幅照片、在A6版整版推出《龙口“最美女孩”车流中勇救伤者 撞伤一条腿换回一条命》，报道刁娜的感人事迹。当天，经《水母网》转载，国内外100多家媒体进行了转发，《凤凰网》进行了置顶。之后，连续几天，《烟台晚报》对刁娜事件做了充分的报道。9日，晚报刊发追踪报道《最美女孩救人绝非偶然》；10日，晚报在8、9版刊发《关爱照耀“最美女孩”》、《这座城市从不缺少爱》、《刁娜救起了良心》等一组报道和评论；11日，晚报6、7版刊发《最美女孩获万元慰问金》、《千万别把我写成“高大全”》等一组报道；12日，晚报、日报分别刊发消息《最美女孩刁娜荣获市“三八红旗手”称号》；14日，日报在一版推出《一条腿换一条命，值》的综合消息，配发新烟台时评《“最美女孩”激发社会向善力量》；晚报2版整版报道《新闻联播关注烟台“最美女孩”》，并配发评论《我们为什么需要刁娜？》。

作为全国第一家刊发刁娜事迹的媒体，《烟台晚报》及《烟台晚报·今日龙口》连续挖掘集中在刁娜身上的烟台好人品质，弘扬了她“舍己救人、见义勇为”的时代精神，临危不惧、勇于挺身的思想境界，乐于奉献的高尚情操。同时，相继报道了救人者、被救者、肇事者三方互爱，好人好报的人间真情。并通过归纳一个个刁娜式烟台好人，凸现烟台这座文明爱心城市出现刁娜现象的必然。11月13日晚，中央电视台《新闻联播》节目报道了“最美女孩”刁娜的感人事迹。11月16日，《人民日报》在4版刊发通讯《一条腿救了一条命，值了！》。

烟台日报传媒集团所属媒体关于“最美女孩刁娜”的事迹报道，在全国形成继“广东小悦悦事件”后最大的媒体关注点。刁娜的名字迅速见诸报端、网站和荧屏，甚至新加坡《联合早报网》、《凤凰网》以及欧美媒体也大量刊发。不仅是“最美女孩”打动了亿万人心，施救者、被救者、肇事方以及各自单位，社会各界人士之间等所展示出的宽容、信任、真诚和良知都令人感动。

刁娜先后荣获“烟台道德模范”、“烟台市见义勇为先进个人”、“优秀共青团员”、“三八红旗手”等称号。11月18日，烟台市委市政府决定在全市开展向刁娜学习活动。12月4日，刁娜荣获2011年度法治人物之“2011最美中国人”。

纪念中国共产党成立90周年报道

2011年是中国共产党成立90周年。为纪念建党90周年，烟台日报传媒集团所属媒体开展了形式多样的报道。

全媒体新闻中心与中共烟台市委党

史研究室联合开展“红地图•纪念建党90周年”特别寻访行动，在晚报开设专栏，以回访红色革命遗址的形式，跟随历史足迹，寻访历史事件中的幕后故事和感人瞬间，揭开那段波澜壮阔的历史篇章，同时展现这片红色土地上的人们的生活现状。同时，以该栏目内容为依托，为党史知识竞赛奠定基础，推出“品读烟台红色地图，参与党史知识竞赛”口号，将此次寻访的内容作为“七一”前“纪念中国共产党成立90周年”有奖知识竞赛的重要参考，吸引读者注意力。此外，还与《水母网》联动，将“红地图”、“红故事”作为《水母网》纪念建党90周年的重要栏目在网上推出。自5月11日开始，推出《烟台海军学校的铁血往事》、《一座不同寻常的老屋》、《废墟的述说》、《滨海广场的红色记忆》等8篇“红地图”系列。

全媒体新闻中心根据日报、晚报、晨报三报特点，在与三报对接的基础上，分别制定报道方案，推出了一系的丰富多彩的报道。

《烟台日报》发挥党报的优势，在做好新华社宣传报道转载的同时，5月28日起， 在一版先后开设《庆祝建党90周年•伟大历程》专栏，刊发稿子32篇；同时开设《庆祝建党90周年•红色记忆》、《庆祝建党90周年• 红旗飘飘》、《庆祝建党90周年•沧桑巨变》、《庆祝建党90周年•百佳先锋》等专栏；6月19日至7月7日推出专版，刊发稿件12篇，并于7月1日在9版至12版推出4个版的特刊（彩色、黑白各两个版）。先后刊发《中共烟台小组——烟台最早的党小组》、《胶东第一个农村党支部》、《雷神庙战斗——胶东抗战第一枪”》等现场回访式报道。6月23日，《烟台日报》还主办了“党报车沪上行”活动，组织烟台各条战线上的8位英模代表奔赴上海，参观兴业路中共一大会址、中共一大嘉兴南湖会址等红色经典，重走红色之路，重温信仰的力量。

3月25日至7月7日，晚报在副刊《烟台街》版开设《红故事——纪念建党90周年特别栏目》，对烟台有代表性的红色文物、革命遗址进行全面介绍，讲述红色文物（遗址）身上发生的故事，还原特定情境，再现历史风貌，为读者呈现一组权威、厚重、鲜活的精彩报道。先后推出全媒体新闻中心记者采写的《独轮小推车：功勋与荣耀》、《小竹竿刻下5000里"支前路线图"》、《美国人在烟台低下了头》等稿件，许多热心读者纷纷拿起笔来，参与到"红故事"的挖掘整理工作中来，为该栏目提供了一批有分量的稿件。如，《张静源在香山小学》、《抗战课本中的朱德和任常伦》、《听奶奶讲抗日故事》等。全年共推出稿件26篇。

晨报自6月21至7月5日，推出“红色记忆•纪念建党90周年”专版以及“红色庆典”专版，寻找红色记忆，传承红色文化，报道庆典盛况。7月1日，晨报推出24个版的《建党伟业》特刊，以图片的形式，回顾了中国共产党成立90周年来的丰功伟绩。

“走基层 转作风 改文风”活动

“走基层，转作风，改文风“是中宣部部署的重要活动。集团各媒体纷纷行动，以实际行动参与到活动中。

9月起，《烟台日报》、《烟台晚报》、《今晨6点》相继推出“走基层•转作风•改文风”专栏，其中，《烟台日报》开设《YMG现场新闻大赛》、《第一现场》、《YMG记者在基层》等栏目，以现场体验和调查等方式，深入田间地头,城市社区、厂矿企业等一线，到基层的广阔天地去纵横驰骋，到工矿企业去探寻经济发展的奥秘，到乡镇农村去解码生态文明的基因。此外，还在晚报、晨报推出“8090在路上”等栏目，刊发年轻记者深入基层采写的稿件受到读者好评。

10月9日，集团制定《关于深入开展“走基层、转作风、改文风” 活动的实施意见》，进一步引导活动的深入开展。10月1日起，《烟台日报》启动 “走基层 转作风 改文风 •与工人农民一起过‘十一’活动”，连续推出4个版特别报道。11月8日是记者节，日报组织开展“我们的节日•我们的足迹”记者节主题实践活动，围绕“我在地下300米”、“我在万米高空”、“夜泊渤海海峡”、“军营一日”、“体验360行”等五大主题，开展为期一天的体验采访活动。 11月9日，《烟台日报》推出两个专版，集中刊发这组主题实践活动的稿件。

企业文化

文化理念

【核心价值】 职业化创新。

【企业精神】 工作严谨，思想解放。

【管理思想】 讲求流程，注重细节。

【经营哲学】 管理决定盈亏，技术决定兴衰，战略决定存亡。

【经营思路】 努力做强核心业务，积极发展成长业务，谨慎探索新兴业务。

【执行理念】 想到，说到，做到，达到。

【行为规范】 做人做事职业化，人际关系简单化。

【生活工作态度】 快乐地生活，快乐地工作。

【人际关系的“四个相互”】 人人都有优点，要相互学习；人人都有缺点，要相互提醒；人人都有困难，要相互帮助；人人都有个性，要相互容忍。

文体活动

【概况】 2011年，集团工会围绕集团中心工作，着力加强企业文化建设，因地制宜，开展形式多样、健康文明的职工体育竞赛活动，通过这些丰富多彩的文化体育活动，丰富了职工的业余生活，营造健康愉快的工作环境，弘扬了企业精神，锻炼了队伍，提高了干部职工综合素质，增强了集团的竞争力和凝聚力，有力保证各项工作的顺利进行。

【球类活动】 一、第十届职工台球比赛于3月24、25日在成功路桌球俱乐部举行。比赛共有210多名职工参赛，经过两天激烈的角逐，衣起辉、王伟、孙兴斌获得男子组冠亚季军；许诺、王彩霞、高亚楠获得女子组冠亚季军。二、第九届羽毛球比赛于7月21、22日在舒氏运动会馆举行，205名职工报名参加男、女单打甲、乙组及双打组共5个组别的比赛。经过两天比赛，王康、王刚、宋立民分获男子甲组冠亚季军；梁霄、马跃、张钧分获男子乙组冠亚季军；聂伶俐、王莉、李莹分获女子甲组冠亚季军；王芳、王海燕、李崇青分获女子乙组冠亚季军；张钧-姜传利、梁霄-张晶、宋立民-李卫分获双打比赛冠亚季军。三、集团乒乓球比赛于10月25至26日在华茂运动娱乐中心举行，68人报名参加了男女单项比赛的角逐，王玉光、牟卫平、王淑江获得男子单打冠亚季军；姜基娴、冯爱华、张好玲获得女子单打冠亚季军。四、11月5至6日，烟台市企业职工第二届系列体育比赛职工羽毛球比赛在银和怡海国奥俱乐部举行，市区30多家大型企事业单位的300多名运动员参赛，集团组队参加了羽毛球的团体及单项比赛，并荣获了组委会颁发的优秀组织奖。

【第二十六届运动会】　集团第二十六届运动会于5月28日在航空工程学院举行，运动会共有837人报名参加18个大项84个组别的比赛，8人打破了运动会记录，小报童发行公司获得团体总分第一名，烟台日报、全媒体新闻中心、广告公司、发行公司、大写传媒、今日龙口、今日蓬莱获得优秀组织奖。

【“最美的颂歌献给党”歌咏比赛】　为纪念中国共产党成立90周年，抒发集团全体员工的爱国、爱党情怀，集团“最美的颂歌献给党”歌咏比赛于6月29日下午14：00在集团四楼大会议室举行。歌咏比赛以唱响伟大祖国好、共产党好、社会主义好、各族人民好的时代主旋律为主题。以唱原创歌曲为主，充分展示了集团员工蓬勃向上、开拓进取的精神风貌，激励广大员工全身心地投入集团建设，推动集团又好又快发展。

【其它活动】　一、3月8日上午，集团工会在南山公园组织女员工爬山比赛，庆祝“三八”妇女节。二、集团职工勾级比赛于8月24至26日在集团十楼棋牌室举行，本次比赛共有27个代表队81人参赛，经过两个阶段的激烈角逐，物业公司1队、广告公司2队、烟台晚报1队分获冠亚季军。三、集团棋类比赛于12月1至2日在集团棋牌室举行，本次比赛设立了象棋、围棋比赛。张守强、李国茂获得象棋比赛的第一、第二名；李国茂、李戎获得围棋比赛的第一、第二名。

文化品牌

【水母论坛】　水母论坛是集团内部网络交流平台。在这里，集团员工可以匿名发帖、回帖，进行思想交流、业务研讨、百家争鸣。水母论坛分“水母论坛组”与“意见建议区”两个功能板块。其中，“水母论坛组”包括“集团建设”、“业务交流”、“考评板块”、“你问我答”、“灌水区”、“信息广场”等子板块。其功能分别是：“集团建设”提供为集团发展建言献策的平台；“业务交流”让员工交流业务心得，追求知识共享；“考评板块”探讨考核评报业务；“你问我答”在员工和管理部门之间架起沟通的桥梁；“灌水区”供大家休闲娱乐；“信息广场”用来发布供求信息。“意见建议区”则是给大家提供一个给集团领导及各个部门对口提意见的平台。

截止2011年底，水母论坛发帖量达到8191帖，回帖量达到30170帖。应对竞争、孙小华为素不相识的患者捐献造血干细胞、指纹考勤、福利手机号、评报、食堂等词语和事件成为2011年论坛热点。

【百家讲堂】 2011年，“百家讲堂”共进行集中培训两次，事业部、职能部门和子公司有关员工800余人次参加了培训学习，培训内容涉及经营管理、新闻业务、法律知识、制度解读等。

【述职月】 2011年8月、2012年1月，集团分别组织了年中、年终两次领导干部述职会。集团主要媒体、控股公司主要负责人到场述职。述职人通过对财务报表分析、内部管理与流程建设、客户服务、产品市场及成长空间、团队建设、企业文化等方面内容进行总结、提炼成功的经验与大家分享，查找存在的问题并分析原因，针对面临的挑战与机遇确立新目标、新思路，积极寻求资源与支持，达到绩效沟通和改进的目的。由集团领导、职能部门负责人和各事业部、子公司员工代表组成的述职评议团，对述职人在财务分析、内部管理分析、产品市场和成长空间分析、团队建设和述职综合表现五个方面的表现进行了评议，并就述职过程中发现的问题和关键点进行了提问和探讨。

【“嘉年华”活动】 2012年1月25日，集团嘉年华在烟台国际会展中心中华厅举行。本次嘉年华的主题是“我们的未来不是梦”。节目设计分以下三个部分：第一章，希望就在前方；第二章，梦想插上翅膀；第三章，我们一起飞翔。此次年会在内容编排上，以激励员工在激烈的媒体竞争中，树立必胜的信念为主线，以娱乐的形式强化集团的文化理念。嘉年华上，表彰2011年度集团先进集体、先进个人，颁发了“突出贡献奖”、“十佳编辑记者”、“年度经理人”、“优秀大客户经理”等奖项。

职能部门

办公室

【概况】　2011年，集团办公室紧紧围绕“创收增效年”，这一主题，以落实集团党委战略意图与重大决策为根本，全面协调各项重要事务，科学调度各层面力量，以严谨的工作作风，规范的职业素养，熟练的业务技能，充分发挥职能作用，确保了各项工作的顺利完成。

【文秘工作】　2011年，文秘工作着重讲求文字用语的严谨，文书格式的规范。一是在文件内容上，做到主题明确、表述准确、逻辑严密，操作性强。在相应的文件中，充分体现集团企业文化内涵，注重务实性；二是在形文流程上，严格按照形文规定，坚持逐级领导审批原则，签发后方可发布；三是在文件处理上，注重文件的时效性，及时报送上行文与下发各类文件，并跟踪掌握文件的贯彻情况，抓好监督落实。一年来，共完成各类材料和公文162份。另外，针对大量事务性工作，做到件件有落实，通过耐心细致地处理，避免出现贻误问题。

【文书档案工作】　全面落实文书档案管理标准，集团各类文书档案的管理更趋规范。一是按照文书档案填写要求，对集团所有文书档案进行全面整理，尤其对集团重要文书档案进行逐一检查，缺项部分经核实后及时完善，不规范部分重新填写，确保文书档案内容全面准确，填写清晰规范；二是定期检查文书归档存放情况，对集团及人事、财务等重要文书档案，分类分项存放，并列出目录，便于查阅；三是严格文书查阅流程，对需要查阅集团相关文书档案的部门或个人，均须经过集团相关领导批准，并认真填写查阅登记本，注明归还时间，归还时检查文书完好情况后方可入档存放。一年来，新建文书档案167份，办理各种文书档案借阅189次，系统整理各类文书档案382套。

【保密工作】　认真贯彻《中华人民共和国保守国家秘密法》，按照相关要求，结合工作实际，完善保密制度。一是强化公文的管理，尤其是市以上发送的带密级公文和集团内部重要文件，收发文登记内容具体全面，存放文件柜必须上锁；二是注重重要公文形文过程中的保密工作，形文中的草稿及时处理；三是加强保密教育。充分利用全体员工大会等时机，强化广大员工的保密意识。针对重要岗位和保密部门人员，做到保密教育常态化，明确保密工作责任；四是加强集团内网信息安全，及时升级和完善防火墙，严格内部网上信息发布流程和各级使用权限，需发布到互联网上的信息，严格落实领导审核制度。

【信访工作】　信访工作主要从三个方面抓落实：一是不断完善信访渠道。随着集团ESA的改版和完善，集团内部纵向和横向沟通交流方式更加便利、快捷；二是加强与市信访部门联系与沟通，积极对待市信访部门交办的每一个案件，做到件件有回音，事事有落实；三是针对复杂案例，深入了解实情，适时向市政府权威部门咨询相应的政策和法规，有理有据处理信访案件，确保案件合情、合理、合法得到解决。

【业务协调】　一是做好常规业务的协调工作。在做好集团各媒体新闻采访活动协调的同时，完成对上工作汇报、对下公文起草、对外信函回复等材料200余份，100多万字，同时完成政协提案回复、各类投诉回复等材料16份；二是做好集团重大活动的协调工作。参与筹备嘉年华、北川摄影展、马拉松比赛、老干部新春茶话会等8项集团重要活动，做好协调、调度及来宾邀请等一系列工作，保障了活动的顺利开展；三是做好迎接创城测评的相关工作。搜集、整理2009-2011年度文明城市宣传、未成年人思想道德建设宣传、公益广告等材料，分别装订成册，顺利通过测评材料审核，集团荣获创城工作先进单位；四是做好新闻评奖和媒体年检的组织协调，组织了集团新闻奖的网上评选，在嘉年华上公布评选结果，营造了研究业务、重视业务的良好氛围；还组织各媒体参加国家、省、市等16项综合评奖，报送作品中有近200件获奖。

【决策服务】　一是充分发挥参谋和助手作用，围绕集团阶段性工作重点，有针对性地进行业务调研和情况汇总，完成宣传计划、进度、汇总等材料共计61份，完成各类业务调研20余件；二是年初汇总分析各单位经营情况，制作集团与各经营单位的《战略目标责任书》，并组织完成了目标责任书的签署；三是围绕市场竞争，全力以赴做好各环节组织协调，制定2011“读者季”活动实施意见，及时调度工作进展情况；四是围绕体制改革，制定集团非时政类报刊改制方案，完成相关程序工作，同时完成主管主办单位变更手续的办理；五是完成设立烟台日报纪念石刻、创办烟台日报博物馆、环山路印刷厂拆迁补偿等申请材料，做好相关手续的提报审核等工作。

【督查监控】　一是舆论导向和新闻纪律监控。每天监控集团各媒体的宣传质量、舆论导向，通过编发《编情通报》，对偏离正确导向或违反新闻纪律的行为进行通报批评和及时纠正；二是市场监控。紧盯集团的主要市场竞争对手，先后完成市场监控及出版情况汇总材料21份，跟踪竞争对手的新动向，有针对性提出应对措施；三是舆情监控。保持对外部社会信息和网络舆情的关注和警惕，随时监控市内外各网站、论坛，及时调查对集团不利的信息，发现、汇报、调查来自各方面的舆情信息十余条。

【品牌管理】 2011年，进一步整理规范各媒体、子公司的品牌标识和视觉组合，统一设计制作2期形象广告和7幅公益广告，在《传媒》期刊和集团系列媒体上刊登。根据集团的业务发展情况先后多次补充完善集团简介和经验介绍材料，不断规范集团的形象识别系统。

【行政接待工作】 集团事业的全面发展，受到了业内各方的广泛关注。在接待过程中，本着“接待工作无小事”的原则，把集团“细节决定成败”的管理理念充分运用在接待工作之中。按照接待工作流程，积极协调相关部门进行对接，按照来访单位的意愿，科学安排交流学习的内容。通过热情周到的服务，科学合理的调度，圆满完成各项接待任务，得到来宾的充分肯定，全年共完成上级领导和媒体同行接待任务90余批次。

人力资源部

【概况】 人力资源部是2006年集团内部管理体制改革时，在原人事处的基础上成立的。主要职能是根据集团经营战略制定人力资源规划，制定和执行专项人力资源管理工作政策和工作规划，开展岗位、薪酬、绩效、培训、招募等各项常规人力资源管理工作。下设四个管理部：薪酬福利管理部，负责薪酬福利的管理、核算、发放工作；绩效管理部，负责岗位、绩效管理浮动薪金核算、发放工作；员工关系管理部，负责员工关系管理；老员工管理部，负责老干部管理和服务工作。人力资源部现有8名员工，人力资源副总监、总监助理兼薪酬福利管理部经理、绩效管理部经理、员工关系管理部经理、老员工管理部经理、薪酬福利主管、薪酬福利专员、绩效管理专员各1名。

2011年，人力资源部紧紧围绕集团“创收增效年”这一主题，紧紧围绕集团中心工作，致力于人力资源管理制度化、规范化和信息化建设，提升人力资源管理水平和服务质量，积极履行部门职能，认真抓好集团部署的重点工作的贯彻落实，积极发挥部门各项职能，创造性地开展各项管理工作。

【建章立制】 2011年初，人力资源部相继制定并实施了一系列人力资源管理办法及细则，包括《员工职业生涯发展管理办法》、《干部选拔任用管理细则》、《员工薪酬管理办法》、《员工绩效管理办法》、《员工时间管理细则》和《员工招聘管理细则》。这些办法和细则对集团人力资源的“选”、“育”、“用”、“留”和“汰”各个环节的管理工作进行了规范和完善，将集团人力资源“3P”管理水平提到了一个新的高度，基本建立起了适应集团发展需求的现代企业人力资源管理制度体系。

本年度，人力资源部编制了《2011年度人力资源报告》，为集团领导经营决策提供战略支撑。编制完成2011版《员工手册》，旨在服务于全体员工，使员工更明确集团的各项规章制度，清楚自己的各项权利义务，加强集团与员工之间的沟通。

【eHR推广】 2011年，人力资源部积极推进eHR（电子人力资源管理的英文缩写）集团版在集团和子公司两个层面进行应用。现已有16个子公司使用eHR集团版，应用模块包括：员工门户、组织管理、人事管理、薪酬管理、保险管理和绩效管理。

eHR第一阶段推广应用工作达到了预期目标，取得了良好的效果，在集团和子公司两个层面建设了一个高效、协同的人力资源管理业务平台，搭建了一个统一的人力资源管理信息平台。人力资源管理操作业务实现了网络化、信息化、规范化和流程化，提高了集团整体人力资源管理效率和水平，以及对内部客户（员工）的服务质量。

2011年10月，在技术中心的鼎力支持下，经过反复安装、调试，成功上线时间管理系统，在线请假系统、指纹考勤终端和eHR时间管理模块可实时、无缝对接，时间管理实现网络化、流程化和便捷化。这将明显降低时间管理成本、提高时间管理的效率和效果，更有助于时间管理细则的贯彻落实。

【员工招聘】 2011年，人力资源部严格按照《员工招聘管理办法》规定的招聘程序，借助专业的eHR招聘管理和人才素质测评系统，科学、规范、有效地实施人才甄选工作，从制度和流程上保证了招聘工作的公平、科学和有效性。通过缜密的计划和部署，今年的人才招聘组织工作做到了细致、周到和人性化，充分发挥了招聘模块在甄选人才方面的作用，专业化招聘网页发布信息，收取简历加上专业的能力测试，提高了员工招聘效率。在招聘的流程上更加注重人性化，考虑到应聘者的实际情况，积极地为应聘者解决交通补贴和住宿的问题，受到了应聘者的一致好评，不仅吸引到了优秀的人才，更体现了集团的人文关怀，提升了集团的良好的品牌形象。同时为子公司、酒报、县域报做了宣传，还为他们储备了人才。集团分别在1月、6月、7月、12月，四次面向全国211重点高校招聘记者、美术编辑、新媒体技术开发等岗位，有273人在网上报名。先后组织4次招聘。经过认真筛选简历、笔试和面试，共有13人被集团录用。改善了集团员工的知识结构，员工队伍整体素质有了明显提升。

【员工培训】 8月，人力资源部集中3天时间，对年度新入职的15名员工进行了24个课时的入职培训，内容涉及集团文化、历史和发展，新媒体发展，新闻业务，新闻纪律等，并新增参观学习内容，参观了报捷新闻印刷公司、南山公园《烟台日报》创刊石刻、烟台山公园，得到新入职员工的一致好评。

人力资源部组织集团事业部和子公司的13名中层干部，参加为期一年的“清华烟台经营管理人才培养工程”班学习。参加学习的人员统一纳入班级管理，实行严格考勤，保证学习时间和效果，提升中层干部业务水平和综合素质。

在“百家讲堂”集中组织了两次培训，共有800人次参加。4月，组织全体员工参加“人力资源管理制度解读”培训，使员工清楚并理解集团各项人力资源管理制度，能够对个人薪酬收入、绩效表现和职业生涯发展有更为客观的认识。8月，邀请东莞报业传媒集团执行总编辑周智琛进行了主题为“市场竞争环境下的新闻策划”的演讲。为员工提供了一个开阔眼界的机会，了解到东莞日报的先进办报理念和运作方式，认识到自身存在的“短板”，有助于提升集团办报水平。

“百家讲堂”、“谁知道”网上教育平台内容更加丰富，利用更加充分。在ESA“百家讲堂”更新了14个培训视频，内容涉及新闻、企业管理等内容，为员工提供了一个方便的在线学习途径。及时更新“谁知道”知识平台的网页内容和图片，让登陆平台的员工每天都能及时看到最新分享知识。“谁知道”知识平台全年共创建新词条近930个，内容涉及专业知识、集团资讯、区域文化、综合信息、图片等内容。初步实现了“知识分享”的目的，有助于员工间的知识分享和交流，提高员工整体文化素质。

【干部调配】　3月、7月、10月，集团进行了干部人事调整。根据《干部选拔任用管理细则》，筛选出具备岗位任职所要求的年龄、学历、工作经历、知识和技能等符合条件人员，并进行了民主推荐和考察，党委会通过后，网上公示，组织协调新提拔人员进行谈话，及时起草公布令，对职务有升降变化的干部分别填写了《职务任免表》存入个人档案。一批年富力强的干部充实到了领导岗位。

调整副县级后备干部。按照市委组织部文件要求，制定了民主推荐工作方案，召开民主推荐会，传达了中央组织部《关于在党政领导班子后备干部集中调整中加强监督认真治理拉票行为的通知》。集团各部门正职以上参加了投票，符合资格条件的干部列入名单，按照组织部的批复，投票推荐出后备干部人选。对初步人选的表现进行了解。根据民主推荐结果、所了解的干部表现情况和后备干部的数量、结构要求，在一定范围内进行酝酿，最后确定了后备干部人选，形成初步名单，与市委组织部进行沟通，召开党委会议，集体研究提出后备干部建议人选名单，报市委组织部。在一定范围内对后备干部建议人选进行了7个工作日的公示。

【薪酬管理】　2011年，人力资源部在薪酬管理上主要做了以下几方面的工作：一、调整岗位薪酬标准。2011年，集团新增年度岗位薪酬预算250多万元，对各层级岗位薪酬标准进行战略性上调，平均上调幅度为17.78%，调幅度向专业序列、基层经营管理层和独立运作层员工倾斜，缩小了各层级岗位间的薪酬差距，平缓了薪酬曲线。增加的薪酬预算全部归到岗位浮动薪酬预算，通过绩效考核进行分配，改善了薪酬结构，加大了薪酬激励力度。通过这次战略性调整，保持集团薪酬政策对内兼顾效率和公平，对外具有一定的竞争性。

二、调整社会保险缴费比例和基数。2011年，集团新增年度养老保险预算100多万元，根据2010年度绩效应用结果调整养老保险缴费基数，根据社会保险新规定上调了事业编员工养老保险缴费比例。根据薪酬管理办法，将企业编员工社会保险缴费基数与其岗位职级、年度绩效等级和工作年限三因素关联，重新核定社会保险缴费基数，按新基数缴纳社会保险，从制度上保证了绩效优秀、对集团贡献大的员工，退休后将享受到更好的社会保险待遇。

三、调整住房公积金缴费基数和比例。2011年，集团新增年度住房公积金预算89万元，根据2010年度绩效应用结果调整住房公积金基数，调高缴费比例，大幅增加人均公积金缴费金额，并减少了员工的个人所得税支出。

【绩效管理】　按照绩效管理制度，人力资源部严格执行2010年度绩效结果应用。有46名员工晋升了岗位职级，占员工总数的13%；有140名员工晋升了薪酬档次，占38%；有168名员工暂不升降，占46%；有11名员工降级或降档，占3%。

做好绩效管理制度实施准备工作。设计月度绩效等级强制分布和浮动薪酬核算工具；调试胜任力与绩效管理系统及数据衔接；建立拥有100多个能力、态度和知识考核指标的胜任力指标库；设置好员工胜任力考核方案、考核关系和考核量表模板；设置好单位年度业绩考核方案、考核关系和考核量表模板。为全面贯彻执行月度绩效等级强制分布、季度胜任力考核和单位年度业绩考核等各项绩效管理制度做好了前期准备工作。

【员工关系管理】　2011年，人力资源部积极稳妥处理了3个历史遗留问题。为1名员工解决了因材料缺失而不能就业的问题，积极协助办理了异地社保转移和续接。为1名停薪留职工办理了失业手续和档案转出手续，并为其解决了创业经费和社会保险费用。为1名自行离职的老员工提供生活补助，解决了实际生活困难。在为员工排忧解难的同时，也解决了集团长期存在的历史遗留问题，消除了隐患。

及时处理突发棘手问题。及时解除并稳妥转出2名严重违纪员工的劳动关系。积极协助2名精神障碍员工入院治疗，想方设法为病人找最好的大夫，协助病人家属做好入院治疗各项事宜。向1名患严重心脏病的员工提出离岗治病建议，并能积极主动为其办理大病统筹和病退申请。

【合同管理】　2011年，人力资源部完善了各类合同内容和补充条款，进一步明确了双方的权利与义务，使集团用工更加规范科学，营造了和谐的用工环境。事业编制员工重新修改了保密、竞业限制条款，记者、编辑岗位的员工也相应补充了有关内容；企业编员工增加了保密、竞业限制条款内容，同时对采编岗位的员工，重新修改了相关合同内容。员工劳动合同内容设置上更加科学实用，为集团留住人才提供了有力保障。及时将劳动合同用工情况录入人力资源管理系统，近200人的劳动合同进行了电子化管理。新进员工20人办理完就业手续后，及时将劳动合同录入合同管理系统，利用合同到期自动提醒功能，方便了合同管理，提高了工作效率。对离职人员的劳动合同进行及时变更，明确合同类别，理清劳动关系。

【职称评审】 2011年上半年，人力资源部布置各种考试，下半年申报材料。在职称评审工作中，考虑到员工的切身利益，积极争取指标，满足了除正高之外所有符合条件参评员工的需求，正高有2人申报，在严重超编的情况下，经过努力争取到了一个指标。

【老干部工作】 全年共走访老干部80余人次。特别是对长期卧床、行动不方便的老同志、老领导，坚持每月走访，及时掌握情况。及时为退休干部解决实际困难，并将报销医疗费送到家，解决了部分人员的医疗陪护费问题。对困难和行动不便人员多次派人派车去看望，协助办理住院、出院等事宜。积极协助为两名病逝员工遗属办理了最低生活保障金。

针对今年离退休人员对工资的调整疑惑，认真倾听，耐心解释答疑解惑，不敷衍了事，中秋节给每个老同志一封慰问信。为方便离退休人员就医方便，积极推荐、联系使8位老同志进社区就医；全年看望病人60余人次，给离休老干部和大病统筹人员报销医药费80余人次，并主动为行动不便老干部上门服务。为老干部、老职工发放物品5500多件，积极为行动不便的同志送货上门；及时通知办理印刷厂股票分红兑现事宜。

开展适合老年人特点的、健康向上的文体活动。先后组织老同志进行了套圈、钓鱼、猜谜语、投球、夹乒乓球、飞镖、投手榴弹等比赛；组织老同志到老干部活动中心参加健康知识讲座及趣味游戏活动；组织老同志参加集团第25届运动会，获得了优异成绩；组织离退休人员150多人到海昌渔人码头参观鲸鲨馆并聚餐；组织社级以上退休领导参观台儿庄战役纪念馆。

资产运营部

【概况】 资产运营部主要工作是负责全集团范围内所有经济活动的会计核算、财务管理、资本运作、经济行为监督等。内分五个管理部：综合管理部负责5个子公司的核算与管理、集团经营活动综合汇总分析以及财务系统网络维护；管理一部分管烟台日报社的核算和管理；管理二部分管广告公司的核算、广告统计以及6家县报财务工作的管理和指导；管理三部分管印刷公司和发行公司的核算与管理；资产管理部分管全集团范围内实物资产的购置、使用、处置等全过程控制以及集团内部银行业务。

资产运营部现有工作人员33名，其中高级会计师3名，会计师9名，经济师2名

2011年，资产运营部在党委的正确领导下和各部门同事的大力支持配合下，以强烈的责任心和敬业精神，出色完成了各项日常工作，较好地配合了各子公司的业务工作，及时准确地为各部门提供财务数据，充分发挥应有职能，在加强财务管理制度、进行融资和资本运作、纳税筹划、做好财务分析等方面做出了较好的成绩，被集团评为“2011年度先进集体”

【加强制度建设】 2011年，针对财务管理出现的新情况、新问题，资产运营部认真总结经验，对既有的办法制度认真梳理，针对突出问题和薄弱环节，进行修改、补充和完善，通过改善流程，进一步加强管理，堵塞漏洞。不断加强出纳员的培训和基础学习，建立健全对各项管理的监督制约机制，强调执行力、完善服务态度、明确各岗位职责要求，切实发挥制度建设的保障作用，保证资产的安全、完整，使财务管理工作更加规范化、制度化、科学化。

随着企业精细化管理水平的不断强化，对财务管理也提出了更高的要求。根据各个公司的财务管理特点以及财务管理的需要，各公司主管利用了解的公司情况，分别出台适合各自的财务管理制度。比如公司主管先后制订了《光速影视资金管理制度》、《黄海数字出版社财务管理制度》、《小报童发票管理办法》及差旅费报销等一系列相关规章制度，从而使公司的财务管理以及费用的报销“有章可循、有法可依”。

【加强融资和资本运营】 良好的银企关系，是企业融资的一根纽带，由于大环境的原因，2011年，银根紧缩，银行的贷款利率基本都是执行基准利率上浮20%-50%，经过和银行长时间的谈判沟通，最终实现新增贷款全部执行基准利率，为报社节约了贷款利息约105万元。同时，充分利用集团的自有资金，合理进行周转，及时还贷。利用自有资金做短期企业理财，为集团赢利50万。

【研究财税政策，为领导当好参谋】 2011年，资产运营部研究财税政策，根据国家返税政策共返税 331 万元。加强了财务报表的管理，制订了统一的财务报表模板，有利于相同性质公司之间的财务数据的比较。注意将财务分析的写作与公司的经营活动紧密结合起来，综合分析公司的经营状况，并结合企业发展战略，为企业决策和管理提供有力的财务信息支持，为集团领导及公司经理提供有价值的分析报告，当好参谋。

【组织招标采购及为职工分发福利】 全集团购买物资及维修都要走资产流程，资产运营部与有关部门组织了物资采购的公开招标工作，将竞争机制引到物资采购过程中，积极搞好市场调研，每次都要组织有关人员跑市场，询价，组织招标会，购置质量好、服务周到、物廉价美的产品，为集团节省了大量资金。分发集团福利，每年固定2次，为了保证职工的利益，每次

都要确定所要分发的福利品种，看样品，接货，直到发到职工手中。工作量大，每次为了接货，晚上经常熬到半夜，保证及时能发到职工手中。

【加强对内、对外的管理协调工作】2011年，资产运营部对内加强与各部门的协作，根据业务流程调整会计流程，使财务工作与经营活动更紧密地结合起来。

梳理了发行订报发票管理流程。把百元订报发票下放到发行站会计手里，定点定人，责任管理，出事会计、站长负责；同时交款时公司财务相关人员逐笔检查，回收逐本核实。同时对广告发票管理流程重新进行了调整，完善发票管理工作，堵塞了漏洞，降低了风险。

对外灵活协调，在各项检查中，会计工作获得一致好评：会计基础工作较好，核算较为规范，财务管理制度健全，内部控制合理，所提供的会计资料、其他证明材料的数据真实、完整。集团各项内控机制健全，执行力强；严格遵守了国家现行各项财经法规。

在公积金的管理中，连续三年获得烟台市住房公积金管理中心颁发的“公积金征收管理工作先进单位”称号。

法务督查部

【概况】　法务督查部的主要职能是根据集团发展战略，负责提供法律咨询建议、严格起草审核合同和处理涉法涉诉案件，负责督促检查集团决策部署和规章制度贯彻落实、提升执行力工作，负责协调处理集团安全生产、综合治理和内部保卫事务，现有员工5名，其中主任1名，副主任2名，专员2名。2011年，法务督查部认真贯彻党委关于加快事业发展、应对市场竞争的一系列决策部署，围绕集团“创收增效年”工作主题，充分发挥职能部门优势和作用，牢牢树立大局意识、责任意识和法律意识，理清思路、突出重点，加大力度、积极作为，有力推动集团法务运作迈上新台阶，督查工作开创新局面，安保事务取得新成效。全年处理涉法涉诉案件49起，开展督查工作12起，集团被市委、市政府评为“2006-2010年全市普法依法治理工作先进集体”，被市政府安全生产委员会评为“烟台市2011年‘安全生产月’活动优秀组织奖”，被市公安局评为“企事业单位内部治安保卫工作先进单位”，被辖区政府评为“2010年度和谐稳定模范单位”，先后有3名员工被省市公安政法部门评为年度先进个人。

【法律事务】　遵循“预防在先、坚持原则、依法处理、积极应对、灵活机动、通力合作、损失最小”的原则，以《集团法律事务管理办法》为总抓手，健全完善规章制度和防范机制，协调处理集团法律事务，引导单位和员工不断增强法律意识和危机应对能力，有效规避新闻风险，不断规范子公司经营行为，切实维护集团合法权益。实践中，坚持法律纠纷处理和法律咨询建议“双管齐下”，最大限度地为集团事业发展保驾护航、规避风险。2011

年，从法律层面积极建言献策，为集团决策提供法律建议8次、为集团所属部门提供法律咨询110多次；起草和审核合同60多份、涉及标的额3000多万元，其中在重大合同把关上，尽量规避不利条款，争取对集团有利款项；全年处理案件、纠纷和投诉49起，其中胜诉2起、调解15起、妥善处理11起、正在解决当中21起；12月份，组织开展2011年度全体员工普法考试，涉及宪法、食品安全法、劳动法、劳动合同法、消防法、安全生产法、治安管理处罚法等内容。经过强化教育，广大员工的法制观念和法律素养得到提高，与集团有关经济、劳动纠纷案件逐步呈下降态势，媒体防范新闻风险能力不断增强，子公司依法治企水平稳步提升。

【督查工作】　遵循“建立健全督查督办机制，提升集团执行力”的思路，法务督查部把督促检查集团决策部署和规章制度的贯彻落实情况作为第一要务，注重“规定动作”和“自选动作”的有机结合，在抓好督查集团会议精神学习贯彻、调度督导重点工作的同时，认真开展集团专项工作的督查。实践中，采取电话抽查与现场走访相结合，部门领导反映与普通员工掌握相结合等方式，了解真实情况，下发督查通报，推动集团系列决策部署的落地、见成效，努力破除“中梗阻”。一是开展安全生产督查。围绕烟台人购物网以及综合楼油库两起火灾，采取解剖麻雀的办法深入剖析根源、提出整改意见、督促检查落实，先后下发4期督查通报，引导各单位牢牢树立安全意识。二是开展“禁酒令”督查。按照集团下发的《关于严格实施禁酒制度的通知》要求，采取不定期抽查等方式，监督检查禁酒制度的实施情况，推动各单位各部门不折不扣地贯彻“禁酒令”。三是开展人力资源管理制度督查。4～5月份，与人力资源部一起组织各单位深入学习贯彻集团人力资源管理制度，通过主题宣讲、督促检查和组织考试等环节措施，广大员工对人力资源管理制度有了比较系统全面的了解，对个人职业生涯设计有了更为明确的方向，对集团企业文化的认可度普遍得到增强。四是开展报纸差错督查。8月份，重点开展集中教育整改活动的督查工作，对各媒体通报报纸差错和党委处理意见，学习新闻宣传纪律，查摆存在问题和落实整改措施等进行全方位督查，确保活动深入开展。五是开展第四季度工作动员会议督查。10～12月份，重点督导“走基层、转作风、改文风”活动以及2011“读者季”活动两项重点工作。其中，对“走转改”活动，重点督查媒体开设专栏、实地调研以及新闻作品特点等；对2011“读者季”活动，采取每周下发征订进度通报的形式，推动活动取得实际成效。

【安保事项】　2011年，法务督查部遵循“安全第一、预防为主、综合治理”的方针，学习贯彻《消防法》、《安全生产法》、《治安管理处罚法》、《企业事业单位内部治安保卫条例》等法律法规和政策措施，从维护社会稳定，保证集团财产、员工生命安全的高度，加强协调配合，健全监督流程，形成工作合力，协调引导有关单位将安全生产、综合治理和内部保卫等工作任务落到实处，牢牢树立“科学发展、安全发展”意识和“责任重于泰山”观念，真正做到“人人讲安全、事事为安全、时时想安全、处处要安全”，努力为集团发展创造优良的安全环境和氛围。实践中，把定期检查与随机抽查相结合，自查自纠与配合市有关部门检查相结合，及时了解、掌握集团安全状况，查找安全隐患并进行消除，预防发生事故。全年自行组织安全检查13次，配合市公安局、安监局、消防支队等检查8次，使集团始终处于健康良好的运行状态。（1）针对春节、五一、国庆等重要节假日，广泛开展以防火、防盗、防事故为重点的安全生产检查活动，对集团办公大楼和综合楼、报捷新闻印刷公司、小报童发行公司、印刷厂原址东西综合楼等进行全面检查，对配电室、油气储存点、锅炉房等重要设施和重点部位进行重点检查，对有关部门进行抽查，消除安全隐患，确保员工过一个欢乐祥和、安全和谐的节假日。（2）1月份，组织集团分管领导与集团下属12个单位领导签订年度安全生产目标管理责任书，并督促各单位层层分解责任，形成上下联动、合力推进的工作格局；同时，认真落实“一岗双责”，明确安全责任，制定工作预案，提高处理突发事件能力。（3）2～4月，针对烟台人购物网和综合楼油库两起火灾，通过召开现场会、原因分析会、火灾隐患总结会和整改措施落实会等系列会议，排查隐患，举一反三，警钟常鸣，督促整改，确保不出问题。（4）3月，组织驻集团办公大楼单位开展以发生火灾时紧急疏散撤离为主要内容的消防安全演习，并全面系统检查大楼安全警报以及消防设施运行情况，针对问题提出整改意见。（5）5月，配合市以及芝罘区反恐工作协调小组办公室检查集团反恐怖工作情况，实地查看集团反恐关键环节和要害部位。（6）7月，配合市消防支队对集团办公大楼的消防系统和配电设施进行全面检查，确保消防系统运行正常，消防器材符合规定，配电设备处于良好状态。（7）10～11月，分批组织小报童发行公司、报捷新闻印刷公司4名安全管理人员参加由烟台市安监局举办的企事业单位安全管理资格培训班，切实提高从业人员的业务水平。（8）11月，配合市人民政府安全生产委员会办公室组织开展的2011年度安全生产目标管理工作考核，系统汇报工作情况，认真准备档案资料，集团安全生产工作得到考核组的肯定和好评。

政务部

【概况】 政务部根据集团工作特点、性质，注重开拓创新，搞好协调配合，求真务实，积极开展各项工作。2011年，集团团委被评为“烟台市共青团工作红旗团委”；集团纪委被表彰为“纪检监察宣传教育工作先进单位”；集团工会被评为“全市工会工作红旗单位”和“烟台市模范职工之家”，计划生育工作获“全市计划生育一等奖”。

党建工作

【四项活动】 2011年，集团党建工作围绕“深入开展创先争优、争做报业先锋活动”这一主题，按照市委统一部署，紧密结合集团实际，主要开展了以下4项活动：一是“党的旗帜高高飘扬，党的形象组织有力坚强，党员形象更加闪亮”主题实践活动。为开展好这一活动，集团确立了“四做到”的总体工作思路，即：坚定理想信念，做到矢志不渝、科学发展；强化宗旨意识，做到以人为本、勤政为民；树立良好作风，做到求真务实、开拓进取；遵守党的纪律，做到严以律己、廉洁从政。活动中，充分发挥舆论宣传优势和各党支部的战斗堡垒作用，通过建言献策、岗位奉献等具体行动，注重探索创新，尊重党支部和党员的首创精神，鼓励各支部创新手段、丰富形式、拓展内涵，形成你追我赶、竞相发展的生动局面。

二是“解放思想大讨论活动”。此次活动于7月份展开，分学习讨论、查摆问题、整改落实三个阶段进行。整个活动自始至终在集团党委的领导下，组织严密，工作严谨，取得预期的效果，达到集团党委提出的“思想得到进一步净化、工作得到进一步提高、作风得到进一步改进、行为得到进一步规范”的目标的要求。

三是“三个一切”群众路线主题教育活动。此次活动主题是：一切为了群众，一切依靠群众，一切服务群众。时间从2011年7月开始，到党的十八大召开前结束。整个活动原则上不明确划分阶段，主要以开展大讨论、下基层行动、创新实践活动“三大活动”为载体，坚持把学习教育贯彻始终，把深入群众、服务群众贯穿始终，把解决问题、改进工作贯穿始终，把理论研究、制度创新贯穿始终。为开展好这一活动，集团积极搞好舆论宣传，充分发挥报刊、网络等平台作用，采取群众喜闻乐见的形式，切实帮助群众解决生产、生活中的实际困难，使他们实实在在地感受到了党和政府的温暖。集团各媒体共开设专栏16个，编辑、记者下基础采访500多人次，刊发各种稿件、图片480多篇。

四是提升思想道德建设水平的教育活动。为帮助员工增强政治意识、大局意识，、责任意识和法律意识，集团从6月6日开始至12月10日，在全体员工中开展提升思想道德建设水平的教育活动，活动分安排部署、学习教育、检查整改、总结验收四个阶段进行，采取灵活多样的方式方法，对员工进行集中宣传教育。主要采取组织员工学习有关宣传教育材料,组织员工讨论,自我总结,自我评价和各级领导干部备课、宣讲等形式，通过主题活动，提高了员工的思想道德素质，提高了对集团的忠诚度，做到恪守诚信为本、操守为重的行为准则,自觉用职业道德、职业规范约束自己。

政务部为上述活动的牵头部门和活动办公室，负责制定活动计划和实施方案，协调各项工作安排，并根据集团工作实际和活动特点，统筹安排各项工作，做到了有机衔接、有序推进。活动期间，共起草制定了各种活动《实施意见》、《活动情况汇报》等材料36份，上报各类《活动有关情况统计表》、《开展活动月报表》等各类报表46份，确保了活动的有序开展。9月份，市委宣传部在全市文化系统干部职工中组织开展了“三个一切”群众路线主题教育活动征文比赛。此次征文比赛由市委宣传部主办，集团为承办单位。为搞好比赛活动，集团十分重视，成立比赛活动领导小组，决定由政务部具体负责组织实施，为确保比赛活动规范有序地进行，政务部在比赛时间紧、文稿要求严、参赛稿量大的情况下，全体人员加班加点，连续一个月没有休息，在认真准备好比赛方案、评选方法、奖励办法和邀请评委等筹备工作的同时，还主动与市直机关，县市区等87个参赛单位联系，催收稿件，保证在时间节点内收集齐参赛稿件。稿件征收齐后，他们又认真审阅，提出初批意见，组织评委进行评定，由于政务部周密细致，安排合理，准备充分，使征文比赛活动得到了圆满成功，受到了市委宣传部的高度评价。

【党组织建设】　2011年，为打造学习型机关，党委组织全体党员和各支部认真学习十七届五中、六中全会精神和胡主席在建党九十周年上的重要讲话，根据党员思想状况制定党员教育年度计划，分步实施，整体推进，抓好落实，做到集中学习有考勤，学习记录齐全，按照党员经常性教育要求，重点抓好党员的学习教育和培训，使广大党员不断提高思想政治水平。加强党员班子建设，做到支部工作目标任务明确，年初有计划，平时活动有记录，年终有书面总结。按时做好党组织的换届、调整工作，选好党支部负责人，确保党组织班子健全，结构合理。积极做好入党积极分子教育培养工作，吸收入党积极分子参加党支部的学习培训班，加强对积极分子队伍的考核考察工作，每季度做一次鉴定。慎重做好党员发展工作，严格执行“坚持标准、保证质量、改善结构、慎重发展”的发展党员方针，坚持成熟一个发展一个的标准，从源头上保证党员队伍的质量，组织发展工作做到有计划、有部署、有落实，重视在中青年知识分子中发展新党员。2011年，集团发展10名新党员，8名预备党员按期转正，34人递交了入党申请书。

纪检监察工作

【概况】　2011年，集团纪委坚持标本兼制、综合治理、惩防并举、注重预防的方针，以宣传教育为先导，以制度建设为根本，以领导干部作风建设为重点，以加强监督为保障，通过教育、制度、监督、纠风、惩处，积极推进惩治和预防腐败体系建设，各项工作取得了显著成效。为加强集团的廉洁勤政工作，集团纪委充分发挥职能作用，制定方案，修订《督查督办实施办法》，每半月组织一次集中学习，加强理想信念、党风党纪、廉洁勤政和艰苦奋斗教育,筑牢拒腐防变的思想道德防线。严格领导干部特别是主要领导干部的监督管理。严格执行民主生活会、述职述廉、廉政谈话、党员领导干部报告个人有关事项等制度，积极探索实行民主监督的有效途径，拓宽监督渠道，把党内监督与行政监督、群众监督等结合起来，不断提高监督管理的实效。积极推进管理体制、干部人事制度、工作机制改革，制定了《烟台日报传媒集团廉洁勤政建设制度》，规范干部任用制度,完善科学的干部选拔任用和管理监督机制。积极推进财务管理制度改革，强化预算管理和监督,推进综合预算,继续完善集团财务集中支付和“收支两条线”管理制度。充分调动每个部门、每个人的工作积极性和主观能动性，整合各方面的优势，上下联动，全员参与，真正形成廉洁勤政的最大合力，不断提高党风廉洁勤政和预防腐败工作水平。

工会工作

【概况】　集团工会按照集团党委的工作思路，积极动员和组织广大员工解放思想，坚定信心，应对竞争，充分发挥了桥梁纽带、参谋助手作用。工会依据集团的性质和特点，在集团ESA网的载体功能上，开设了集团建设、业务交流、考核板块、你问我答、财务审批、信息广场等十多个模块，并设立社长意见箱，设置IP地址保密程序，员工可署名或匿名填写，为广大员工提供了一个能畅所欲言的平台。为丰富广大员工的文体生活，“三八”妇女节，工会与集团女工委员会共同组织女员工进行了“爱生活、爱运动”登山比赛；5月28日，召开了集团第二十六届春季运动会；“七一”期间，组织进行了“最美的颂歌献给党”歌咏比赛，充分展示了员工积极向上、开拓进取的精神风貌；工会还做到年有计划，月有安排，精心组织了一系列群众性的文化体育活动。不仅丰富了员工的业余文化生活，陶冶了情操，而且缓解了员工的工作压力，增强了集团的凝聚力。

【爱心捐助活动】　集团工会积极响应市委号召，开展以“献爱心，促和谐”为主题的爱心捐助活动。共有1476人参加爱心捐助，捐款金额196402元。开展“阳光助学活动”活动，与莱阳穴坊镇小学及11名贫困学生结成了帮扶对子，年内，共送去帮扶现金32万元。做好帮困工作，定期对集团内部困难员工进行走访，今年，工会为11户困难家庭发放补助、救助金合计12000元。帮助他们解决生活困难，使广大员工切实体会到工会大家庭的温暖。

共青团工作

【概况】　2011年，团委严格按照要求，紧紧围绕集团党委年初确定的工作目标开展工作，并配合党建工作，以开展深入学习科学发展观活动为契机，用身边的先进典型教育团员青年，使广大团员青年在各自的工作岗位上发挥才能和优势，积极主动地做好各项工作，弘扬集团的事业纲领、团队精神和新风正气，提高团员青年积极向上、敬业爱岗的工作热情和集体主义精神。2011年，集团团委按照团市委要求，使用“共青团基层组织数据采集系统”对集团团员信息进行管理，并定期更新维护系统。

【“中国青年志愿者服务日”活动】　3月5日是“中国青年志愿者服务日”，集团团委根据团市委《全市志愿服务集中宣传活动日方案》文件要求，结合集团内部情况，于3月2日组织16名志愿者在文化广场参加了这次活动。组成了“爱心驿站”、“老于帮办”、“社区大管家”、96110“城市服务联盟”、4支志愿者服务队，为广大读者和市民提供排忧解难、解疑答惑等服务，受到社会各界的好评。本次活动的顺利开展，展示了集团职工的“奉献、友爱、互助、进步”的志愿者精神，以实际行动为社会献出自己的一份爱心。

女工委工作

【概况】　2011年，集团女工委在党委的领导和关心下，认真履行自身职能，加强组织建设，求真务实，认真贯彻《劳动法》、《妇女保护权益法》、《女职工劳动保护规定》等法律法规，切实维护好女职工合法权益和特殊利益。通过培训，座谈会等形式，加强各种法规制度学习，增强女员工依法维权能力和意识，强化女职工的职业素养。

【计划生育工作】　建立健全计生宣传、教育、管理、服务“四位一体”的综合服务体系，不断完善优质服务。加大宣传教育力度，营造新型生育文化氛围。积极宣传计生政策和新型婚育观念，引导和树立科学、文明、进步的婚育观念。定期召开计划生育专题会议，协调解决工作中遇到的实际困难和问题，统一部署计划生育工作安排，促进计划生育工作正常、有序、高效开展。各计划生育小组长对全体女职工进行孕情摸底，认真做好育龄妇女信息的更新工作，做到信息更新及时率、录入率、准确率达到100%，确定集团年度生育计划，并与芝罘区向阳街道办事处签订了《2011年人口与计划生育目标管理责任书》，做到了一级抓一级，层层抓落实。积极开展活动，丰富集团女职工的业余生活“三八”妇女节，开展女员工爬山比赛；9月16日，各计生协会小组长对生育职工和新出生婴儿进行看望；11月初，组织40周岁以下已婚育龄女员工进行妇科检查，使女员工及时了解自身健康状况。通过计生协会的系列活动，不但体现了集团女工委对女员工的关心和爱护，丰富了业余文化生活，更增强了女职工之间的凝聚力。

审计部

【概况】　审计部是2008年成立的集团内部审计机构，主要职能是按照《山东省内部审计工作规定》和《烟台日报传媒集团内部审计工作规范》，依据年度审计计划，对集团内部进行审计。工作范围主要是对集团内部实施经济监督，加强内部管理和控制，依法检查会计账目、相关资料及公司经营状况，评价经济责任，监督财务收支的真实性、合法性，促进和改善经营管理，提高经济效益。审计部现有员工3人，主任1人，审计主管1人，审计专员1人。2011年，审计部认真贯彻落实集团党委决策精神，充分发挥内部审计的监督和服务职能，围绕着集团的“创收增效年”这一主题，认真学习和执行《中华人民共和国审计法》、《审计署关于内部审计工作的规定》以及有关法律、法规，为促进集团各子公司的创收增效发挥了积极的作用。2011年，审计部被集团授予“2011年先进集体”称号。

【客观评价经营成果 真实反映公司经营状况】 审计部以财经法规和制度规定为评价依据，按照编制好的全年内审工作计划对子公司的经济活动进行检查和评价，全年进行了一轮常规审计，衡量和确定子公司的会计信息是否正确、真实，反映的财务收支和经济活动是否合法、合规、合理和有效，从而督促子公司遵守法规、改善经营管理、提高经济效益。做好子公司经济效益和预算费用的审计，达到了防微杜渐，指导工作的效果。2011年，审计部共提出审计建议30余条，协助被审单位按时完成集团的任务指标。客观公正地完成了3个公司的股权分配方案，并协助办理了股权交接手续。通过履行审核检查程序，评价了子公司制定的计划、预算和决策是否先进可行，公司业务活动是否按照预先的决策和目标进行，经济效益的好坏以及内部控制制度是否健全和有效。通过评价经营成果，找出决策、计划、经营和管理上的缺陷和问题，提出改进建议和措施，为组织管理层正确决策提供科学的依据。

【提升内审服务水平】 2011年，审计部努力提高内审工作服务水平。一是积极开展内部控制审计，将审计重心逐步由“防弊查错”转向评价和改善公司治理能力，促进内部控制环境的持续改善，帮助公司强化和维护控制的有效性。二是积极探索开展风险管理审计，监督和评估风险管理和控制体系审计，帮助公司管理和控制风险，逐步实现审计重心由事后评价控制转向事前风险管理和过程控制。三是积极组织和推动风险控制自我评估，充分调动公司内在的风险管理和控制的积极性，使之成为企业全员的自觉行动。

【突出审计重点 提高绩效审计成效】 审计部对集团及所属各子公司的财务收支、预算资金的管理使用以及经济活动情况开展绩效审计，保障公司的资产安全、完整和会计信息的真实可靠。并以揭隐患、促管理为目标，积极开展管理效益审计，评价内部控制制度的执行情况，反映经济管理和资金使用中存在的问题，及时提出改进意见，促进各项经济管理目标的实现资金的安全有效运行。

【加强任期经济责任审计 坚持“有离必审”】 审计部严格执行会计制度，建立健全岗位责任制和内部检查制度，全面加强各子公司总经理任期内经济责任审计，促进公司总经理认真履行职责。坚持“有离必审”等经济责任审计方针，在两个多月时间内对集团下属的《今日莱阳》、《今日招远》以及《华夏酒报》三个单位进行了离任内部审计工作；完成了报洁物业公司、报捷新闻印刷有限责任公司的离任审计工作。通过经济责任审计，达到了客观评价公司一把手的工作业绩，核实了企业资产，确保了资产和资金不流失。

【抓好学习培训 提升整体素质】 2011年，审计部采用以会代训的方式，集中学习与自学相结合、自学与培训相结合、业余学习与集中学习相结合的方法，收到了较好的学习效果；组织学习政治理论知识，使审计职员进一步解放思想，坚持与时俱进，不断提高政策理论水平和思想政治素质；学习审计新业务知识，开展专业技术知识培训，促使大家钻研业务，努力提高审计水平和审计质量，增强开拓创新能力。全年参加烟台市审计局组织的各种业务培训2次；自学法律法规知识，组织学习《宪法》、《审计法》、新《审计法实施条例》等法律知识，增强了审计职员的法制观念，提高依法审计的水平；提倡学历教育，创造条件，积极鼓励员工参加各种形式的学历教育，以提升审计人员学历层次，增加自身知识含量。

【规范审计程序，严格审计执法】 2011年，审计部在规范审计程序，严格审计执法方面作了如下工作：1、审计部严格按照内审法律法规和内审准则的要求，建立完善规范内审工作制度，促进内审工作法制化、规范化、科学化。2、建立有效的审计质量控制制度，促使内部审计人员以职业谨慎态度开展内部审计业务。3、重视审前准备工作，做好审前调查，围绕审计目标做实审计方案，确保重点突出，方法得当。4、在实施审计中重点把握关键环节，改进工作方法，搜集可靠证据，力求事实清楚、证据确凿，把问题查深查透，降低审计风险。5、健全内部分级复核制度，完善跟踪审计机制。6、审计报告能够做到客观、完整、清晰、及时，体现重要性原则，确保审计质量和成效。

【注重审计整改 强化成果利用】 2011年，审计部注重审计整改，强化审计成果利用。在整改上采取有效措施，建立整改工作机制，明确被审计单位各环节整改责任，建立奖惩和责任机制，把内审整改效果与年度绩效考核挂钩，对整改不利、屡查屡犯的严肃追究责任。对审计发现的问题追根求源，从体制、机制和制度层面提出意见建议，督促被审计单位健全体制、完善机制、强化管理，把企改落实到实处，形成长效机制。充分利用和挖掘审计成果资源，使内部审计服务于组织机构整体发展目标的作用得到有效发挥。注意对带有普遍性、规律性、倾向性问题的归纳总结，形成具有利用价值的审计成果，为领导决策提供参考依据，为促进管理、提高效益服务，扩大审计成果。

技术中心

【概况】 2011年3月，集团撤销技术部，成立技术中心，技术中心下设开发维护部、工程服务部和客户端响应部三个子部门，技术中心现有员工12人，其中技术总监1名，技术经理2名，高级工程师1名，工程师8名。

2011年，技术中心紧紧围绕集团中心工作，各部门协同作战密切配合，发挥自身特长，保障了集团全年的网络、计算机设备、办公系统的安全稳定运行，在新技术开发应用方面进行了积极探索。

【技术服务】　技术中心为集团和子公司提供7X24小时全年技术支持，服务方式包括现场服务、电话支持、远程调试等，对集团办公大楼内的技术支持请求，技术人员通过到现场排查故障、解决问题；对集团子公司提出的技术问题，通过远程技术连接电脑，帮助分析问题、解决问题；为出差采访的记者提供电话指导和远程协助，满足其办公需求。通过这些措施的实施，保证了整个集团各业务的顺畅进行。

【华夏传媒大厦综合布线】　2011年，技术中心承接华夏传媒大厦集团权属部分的综合布线业务，包括互联网络、光纤网络、电话网络、视频监控网络、有线电视网络等，各类布线总长2万余米，为下一步新大楼的智能化办公打下基础，同时也通过此次综合布线工程锻炼了技术队伍。

【文韬采编业务系统服务器硬件系统升级】　遵循集团大采编原则，集团县域报逐步并入集团大采编网络，集团旗下全部报纸使用统一的采编流程。由于用户数量成倍增长，集团原有文韬采编系统压力陡增，不能满足高峰期的生产需求，经过与专业技术厂家共同论证和探讨，从安全角度出发，对原有采编系统进行硬件升级，新的服务器硬件系统规划为双机热备方式。技术部在2011年4月份，完成采编系统的测试、迁移，保证了新、旧两套采编业务系统的无缝衔接。

【星云检索系统上线】　集团目前的数据资产主要包括图片仓储数据库、方正渊博检索系统数据库、全媒体历史数据库、全媒体成品库、数字报纸等，数据容量达到6000GB，数据呈分散存储和检索状态。结合集团的实际情况，技术中心同上海Alpha公司合作，历经3个月开发了星云检索系统并成功部署。该系统采用形如“百度”的检索模式，能够分类搜索已有的所有历史数据。

【财务系统硬件系统升级】　浪潮财务系统服务器硬件自2004年开始一直在线运行，随着集团下辖子公司的增多，服务器硬件承担极大压力，为了确保集团财务的正常运行，技术中心历时2个月将浪潮财务系统（包含3套子业务系统）迁移到新的硬件服务器平台，并修正了原有财务系统的12处技术问题。

【新华社稿件接收系统】　2011年8月开始，新华社卫星接收系统多次出现稿件接收异常状况。技术中心联合新华社技术局，对报社使用的卫星接收设备进行调试、更新，更换集团使用长达15年的卫星接收组件，调整卫星接收节点，保证新华社稿件的正常接收与分发。

【ISA服务器升级】　随着集团大采编战略的实施，县域报网络流量的集中并入，集团ISA服务器网络流量处理的压力达到极限。2011年9月，经过分析论证，集团统一更换代理服务器硬件设备，并将软件升级到Microsoft ForefrontThreatManagementGateway2010。更新后的代理服务器，能够满足集团未来三年内的互联网访问需求。

【呼叫中心8位特服号接入】 为适应集团呼叫中心不断增长的业务需求，技术中心协调烟台联通公司，通过技术手段，将原有96110特服短号码扩展为8位数（例如96110-888），并研发、调整了呼叫中心内部业务流程，为呼叫中心业务拓展提供空间。

【虚拟化技术应用】 集团部署数量较多的业务系统，模式基本为“一台（组）服务器一个业务应用程序”。当业务系统越来越多时，不能为每个应用做到硬件级别的系统备份，维护的难度越来越高。2011年，技术中心根据集团实际情况将部分业务系统迁移为VMware Server虚拟化应用。借助虚拟化技术，不仅可以打破原有“一台（组）服务器一个业务应用程序”模式，充分挖掘服务器的处理能力，提高对现有资源利用的程度，而且减少设备购置、管理和运行费用，降低集团数据中心的运营成本。同时，提高硬件和应用程序的可用性，既可消除计划内停机，又可从计划外故障中立即恢复，并实现网络服务的不间断备份和迁移，从而大幅提高业务连续性。

【业务学习】 2011年，技术中心根据员工职业生涯需要，有针对性的先后外派技术人员4人次参加微软等大型技术公司的技术技能学习培训，为集团技术发展储备知识型人才。

机构人员

烟台日报传媒集团领导成员名单

烟台日报传媒集团党委书记 烟台日报传媒集团理事会理事长 烟台日报社社长、总编辑	郑　强
烟台日报传媒集团党委委员、理事会理事、烟台日报社副总编辑	栾心国
烟台日报传媒集团党委委员、理事会理事、烟台日报社副总编辑	殷成明
烟台日报传媒集团党委委员、理事会理事、烟台日报社副总编辑	张海波
烟台日报传媒集团党委委员、理事会理事、烟台日报社副总编辑	衣文敏
烟台日报传媒集团党委委员、理事会理事、烟台日报社副总编辑	胡泽太
烟台日报传媒集团党委委员、理事会理事、烟台日报社副总编辑	田衍生
烟台日报传媒集团党委委员、理事会理事、烟台日报社副总编辑	王英斌
烟台日报传媒集团党委委员、纪委书记	李文俊
烟台日报传媒集团党委委员、理事会理事、烟台日报社副总编辑	滕　岳
烟台日报传媒集团党委委员、理事会理事、烟台日报社副总编辑 烟台日报传媒集团工会主席	胥延义

职能部门负责人名单

集团办公室

主任：李田　　副主任：吴立文　许杰　云中海

人力资源部

副总监：杨潜

总监助理兼薪酬福利管理部经理：申大陆

员工关系管理部经理：宋献忠

绩效管理部经理：周海峰

老员工管理部经理：李如社

资产运营部

副总监：李敏

总监助理兼综合管理部经理：于金阳

财务管理一部经理：孙元敏

财务管理二部经理：冯爱华

财务管理三部经理：林晔

资产管理部经理：衣起辉

法务督查部

主任：刘吉忠

副主任：欧阳联灿 于广新

政务部

主任：王金恒

副主任兼工会女工委员会副主任：鲍卓

审计部

主任：姜书强

技术中心

技术总监：于涛

工程服务部经理：任德兴

客户端响应部经理：姜泽明

事业部部门负责人名单

《烟台日报》编辑部

总编辑：胡泽太（兼）

副总编辑：姜爱敏 仲维勋 马全应

版面总监：任庆

总编室

主任：李捷

副主任：孙叶红

策划部

主任：王锐

要闻部

主任：邹海东

副主任：高春宽

综合新闻部

主任：陈刚

副主任：鲍永梅

文体新闻部

主任：李杰

时事新闻部

主任：林达利

专刊部

主任：曲宏

《烟台晚报》编辑部

总编辑：张海波（兼）

副总编辑：于云增　刘洪　曹玉娟　曲全承　牟卫平　刘新颖　王朝荣

总编室

主任：王伟

副主任：薛康

视觉统筹：冯磊

策划部

主任：孙晓政

副主任：李杰

新闻部

主任：孔小炜

副主任：季润岭

时事新闻部

主任：赵巍巍

副主任：姜涛

文体新闻部

主任：张钧

副主任：柳洪武

生活杂志部

主任：袁丰雪

副主任：王彦红

专刊部

主任：徐绍磊

副主任：李冰

地方版编辑部

主任：王学娟

副主任：李秀丽

《今晨6点》编辑部

执行总编辑：赵铎

副总编辑：王玮　耿俊尧　吴贤国　孙青　李戎　王波　杨建军

总编室

主　任：梁志宏

副主任：曲华

视觉统筹：徐志强

策划部

主　任：庞见波

副主任：林麟

地方新闻部

主　任：赵加峰

副主任：赵玲建

财经新闻部

主　任：殷新

副主任：丁钢

文体新闻部

主　任：王季

副主任：唐洪涛

时事新闻部

主　任：赵文冰

副主任：刘彦波

专刊部

主　任：孙琳

副主任：刘希恒

全媒体新闻中心

总　监：滕岳（兼）

副总监：赵先超　杨松涛

综合部

主　任：赵先超（兼）

副主任：于　梅

时政新闻部

主　任：郑勇军

副主任：刘新国　高伟

城市新闻部

主　任：赵先超（兼）

副主任：张晋 孙泓炜 李珑

热线新闻部

主 任：杨诗星

副主任：何晓波

财经新闻部

副主任：孟宪臣

县域新闻部

主 任：权立通

副主任：凌云鹏

新闻评论部

副主任：耿晶

文体新闻部

副主任：王晓丹 李德强

融合新闻部

主 任：杨松涛（兼）

副主任：王力 刘洪涛（兼） 田洪涛（兼）

图片统筹：时立国

民意通呼叫中心

总监：韩文友

副总监：宋立民

《华夏酒报》编辑部

总编辑：秦书尧（兼）

副总编辑：李玉友

《阅读文摘》编辑部

主编：赛序波

副主编：周英杰 姜文豪

《37° 女人》、《优格》编辑部

主编：秦书尧

黄海数字出版社

社长：张培和

副社长：赵巍 刘学龙

教育培训部

主任：曲勤波

副主任：娄晓红 齐善阁

艺术品开发部

主任：牟国庆

控股公司负责人名单

风云广告公司

总经理：徐立栋

副总经理：姚根伟 董健

总经理助理：温智 蒋玉玉

小报童发行公司

总经理：周世文

副总经理：高科 马艳 张晓东 戴伟钢

报捷新闻印刷公司

总经理：李丽

党支部书记：邹成国

副总经理：刘卫平 于家东 吴爱萍

工会主席：高炜

报洁物业管理有限公司

总经理：赵永涛

副总经理： 杨涛

星云信息传讯有限公司

技术总监：于涛

水母网总编辑：孙玫青

水母网副总编辑：刘洪涛 田洪涛

光速影视文化传播有限公司

总经理：张志刚

副总经理：卢 岩 徐中华

烟台今日传媒有限公司

执行董事、总经理：王英斌（兼）

副总经理：邹爱娟 祝荀

龙口今日文化发展有限公司

总经理、总编辑：祝荀

副总编辑：冷昆建 衣建新 曹丽娜

蓬莱今日文化发展有限公司

总经理、总编辑：慕寿珍

副总编辑：姜春建 杨洁 刘西存

招远今阳文化发展有限公司

总经理、总编辑：徐政

副总编辑：王军华

莱阳今日文化发展有限公司

总经理、总编辑：郑野军

执行总经理：马宗文

副总编辑：徐爱勇

莱州今日文化发展有限公司

总经理、总编辑：李攀

副总编辑：邵立强

海阳今日文化发展有限公司

总经理、总编辑：李晓飞

烟台印刷产业园管理有限公司

总经理：邹刚

副总经理：方毅

烟台华夏厚方文化发展有限公司

执行董事、总经理：张凯

副总经理：王琳

北京大写国际传媒广告有限公司

总经理：秦书尧

北京华夏酒报有限公司

总经理：秦书尧

（以上人员名单截至2011年12月31日）

附：烟台日报传媒集团（烟台日报社）组织架构图

附:

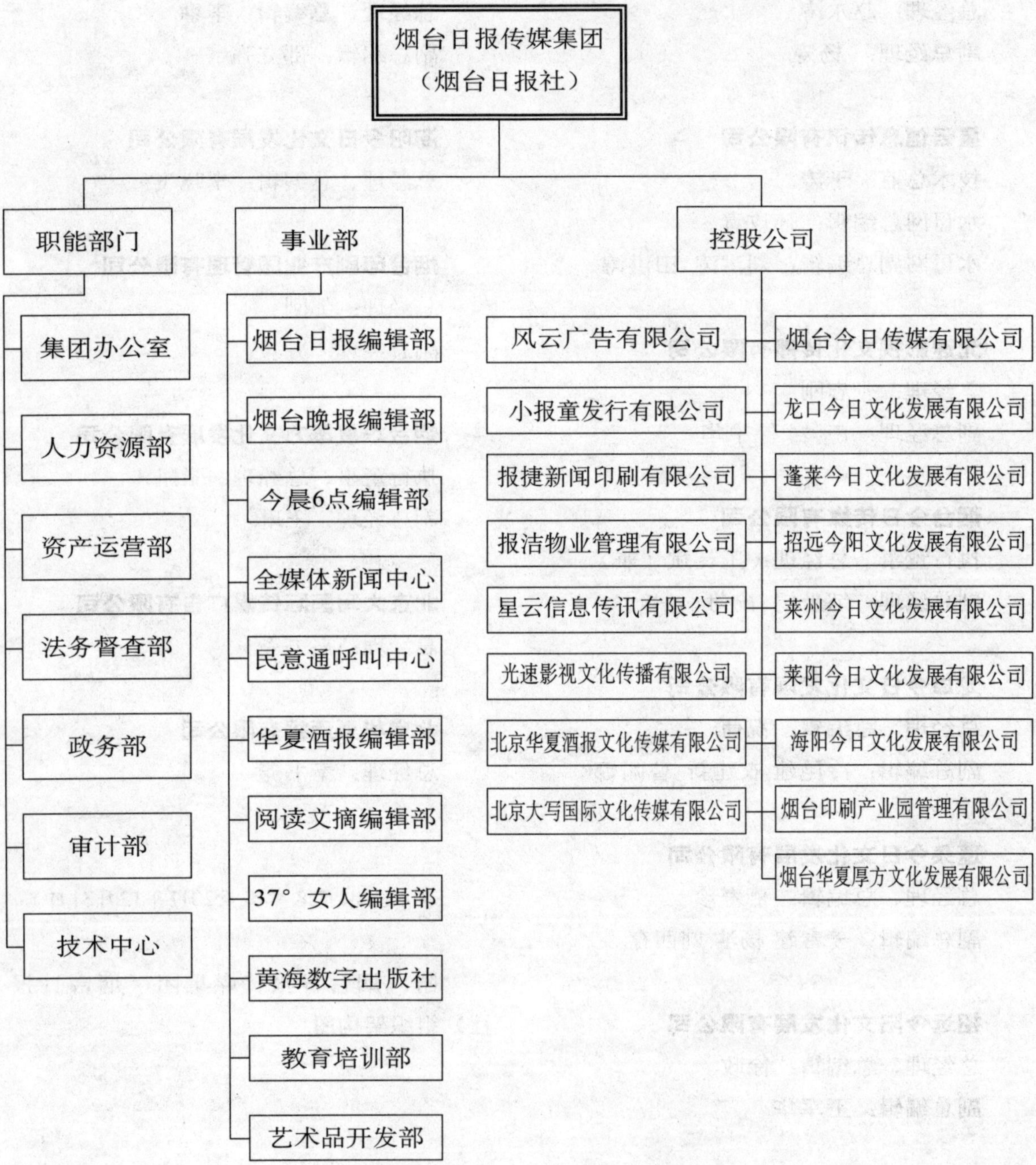
烟台日报传媒集团
（烟台日报社）
职能部门
事业部
控股公司
集团办公室
人力资源部
资产运营部
法务督查部
政务部
审计部
技术中心
烟台日报编辑部
烟台晚报编辑部
今晨6点编辑部
全媒体新闻中心
民意通呼叫中心
华夏酒报编辑部
阅读文摘编辑部
37°女人编辑部
黄海数字出版社
教育培训部
艺术品开发部
风云广告有限公司
小报童发行有限公司
报捷新闻印刷有限公司
报洁物业管理有限公司
星云信息传讯有限公司
光速影视文化传播有限公司
北京华夏酒报文化传媒有限公司
北京大写国际文化传媒有限公司
烟台今日传媒有限公司
龙口今日文化发展有限公司
蓬莱今日文化发展有限公司
招远今阳文化发展有限公司
莱州今日文化发展有限公司
莱阳今日文化发展有限公司
海阳今日文化发展有限公司
烟台印刷产业园管理有限公司
烟台华夏厚方文化发展有限公司

新闻出版（事业部）

《烟台日报》

【概况】 中共烟台市委机关报，1945年9月18日创刊。2011年，《烟台日报》继续采用国际流行的“黄金报型”，周一至周五对开12版，周六、周日对开8版，彩色印刷。版面设置分别为：《要闻》、《要闻•现场》、《要闻•焦点》《都市•民生》、《都市•社会》、《都市•财经》、《娱乐•星空》、《体育•径赛》、《天下•神州》、《天下•环球》、《天下•纵览》等新闻板块及《休闲周刊》、《消费周刊》等专刊。《烟台日报》编辑部机构设置：总编室、策划部、要闻部、综合新闻部、文体新闻部、时事新闻部、专刊部等7个部门。

2011年，《烟台日报》在巩固2010年版面改革的基础上，与全媒体新闻中心紧密衔接，充分发挥各自的职能和优势，积极配合好市委、市政府中心工作，先后围绕“全市经济工作会议”、“大学生村官张广秀”、“蓝色崛起烟台行”、“海阳亚沙会倒计时一周年”、“创建文明城市”、“庆祝建党90周年”、“深入开展解放思想大讨论活动”、“一节两会”、“科学发展新亮点”、“走基层 转作风 改文风活动”、“入世这十年”、“最美女孩刁娜”等重大主题，在重要版面开设专版、专刊、专栏，多层次、全方位进行报道。

重要报道（评论）

【“两会”系列报道】 1月20日至24日，烟台市“两会”（人代会、政协会）召开，21日至25日，《烟台日报》在一版、二版重要位置刊发消息、社论、图片31篇（幅），报道大会各项议程，并在二版、三版、四版推出“两会主旋律”、“报网联动•立通访谈”、“两会特别报道”等专栏、专版，报道“两会”盛况和热点，受到社会各界的关注和好评。

【“全市经济工作会议”系列报道】 2月10日，全市经济工作会议召开，11日，《烟台日报》头版刊发消息和评论员文章，12日至18日在一版推出“认真贯彻落实全市经济工作会议精神”评论员文章4

篇；13日至27日在一版陆续推出报道“把握主题精心转调 激情创业精彩开局”动态17篇，全面报道各地各部门在转方式、调结构和精彩开局方面采取的新举措，深入论述贯彻全市经济工作会议精神的各个方面，较好地推动会议精神的落实。

【“大学生村官张广秀”系列报道】2月21日至3月7日，《烟台日报》陆续推出关于福山区优秀大学生村官张广秀的系列报道，这组报道由四篇通讯、四篇评论员文章和一组张广秀日记组成，报道大学生村官张广秀扎根基层、奉献才干，吃苦耐劳、锻炼成长，坚守信念、勇于担当的时代精神。

【“蓝色崛起”系列报道】 3月5日至4月28日，《烟台日报》推出“蓝色崛起”大型战役性集中宣传报道。报道分两部分，3月5日至16日在一版推出“蓝色崛起”机遇篇、优势篇、蓝图篇、产业篇等8篇深度报道，并在三版拿出一个版配合报道，刊发评论员文章及深度解读等。3月28日至4月28日陆续推出“蓝色崛起烟台行”系列深度报道，报道以一版大幅照片提要导读加三版整版的篇幅，对各县市区落实国家、省、市总体部署，建设蓝色经济区的思路、行动和愿景进行报道，在社会上引起广泛关注。

【王媛媛事迹报道】 4月1日至16日，《烟台日报》在二版推出报道11篇，评论员文章2篇，从王媛媛的生前事迹，贵州群众缅怀的场景，江口全县、家乡牟平群众和大学生掀起学习王媛媛的热潮等多个层面报道王媛媛的感人事迹。4月11日，《烟台日报》头版头题推出关于优秀选调生王媛媛的长篇通讯《海的女儿 山的情》，追记烟台姑娘王媛媛扎根贵州山区的高尚情怀，在社会上引起强烈反响。

【“创建全国文明城市”系列报道】 为配合烟台创建全国文明城市，1月19日，《烟台日报》在一版刊发稿子和评论，同时在9版至12版推出4个版的特刊“让城市更文明 让生活更美好”。4月19日至9月5日，《烟台日报》在一版和二版推出“创建全国文明城市进行时”、“文明大看台”、“文明监督台”、“现场扫描”、“百万市民美家园”、“回音壁”、“市民话创城”等专栏，刊发稿子130余篇幅，4月22日至9月21日，日报在二版、三版推出“文明春风靓港城”专版共计65个，并刊发“打好争创第三届全国文明城市攻坚战系列谈”等系列评论30余篇，对烟台创建文明城市活动进行报道，营造全民创城氛围，有力地推动我市创建全国文明城市工作深入开展。12月21日，《烟台日报》推出4个彩色专版“文明烟台 为你自豪”，从“城之魅”“城之魂”“城之韵”三个方面报道，重温那一双双温暖的手，一颗颗温柔的心，一个个坚强的臂膀，庆祝烟台获得文明城市“三连冠”，受到社会各界的好评。

【“庆祝建党90周年”系列报道】 为庆祝建党90周年，《烟台日报》于5月9日至7月18日在一版开设“庆祝建党90周年•伟大历程”专栏，刊发稿子32篇；5月22日起，先后开设“红色记忆”、“红旗飘飘”、“沧桑巨变”、“百佳先锋”等专栏；6月19日至7月7日推出专版，刊发稿子12篇，并于7月1日在9版至12版推出4个版特刊，全方位报道社会各界庆祝建党90周年的盛况，在社会上引起广泛好评。

【“科学发展 转变方式”系列报道】 6月5日至25日，《烟台日报》在头版头条的位置开设“科学发展 转变方式”系列报道，刊发稿子11篇，全方位报道烟台各县市区摈弃重污染项目，发挥各地资源优势，创新和培育新型产业发展的蓝图。

【“海阳亚沙会”倒计时一周年报道】 6月16日，海阳亚沙会倒计时一周年之际，《烟台日报》推出“迎接海阳时刻”特刊，集中报道海阳亚沙会的筹备情况及亚沙会赛事的主要内容。11月29日，亚沙会倒计时200天时，推出专版，对海阳亚沙会筹备情况进行全面报道。

【“党报车沪上行”报道】 为纪念建党90周年，6月23日，由《烟台日报》主办、烟台交运旅游集团承办的“党报车沪上行”活动正式启动，活动以“烟台英模重温红色记忆”为主题，组织烟台各条战线上的英模代表15人奔赴上海，4天时间里，英模代表们参观兴业路中共一大会址、中共一大嘉兴南湖会址等红色经典，重走红色之路，重温信仰的力量。《烟台日报》先后在一版开辟专栏，报道英雄模范的事迹、现场侧记及座谈。

【“深入开展解放思想大讨论活动”系列报道】 7月1日至8月3日，《烟台日报》在一版推出“深入开展解放思想大讨论活动•动态”专栏，刊发稿子25篇；7月27日至8月2日在一版推出“深入开展解放思想大讨论•增创优势漫谈”专栏，刊发稿子3篇；7月4日至11日，《烟台日报》推出“解放思想大讨论”系列评论4篇；7月7日至18日，又以一版消息加三版整版的形式推出“深入开展解放思想大讨论•江浙纪行”系列报道，并推出“解放思想提升境界、加压奋进勇攀高峰”专版3个，为全市解放思想大讨论活动营造良好氛围，有力推动工作开展。

【“科学发展新亮点”系列报道】 8月3日至20日，《烟台日报》以一版消息加三版整版的形式推出“科学发展新亮点”大型系列报道，全面反映全市上下在新形势下，解放思想提升境界加压奋进勇攀高峰的实际举措和加快发展、赶超进位的先进经验。

【“一节两会”系列报道】 9月24日，第五届烟台国际葡萄酒节、山东半岛蓝色经济区海洋食品博览会和第十二届国际果蔬•食品博览会（简称“一节两会”）在烟台国际博览中心隆重开幕。8月4日开始，《烟台日报》在一版开始“一节两会”50天倒计时牌；9月19日至22日，在一版开设“迎‘一节两会’看烟台经济”专栏，为“一节两会”的召开营造节日气氛。9月24日至27日，《烟台日报》在一版等重要版面大篇幅报道“一节两会”的开幕盛况及烟台在“一节两会”上的重大收获。

【“中韩马拉松”报道】 9月17日，2011中韩（烟台）国际马拉松赛在烟台市体育公园举行，来自世界各地的3000余名选手参赛，分别参加“全程马拉松”、“半程马拉松”、“迷你马拉松”、“特色马拉松”等四个竞赛项目。9月18日，《烟台日报》在一二版刊发新闻，三四版以两个专版的形式，详细报道盛况。

【“走基层 转作风 改文风”系列报道】 9月9日起，《烟台日报》开设“走转改”专栏，下设YMG现场新闻大赛、蹲点调研、第一现场、YMG记者在基层4个栏目。10月1日起，启动“走基层 转作风 改文风·与工人农民一起过‘十一’活动”，连续推出4个版特别报道。11月8日又组织开展“我们的节日·我们的足迹”记者节主题实践活动，围绕“我在地下300米”、“我在万米高空”、“夜泊渤海海峡”、“军营一日”、“体验360行”等五大主题开展为期一天的体验采访活动。11月9日，《烟台日报》推出两个专版，集中刊发体验采访的稿件，通过这组稿件充分展示了基层一线广大干部群众昂扬向上的良好精神风貌，得到社会各界的高度赞誉。

【“访酒泉探‘天宫’”报道】 9月26日至29日，《烟台日报》在一版开设“访酒泉探‘天宫’”栏目，30号在头版头条刊发报道，通过文字、图片、视频、微博等全媒体形式，全方位、多角度、立体式地报道了“天宫一号”发射壮举。

【“第八届读者节”报道】 10月10日烟台日报传媒集团第八届读者节暨读者季活动在烟台市文化广场举行。为配合读者节暨读者季活动，《烟台日报》在9-12版推出4个专版，10月11日，再次推出4个专版，对读者节暨读者季活动盛况进行报道，有力提高了烟台日报传媒集团影响力。

【“最美女孩刁娜”报道】 11月14日至12月16日，《烟台日报》刊发稿件5篇，报道“龙口最美女孩”刁娜在车流中勇救伤者，自己不幸腿部严重骨折的感人事迹。并于11月14日、17日、18日刊发评论员文章3篇，从“最美女孩”激发社会向善力量和论“刁娜现象”的现实意义进行评论。

【“蓬莱南王供电所原所长汪浩”报道】 12月1日，日报推出长篇通讯《雨山彩虹》，报道蓬莱南王供电所原所长汪浩顽强拼搏、一心为民、敬业奉献，用自己一腔热血在基层书写人生辉煌的感人事迹。

特色版面（栏目）

【“十佳烟台好人”颁奖典礼特刊】 1月11日，由烟台市精神文明建设委员会办公室和烟台日报传媒集团共同举办、中国工商银行烟台分行协办的“中国工商银行杯”2009-2010丨佳烟台好人双年度人物颁奖典礼在烟台大剧院隆重举行。1月12日，《烟台日报》一版刊发新闻，9版至12版推出“温暖的力量”特刊，特刊以2个彩色2个黑白的版面报道晚会的盛况，受到社会各界的一致好评。

【“贯彻六中全会精神 推动文化大发展大繁荣”专栏】 10月31日至12月8日，《烟台日报》一版开设“学习贯彻十七届六中全会精神 推动文化大发展大繁荣专栏”专栏，刊发稿子18篇；从10月31日起，推出“学习贯彻党的十七届六中全会精神”4个理论专版，报道我市学习贯彻党的十七届六中全会精神情况，及我市推动社会主义文化大发展大繁荣的做法，在全市营造良好氛围。

【“入世这10年”专栏】 12月2日至14日，《烟台日报》在一版开设“入世这10年”专栏，报道烟台这十年来的那些人、那些事，盘点入世十年烟台发生的变化，在社会上引起好评。

【《求索》专版】 《求索》是《烟台日报》的理论专版，周一在第9版刊出，全年共刊出50期。主要刊发配合新时期新问题，为读者提供政策性强、指导意义大、舆论导向明确的理论文章。一般情况下，每周一期，有时为配合全市的中心工作做临时调整。

【《养生》专版】 《养生》版每周二刊于《烟台日报》第9版。《养生》版关注现代都市人群在身体、心理和生活健康方面的需求，立足“大健康”观念，传导健康生活方式。专版设置《本周关注》、《快乐美食》、《杏林诊所》、《健康快递》等栏目。

【《都市》专版】 每周三9版刊出，《都市》专版关注现代都市人群在玩、衣、住、行等方面的时尚方式和潮流信息。专版设置《“魅”力解析》、《时尚看台》、《玩家识趣》等栏目。

【《人才》专版】 周刊，周四出刊。专版直接面向党报的目标读者群，即职场、办公室和成长型人才。整个版面以短小精悍的稿子为主，主打稿件严格控制在800字以内，力求实现读者喜闻乐见与可读性、吸引力的完美结合。主要栏目：《本周观察》、《职场参谋》、《创业原生态》、《人才情报站》、《留学课堂》、《家教大家谈》《校园传真》等。

【《半岛》副刊】 《半岛》副刊以散文、随笔、杂谈、诗歌为主。开设《半岛周刊·闲情》、《半岛周刊·文化》、《半岛周刊·人文》、《半岛周刊·习作》等栏目，《半岛》副刊对当代文化的走向、当代人精神的把握、地域文化的展现作了积极的探索。《半岛》副刊立足本土，挖掘胶东的人文史实。许多文章在读者中产生了较大反响，部分版面和栏目在全国或省内副刊评奖中获奖。

【《记录》专刊】 《记录》专刊由《记录·人物》、《记录·往事》、《记录·寻踪》三个性质不同的深度报道类专版组成。《记录·人物》：以新闻人物和与烟台有关联的历史人物为主要采写对象。包括《新烟台人》、《打开烟台活历史》、《文明烟台·人物坊》、《传承人的传承事》、《文化名人谈烟台》等栏目。《记录·往事》：树立烟台浩瀚的历史脉络，采撷烟台发展进程中的星光往事。包括《老街新道》、《旧闻新说》、《知青燃烧的岁月》、《名人与烟台》等系列报道。《记录·寻踪》：以烟台几千年的灿烂文化为纽带，贯通历史、文化、民俗、军事、美食等等诸多门类，寻找和挖掘烟台大文化的闪光点。包括《文明烟台·沧桑史》、《文明烟台·风物志》、《关注烟台非物质文化遗产》、《烟台底片》等栏目。2011年，共编发《记录》专刊50期。

《烟台晚报》

【概况】　《烟台晚报》创刊于1992年8月28日。烟台日报传媒集团主管主办，日刊，4开24版，彩色印刷。《烟台晚报》编辑部下设总编室、策划部、新闻部、时事部、文体部、专刊部、生活杂志部、地方版编辑部8个部门。主要版面设置为：《烟台新闻·要闻》、《烟台新闻·重点》《烟台新闻·城事》、《烟台新闻·民生》、《烟台新闻·96110》、《烟台新闻·地方》、《烟台新闻·生活》、《烟台新闻·调查》、《国内新闻·要闻》、《国内新闻·纵深》、《国内新闻·链接》、《国际新闻·要闻》、《国际新闻·关注》、《国际新闻·博览》、《财经新闻·要闻》、《财经新闻·热点》、《财经新闻·个股》、《文娱新闻·影视》、《文娱新闻·色彩》、《体育新闻·战事》、《体育新闻·绿茵》《体育新闻·灌篮》、《体育新闻·战事》以及《烟台街》、《现代教育》、《求职》、《文学角》、《艺术界》、《鉴赏》、《法眼观世》、《12315》、《最爱星期五》、《今日》系列、《今日芝罘》、《今日莱山》等专刊专版。

2011年，晚报作为烟台发行量最多的平面媒体，积极应对市场竞争，进一步增强主流舆论的影响力、引导力、感染力和亲和力，致力做强本地新闻，主要在“鲜”和“细”上下功夫，注重开掘其中的情感和文化内涵，表现手法上突出口语化、故事性，以吸引读者眼球，提高口头传播力。主要做强都市、民生、生活等版面，着力在版面上将服务性、实用性常态化、固定化、专栏化。

2011年，晚报围绕“建党90周年”、“烟台开埠150周年”、“纪念辛亥革命110周年”的重大题材，先后策划推出纪念建党90周年特别栏目——“红故事”、特别寻访系列报道——“红地图”，32个版的《烟台1861》特刊，全方位、多视角地透析了烟台150年历史变迁，风云变幻。烟台女选调生王媛媛在贵州牺牲的消息传来，从4月到11月，晚报陆续推出了《烟台女选调生情动贵州 海的女儿山的情》、《王媛媛落葬回龙山》等大型报道，全面展示了王媛媛的感人事迹和社会各界对她的缅怀与关注。

2011年7月19日，新《极速影视》周刊问世。在之前3个版的基础上创新升级，推出16个专版。《极速影视》主要刊登影视内容、文体言论、综艺动态、文体新闻、娱圈人物、赛事预告、节目表等。

重要报道（评论）

【“最美女孩”刁娜系列报道】　11月8日，晚报6版以《龙口最美女孩车流中勇救伤者 撞伤一条腿换回一条命》为题，在全国率先报道被誉为“最美女孩”刁娜的感人事迹。至2012年2月4日，晚报连续刊发“最美女孩”专版10余个，成功推出了刁娜这一先进典型，引起社会的共鸣。刁娜的感人事迹见报后，在烟台乃至全国引起强烈反响。社会各界人士纷纷到医院看望刁娜，给她送上真诚的祝福和温暖。13日，刁娜的事迹上了中央电视台《新闻联播》，引起更广泛的关注。刁娜先后荣获“烟台道德模范”、“烟台市见义勇为先进个人”、“优秀共青团员”、“三八红旗手”等称号。11月18日，烟台市委市政府决定在全市开展向刁娜学习活动。12月4日，刁娜荣获2011年度法治人物之“2011最美中国人”。

【“大学生村官张广秀”系列报道】2010年12月27日至2011年3月底，晚报连续刊发《24岁女大学生村官患白血病 当村官400天，日记记录了她带病工作的点点滴滴》；《我肯定会回到村官岗位上》；《广秀精神感动全国》；《 市委决定：向张广秀学习》；《市委书记赴京看望张广秀》等稿件，报道24岁的大学生村官张广秀身患重病仍坚持工作的事迹，在省内外引起较大反响。党和国家领导人习近平、李源潮，省委书记姜异康等中央和省委领导做重要批示。

张广秀的先进事迹还感动了一位普通人汪凯，他甘愿捐助造血干细胞，成功救助了张广秀。本报以《捐助造血干细胞救助大学生村官 汪凯与张广秀，生命的接力！》为题予以报道。3月，晚报在4版开设专栏——“义卖烟台晚报 捐助广秀书屋”，连续报道了广大市民为大学生村官张广秀捐献爱心的情况。

【“海的女儿”王媛媛系列报道】　4月11日，晚报在4、5、6用3个版刊发了《海的女儿山的情——追记扎根贵州山区的烟台姑娘王媛媛》；其后至11月17日，又连续刊发了《工作中，媛媛把自己当男孩子》；《媛媛骨灰运回牟平，昨日安葬》；《媛媛，我们来看望你了！》；《王媛媛是烟台的骄傲》；《烟台籍选调生王媛媛落葬回龙山 立雕像颂扬》等8篇稿件，报道祖籍烟台的贵州省选调生王媛媛扎根贵州山区，全心全意为山区人民服务的事迹。

【“蓝色崛起看烟台”系列报道】　3月5日至16日，晚报在A2版开设专栏——“蓝色崛起看烟台”，围绕全市加快长岛国际休闲度假岛、牟平滨海、莱阳丁字湾、龙口人工岛群、莱州临港产业区等重点项目、重点园区建设，连续发表了《烟台“逐蓝”正当时》、《看看烟台的“蓝色家底”》、《蓝色港区启动物流引擎》、

《“七弯五岛”变身蓝色新区》等。

【《烟台1861》特刊】 2011年，烟台港口开埠150周年，晚报策划推出32个版的《烟台1861》特刊，以“还原现场、感受沧桑、铭记历史、扬帆远航”为宣传宗旨，全方位、多视角地透析烟台150年历史变迁，风云变幻，特刊由“原点、潮起、风云、斯人、底片、蝶变”六大板块组合而成，阐述历史沧桑中梳理烟台经济发展脉络，收录众多珍贵史料和图片，文图并茂，颇具收藏价值。

【“文明春风靓港城”系列报道】 创建文明城市是2011年全市的一项重要工作。8月3日开始，晚报在10版推出“争创文明城，你我同行动”系列重大报道。每天多则10个版面，少则2个版面，系列报道了全市上下共同争创文明城市的行动，营造了良好的宣传和引导氛围。开设“创城进行时"、“创城监督台”、“创建文明城，你我共行动”、“创城看各区”、“创城看社区”等栏目；同时，积极报道“机关上街大扫除”、“擦亮文明城”、“一个人 一个社区 一座城市 一首歌曲 一种信念”等系列报道，为烟台市第三次获得“全国文明城市”创造良好的舆论氛围。

【“走基层 转作风 改文风”系列报道】 10月10日至29日，晚报在4版以《管道漏了，冒着110℃沸水也得堵》；《两块五，烟台最便宜的火车票》；《80后“另类”女城管》：《他们，是跟时间赛跑的人》：《9年，他驾车绕地球24圈》为题，连续刊发12篇报道，全方位报道各行业记者深入基层，转变作风，改进文风的崭新风貌。

【“关注胜利区片改造”系列报道】 胜利区片改造是全市2011年城市建设的重点项目。自8月18日胜利区片改造启动设立至年底，晚报在子报《今日芝罘》头版设立专栏“关注胜利区片改造”，连续刊发了《忘记带“房改大表”办理审签要多跑腿 委托办理征收事宜四类手续各不相同 胜利居民请带齐手续签协议》、《胜利区片征收创“史上最快”速度——9天，58%交房》、《胜利居民选房已过千 选房时间延长至晚10点》、《帮办手续化解纠纷 胜利居民送锦旗谢指挥部》、《征收工作有序推进 胜利小区开拆门窗》、《154户居民选择异地安置》等稿件。

该栏目将胜利区片动态情况展现出来，用事例和政策说事，为居民摆事实，讲道理，让他们了解本次拆迁与以往的区别。同时，随时跟进拆迁指挥部的政策动向、搬迁进展。拆迁指挥部的声音最先从版栏目传达，胜利区片居民最先从本栏目了解信息，该栏目得到政府部门和市民双方的关注认可，加快了胜利区片拆迁的进度，受到好评。

【“领个孩子回家过年”系列报道】 1月初，晚报和芝罘区文明办、福利院等单位，联合主办了“2011年，为爱安个家”活动，芝罘区热心市民可以领个福利院的孩子回家过大年。1月11日至2月10日，晚报《今日芝罘》专刊以《领个孩子回家过年！》为题，推出《2011年，为爱安个家》等8篇连续报道，得到市民的热心响应，40多个福利院的孩子被认领回家过年。

【“海誓山盟爱在烟台”最浪漫的故事有奖征集】 5月7日至10日，由牟平区人民政府、烟台市旅游局、烟台日报传媒集团主办，联合四大景区打造“相亲季”活动，主题为“全城热恋”——大声说出“我爱你”。

特色专栏（专版）

【《老于帮办》专栏】 《老于帮办》是晚报的传统名牌栏目。2011年，《老于帮办》栏目联手96110开展“老于帮办走进社区”活动。先后走进塔山社区、上夼西路社区、大海阳社区、粮油批发市场等十几个社区场所。11月15日起，晚报在5版开设《老于帮办•问暖》专栏，跟踪报道供热企业的供热情况，解答百姓在供热方面的问题和咨询，供刊发专栏60余期。

【《温暖烟台》专栏】 《温暖烟台》专栏由晚报与市慈善总会合办，每年末开栏，号召全市热心企业和人士，以爱心和实际行动温暖烟台，活动得到了广大市民和受助群众的一致好评。

在温暖烟台活动中，我市涌现出众多的爱心市民和爱心企业。有匿名的好心人捐款12万元；还有好心人通过银行匿名捐款5万元，购买米、面、花生油并委托晚报把物品送到低保家庭手中。还有许多企业捐棉衣、棉鞋、面粉和花生油等物品，活动期间捐款人数达200多人次，接求助电话100多个，659户得到了救助，他们都是社区中的低保家庭、大病家庭、残疾群体、困难学生。

【《为民服务实事征集》专栏】 4月11日至12月20日，晚报开展“为民服务实事征集”活动，先后刊发《烟台公交，啥时城乡一体？》等报道10余篇。

【《微博@微播》专栏】 7月20日开始，晚报《今日芝罘》专刊邀请读者一起“织围脖”，微观芝罘区的大事小情，定名为《围观 微博@微播》。每周定期推出，成为《今日芝罘》的特色栏目，“寻找最美粉笔字”活动即为《微博@微播》中发现线索，并最先报道的。

【《旧物换换乐》专栏】 自《今日芝罘》创刊开设，每日刊登读者旧物需求信息。2011年2月18日至12月31日，每周日上午走进一个社区或办事处举办一场现场活动，其间在白石村办事处、凤凰台办事处、开元新村、东方巴黎小区、进德社区、新世界广场小区等共20余场所举办活动。参加过旧物换换乐的读者有十几万人，累计换物达上万件，有力地倡导了环保、物尽其用的生活理念，得到广大读者的认可和好评。（2012年年后，该栏目转到主报报道）。

【“明波杯”全国围棋业余大奖赛专栏】 11月25日至27日，由中国棋院和山东棋类运动管理中心主办的“明波杯”全国围棋业余大奖赛在烟台举行。这是由烟台人申办、烟台企业赞助的全国业余围棋赛之三大赛事之一。晚报积极与主办方联络，取得了赛事的协办权，并获得许多独家新闻线索，采写编辑了诸多有分量的稿件和版面，得到了此次来烟的十余家城市媒体的称赞。

【红故事纪念建党90周年特别栏目】 3月25日至7月7日，晚报在副刊《烟台街》版开设《红故事——纪念建党90周年特别栏目》，对烟台有代表性的红色文物、革命遗址进行全面介绍，讲述红色文物（遗址）身上发生的故事，还原特定情境，再现历史风貌，为读者呈现一组权威、厚重、鲜活的精彩报道。先后推出全媒体新闻中心记者采写的《独轮小推车：功勋与荣耀》、《小竹竿刻下5000里“支前路线图”》、《美国人在烟台低下了头》、《张黎：烟台抗日烈士“榜首”》、《陈桂香：地雷战里红玉兰》、《缧绁难锁凌云志烈士狱中留血诗》、《马海德烟台行》等稿件，许多热心读者纷纷拿起笔来，参与到“红故事”的挖掘整理工作中，为该栏目提供了一批有分量的稿件。如，《张静源在香山小学》、《抗战课本中的朱德和任常伦》、《“小贼车”与少年的支前故事》、《惨烈的河南村突围战》、《听奶奶讲抗日故事》、《“通讯网”送情报》、《解放战争时期的北海中学奖状》、《进军大西南的日子》、《西海地下医院》、《潜伏在蓬莱》、《单车千里奔延安》、《夺枪》、《机枪石见证双山反击战》、《“国防课本”记录烽火岁月》等。全年共推出稿件26篇。

【《家有名校生》专栏】 3月29日，晚报在《现代教育》周刊推出《家有名校生》栏目，先后刊发《把孩子送到北大》、《让孩子学会自己做主》、《 港大才女这样炼成》、《做孩子成长的策划师》、《合理施压锻造好钢》等稿件，引起读者及教育界人士的广泛关注。

【“柳海龙环球功夫赛”报道】 10月22日，享誉世界的超级散打王柳海龙要回家乡烟台举办以自己名字命名的环球功夫赛。晚报第一时间获悉此事后，进行了积极的运作，与柳海龙的经纪人、有“国内武术第一经纪人”之称的徐睿取得联系，取得了赛事的第一时间报道权和独家报道权。之后在获悉该场比赛将由国内十数家上星卫视直播或录播的情况后，晚报又积极运作，在不付费的情况下在赛场上加上了《烟台晚报》的字样，在全国的观众面前树立了自己的形象。

【“魅力升级堂”活动】此活动依托于《最爱星期五》周刊部分优秀的封女郎，共推出8期，受到读者欢迎，社会反响好。8期内容如下：1、《形体梳理 扮美身心》（3月5日）；2、《女人懂礼 魅力永恒》（3月12日）；3、《色彩与扮靓》（3月19日）；4、《动感肚皮舞》（3月26日）；5、《美是整体的和谐》（5月29日）；6、《淡雅浓香茶滋味》（6月18日）。7、《练悟结合：唱适合自己的歌》（8月

5日）；8、《好身体是养出来的》（9月2日）。

“魅力升级堂”活动受到读者好评。期期爆满。在《魅力升级堂》有个最熟悉的面孔，每次9点钟的课程，马玉程女士都是8点半就过来，选个最好的位置，坐下等待，几乎一节课也没落下。“以后晚报要是再有这种课程，我还要报名哈，肯定每期都来。”握着厚厚的一个本子，马女士告诉记者，她正在写一本“魅力日记”，要把来听课的感受和自己的改变都记录下来。

活动策划

【“篮球夏（冬）训营”活动】　晚报自2007年起连续4年举办“晚报篮球训练营”。6至8月，晚报与烟台市智诚体育发展公司联合举办第九届“晚报篮球训练营（夏训营）”活动，并于12月至2012年2月举办第十届“晚报篮球训练营（冬训营）”活动。该训练营于暑假和寒假两度举行，旨在为烟台喜爱篮球运动的中小学生提供一个增长技艺、交流友谊的平台，活动邀请了烟台多名知名篮球教练现场执教，既打造了晚报一个品牌项目，又给报社增加收入。

【晚报小记者“给妈妈写封信”母亲节征文活动】　为引导晚报小记者过一个值得回味的母亲节，同时吸引晚报小记者家长及全社会的广泛关注，4月初开始，组织晚报小记者“给妈妈写封信”母亲节特别征文活动，近百名小记者参与征文，《小记者•原创》专版先后推出征文专栏及专版。22名小记者及5名大学生获优秀征文奖。获奖小记者的妈妈同时获得一份母亲节纪念品。5月22日在烟台市青少年宫报告厅举行颁奖仪式。活动报道见5月24日36版。

【小记者“进工厂看烟台”暑期系列社会实践活动】　为给小记者创造参与社会增长见识的机会，2011年暑假期间，晚报与有关部门联合推出小记者“进工厂看烟台”暑期系列社会实践活动，500多名小记者及家长先后走进了IT科技馆、东岳汽车、三环锁厂、喜旺集团、烟台啤酒厂等一批烟台骨干企事业单位，参观学习，开阔眼界，扩大了晚报小记者团队的品牌知名度和影响力，新增了一批小记者。

【“书香一夏”晚报小记者暑期读书征文活动】　为丰富烟台晚报小记者的暑假生活，引导晚报小记者阅读优秀读物，书写读书感悟，从经典读物中汲取精神力量，提升综合素质，晚报与明天出版社有限公司联合推出“书香一夏”晚报小记者暑期读书征文活动，7月28日至9月20日，《小记者原创》专版推出征文专栏9个，刊登小记者获奖征文23篇，颁奖仪式上，明天出版社的签约作家“辫子姐姐”郁雨君为小记者代表发奖，并做了精彩讲座。

【作家笔会】　为打造“文学角”文学副刊的品牌，吸引作家参与，7月、10月，晚报与栖霞市委宣传部联合组织了“栖霞看水”和“苹果红了”作家笔会，带领本地部分作家深入生产生活一线，到水源地采访，到乡村果园采风，创作了一批优秀作品，在晚报推出笔会专版。

【“订阅烟台晚报，畅享百盛实惠”发行活动】 1月至2月，晚报与百盛购物中心共同发起“订阅烟台晚报，畅享百盛实惠”促发行活动，凡订阅2011年度全年烟台晚报的读者均可领取150元的“晚报读者.百盛抵金券”。活动稳固了老读者，开辟了新读者群，提高了晚报的影响力。

【高考名家讲坛】 高考前夕，晚报策划推出《高考名家讲坛》。于4月16日、18日、20日先后组织3次讲座，就考前心态调整，高考志愿填报等举行专题讲座，以及时性、实用性、权威性吸引了读者的关注，提升了晚报的品牌影响力。

【第四届健齿小明星赛】 6月28日起，晚报与烟台市“关工委”共同发起“第四届健齿小明星赛”，活动历时一个半月，共有1000多名幼儿和少儿参与活动。

【“乘高铁，下江南”晚报号夏令营】 6月28日起，晚报与【港中旅（全称）】联手，策划推出“乘高铁，下江南”晚报号夏令营，参与者均赠送晚报一份，共有上百名读者参与到活动中，促进了发行。

【动漫嘉年华】 10月至12月，晚报策划推出“动漫嘉年华”系列活动。该活动是以优化读者结构，培育新生有效阅读群体，挑战传统思维模式为目的，针对国内青年日益风盛的COSPLAY而举办的特色活动，深受年轻读者的热捧，强化了晚报品牌在年轻群体中的推广。同时把晚报作为奖品发给参与者，带动了发行与创收。

《今晨6点》

【概况】 《今晨6点》（亦称“晨报”）是烟台日报传媒集团主管主办的最新锐主流媒体，4开24版，周七刊，彩色印刷。“讲真话成就影响力”是《今晨6点》一直秉承的办报宗旨。晨报编辑部下设：总编室、策划部、地方新闻部、财经新闻部、文体新闻部、时事新闻部、专刊部等7个部门。

2011年，晨报主要报纸版面有《今晨铁嘴》、《热闻》、《读城》、《民生》、《焦点》、《看点》、《现场》、《城事》、《社区•生活帮》、《社区•大管家》、《社区•那些事》、《财经》、《天气实用》、《中国派》、《第一眼》、《环球眼》、《大看板》、《大学城》、《网事》、《财道》、《证券》、《钱生钱》、《连载》、《影视快线》、《潮人》、《竞技叫板》、《竞技外围》、《星社区》、《美人志》、《星期柒最大新闻周刊》、《赢在中高考》、《百味副刊》等。

2011年，晨报在以往办报基础上，更加注重读者感受，追求新闻的易读、悦读和耐读，重视新闻的故事性，强调文本的形象表达，得到广大追求时尚生活的读者的喜爱，成为烟台白领和年轻人的首选媒体。2011年，晨报在日益激烈的媒体竞争考验下，仍取得了较好的工作成绩，全面完成了报社党委年初制定的各项任务指标，为报社事业的发展做出了积极贡献。

重要报道（评论）

【“烟台好人”颁奖特别报道】　1月11日，由市精神文明建设委员会办公室与烟台日报传媒集团共同举办的“中国工商银行杯”2009-2010“十佳烟台好人”双年度人物颁奖典礼在烟台大剧院隆重举行。1月12日，晨报推出6个版的“十佳烟台好人颁奖典礼”专版，分别以“盛典”、“实录”、“见证”、“幕后”、“感动”为主题，全面报道了颁奖典礼的盛况。

【“蓝色经济”系列报道】　1月14日，山东省召开山东半岛蓝色经济区建设工作动员大会，开启了全面推进蓝色经济建设的大幕。烟台因近两年来在蓝色经济区建设上取得明显成效，在动员大会上做了典型发言。1月15日，2月24日晨报共推出6个版的“蓝色经济•烟台起航”专题报道，为蓝色经济建设做好宣传舆论发动工作。之后，晨报继续做好蓝色经济区的常规报道，年内共刊发相关稿件上百篇。

【“争创全国文明城市”系列报道】　1月18日，全市召开争创第三届全国文明城市工作动员大会，吹响了“奋力夺取全国文明城市三连冠”的号角。1月19日，晨报推出“文明城市看文明”4个专版，全面报道了“创城”工作的动员、历程、体验、众议等内容。之后，晨报推出“文明春风靓港城”专版，共32期。8月5日至23日又以每天不低于6个版的篇幅，推出“争创文明城你我同行动”专版。12月21日，又推出8个版的“文明城市三连冠”专题报道，与全市人民分享“创城”成功的喜悦。

【“春运2011”系列报道】　1月19日，长达40天的2011年春运正式启程，晨报在春运期间，推出近30个版的“春运2011”专版，全面、详细介绍春运期间的交通信息、票务信息、旅客发送等相关新闻，及时、准确为旅客春节回家提供全方位的出行信息。

【烟台“两会”系列报道】　1月20日、21日，烟台市政协十一届四次会议和烟台市人大十五届四次会议分别开幕。为全面报道“两会”，晨报开设了“捎话到两会”、“议案点击”、“提案调查”、“两会传真”、”代表风采“、”两会微博“等栏目，将市民反映的热点、难点问题转达给代表和委员。1月21日起，晨报推出《2011烟台两会》专版，以每天至少4个版的篇幅，报道两会盛况。至“两会”结束，共推出30个报道“两会”的专版。

【春节特刊——《宏“兔”大展》】　1月31日，为迎接兔年春节，晨报推出《宏“兔”大展》春节特刊，特刊共16个版，分为“备忘”、“出行”、“文化”、“娱乐”、“年饭”、“年俗”、“祝福”等板块，为市民开心过大年提供上一道丰富的文化大餐。

【“聚焦经济工作会议”报道】　2月10日，市委、市政府召开全市经济2011年度工作会议，确定2011年工作主基调是“把握主题精心转调激情创业精彩开局”。2月11日，晨报推出“聚焦经济工作会议”3个专版，分别以“定调”、“解读”、“民生”为主题，详细报道了会议内容。

【“透视用工荒”系列报道】　每年春节之后，都是用工紧缺的时间段。2月15日，晨报推出两个版的“透视用工荒”专版，分析解读用工荒存在的原因。2月16日，又推出“招聘会”专版，为企业用工提供信息发布平台。2月17日至3月4日、继续推出“YMG春风送岗直通车”8个专版，为解决用工荒提供实实在在的支持。

【“关注大学生村官张广秀”系列报道】2010年冬以来，一本“村官日记”在“大学生村官论坛”里广泛流传，它的作者正是身患白血病的张广秀。25岁的张广秀是福山区福新街道办事处垆上村委村主任助理。她扎根基层、立志创业的敬业精神深深感动着烟台人。晨报自2月21日起推出“关注大学生村官张广秀”系列报道，至3月9日共推出7个专版，深入挖掘张广秀的感人故事，为配合全市开展向张广秀学习做好舆论宣传工作。

【“3•15特刊——《今天你最牛》、《假面舞会》】　3•15前夕，为配合节日宣传，维护消费者权益，晨报自3月2日起推出“3•15，我们在行动”专版。3•15当天，又推出32个版的“3•15特刊——《今天你最牛》和《假面舞会》，在维护消费者权益的同时，向读者推介诚信商家，对演艺圈、体育圈的造假现象进行鞭挞抨击。

【“追忆烟台开埠150周年”系列报道】在烟台的历史上、在烟台人的心里，150年前的1861年被迫开埠的屈辱却早已成为挥之不去的永恒伤痛。3月15日，YMG特别采访小组启程飞赴北京，启动了晨报“追忆烟台开埠150周年”大型报道活动。从3月21日起，至7月13日共推出12期。

【“海的女儿、山的情怀”系列报道】烟台选调生王媛媛生前系贵州省江口县闵孝镇团委书记，3月24日在出差途中遭遇车祸，因公殉职。贵州团省委追授王媛媛为“贵州省优秀共青团干部”。晨报从4月11日开始，推出“海的女儿，山的情怀”专版，全面介绍王媛媛的先进事迹。

【《世纪婚礼》特刊】　4月29日，英国王室迎来21世纪第一场王室婚礼，威廉王子和凯特王妃喜结连理。晨报推出“世纪婚礼”特刊，特刊分为“吉时”、“亲朋”、“姻缘”、“信物”等板块，全面报道这场全球瞩目的婚礼盛况。

【“五一”特刊《劳动榜样》】　4月30日，晨报推出调侃文体明星的另类五•一特刊《劳动榜样》，为张艺谋、刘德华、于正、葛优、姚晨、大S、姚明、范冰冰、李连杰、濮存昕、周杰伦、谢霆锋等文体明星“颁奖”。让劳动者在工作之余，感受轻松和幽默。

【“本•拉登”被美军击毙”系列报道】5月1日，“基地”组织头号人物本•拉登在巴基斯坦被美军击毙，针对这一重大突发新闻，晨报在5月3日推出8个版的“本•拉登”被美军击毙”特别报道，全程直击本•拉登被击毙的过程。之后，至5月12日，每天推出12个专版，关注事件的进展和各方反应。

【“六一”儿童节特刊《童话》】 5月31日，为庆祝“六一”儿童节，晨报推出给小朋友和大朋友看的六一儿童节特刊《童话》。特刊分为“童年穿越”、“童星闪亮”、“童言童语”等板块，为小读者送去节日的快乐。

【“个税那些事”专版】 6月1日，围绕个税起征点之争，晨报推出4个版的“个税那些事”专版，就读者关心的个税起征点问题展开深入分析讨论，解答读者疑惑，为读者厘清缴税的各种疑问。

【“餐桌保卫战”专版】 6月2日，针对不断出现的食品安全问题，晨报推出8个版的“餐桌保卫战”特刊，就“白馒头”、“瘦肉精”、“有毒果蔬”、“美容海鲜”、“染色粮食调料”、“有毒饮品”等问题进行曝光，并教给读者识别的方法。

【“亚沙会”系列报道】 6月16日是亚沙会倒计时1周年。为全面报道在我市举办的这一重大赛事，晨报当天推出4个版的“亚沙风采”专版，探秘亚沙会的筹备情况，6月17日又推出“激情亚沙”特刊，详细报道了倒计时晚会以及其他筹备工作的进展。

【《胜经•2011高考志愿填报全指南》特刊】 6月21，晨报推出《胜经•2011高考志愿填报全指南》特刊，指导考生如何填报志愿、让考生了解相关的专业情况及招生数量，解读驻烟高校的招生政策等等备受考生关注的内容。

【“红色记忆•纪念建党90周年”系列报道】 为纪念中国共产党建党90周年，晨报自6月21至7月5日，推出“红色记忆•纪念建党90周年”专版以及“红色庆典”专版，寻找红色记忆，传承红色文化，报道庆典盛况。7月1日，晨报推出24个版的《建党伟业》特刊，以图片的形式，回顾了中国共产党成立90周年来的丰功伟绩。

【“暑假中小学生安全全攻略”特刊】为让中小学生度过一个安全的暑假，晨报7月20日推出8个版的“暑假中小学生安全全攻略”特刊，从户外、旅行、家居、运动、饮食、意外、自我等方面，为孩子和家长提供安全常识和预防知识。

【“温州动车追尾”系列报道】 7月23日，甬温线发生特别重大铁路交通事故，晨报自7月24日起推出“动车追尾”专版，全面报道事故现场救援的进展、事故原因、家属寻亲等新闻，至7月29日共推出12

个专版。

【“中国首艘航母出航”系列报道】 8月11日，中国航母“瓦良格”，进行出海航行试验，作为中国首艘航母，“瓦良格”号吸引了众多中国人的关注。晨报在试航当天，推出16个版的《亮舰》特刊，全方位介绍“瓦良格”号的航行路线、技术性能、服役历史以及其他国家的航母发展状况，为关心航母的读者送上一份视觉大餐。

【中秋节特刊——《月圆中秋》】 9月10日，晨报推出8个版的中秋节特刊——《月圆中秋》，从赏月、团圆、宴请、游玩等角度，为读者欢度中秋提供指导。9月12日、13日，又推出“天涯共此时”专版，挖掘节日里的喜庆事、新鲜事、感人事。

【“一节两会”系列报道】 为全面报道葡酒节、果蔬会和食博会，自9月22日至9月26日，晨报共推出10个版的“一节两会大看台”专版，报道“一节两会”的筹备、组织、市民参与盛况、场内外合作交易等内容。

【《辛亥百年——烟台风云》特刊】 为纪念辛亥革命100周年，10月10日，晨报推出12个版的《辛亥百年——烟台风云》特刊，铭记辛亥，缅怀志士。以大量珍贵史料，图文并茂，全景展现烟台辛亥革命的历程。

【晨报女编辑捐献骨髓造血干细胞】 10月21日，晨报女编辑孙小华赴济南捐献骨髓造血干细胞，孙小华是第13名捐献造血干细胞的烟台市民，也成为烟台新闻媒体系统捐献造血干细胞的第一例。

【“走转改”系列报道】 为响应全国新闻战线开展的“走基层、转作风、改文风”活动，晨报自11月4日起，推出“走基层转作风改文风”专版，记者走进田间地头，亲临一线，用朴实的文风采访报道基层干部职工和广大群众的感人事迹，至12月7日共推出21个版。

【“晨报问暖”系列报道】 一年一度的采暖期是市民关注的焦点。晨报自11月7日起，开设“晨报问暖”专版，在供热公司和用户之间架起沟通的桥梁，为市民冬季供暖提供咨询、服务。

【入世十周年特刊——《WTO十年记录》】 12月11日是中国加入世贸组织10周年。晨报12月10日推出8个版的《WTO十年记录》。特刊分“10年之赢”、“10年之变”、“10年之争”、“10年之计”4个板块。结合烟台10年的变化，由小见大，让烟台市民和企业切切实实感受到入世10年所带来的巨大变化。

【年终盘点系列特刊】 2011年岁末，晨报推出年终盘点系列特刊——《2011五彩烟台》、《发红包》、《难忘2011》、《涨•跌•控》。从本地新闻、文体新闻、时事新闻、财经新闻等角度，留下2011年的记忆。

活动策划

【“情人节”策划】 2月14日，晨报推出4个版的情人节专版，分别以“网事”、“商机”、“情事”、“情话”为主题，分析“情人节”商机、晒恩爱夫妻情事、为有情人搭桥。

【少年成长训练营】 少年成长训练营是晨报的品牌活动，旨在通过组织丰富多彩的活动，让少年儿童在快乐中成长。7月14日～22日，晨报与航空国旅合作，举办“第四届少年成长训练营”活动，共有近百名中小学生报名参加，暑假大家一起在沂蒙山区放松身心，享受假期。

【晨报采摘节】 为给读者休闲采摘提供方便， 4月3日晨报编辑部带领220名读者赴福山门楼水库附近村庄采摘草莓；6月19日带领近200名读者赴莱山镇郝家庄村“百福绿色农业生态园”进行大樱桃采摘。

【烟台明星宝贝选拔赛】 4月26日至5月31日，烟台市文联、烟台市妇联、《今晨6点》等单位主办“御金台•母婴乐乐GO杯”烟台明星宝贝选拔赛。有2000多名小选手报名参赛，600名选手分别捧回了一等奖、二等奖、三等奖、特别奖和纪念奖。

【“葡萄小公主”大赛】 4月27日至9月26日，晨报与张裕酒城合作，举办“2011张裕酒城葡萄小公主SHOW”选拔赛，大赛分为启动、海选、预赛及决赛四个阶段，共有183位小选手报名参赛，争夺葡萄小公主的桂冠。大赛旨在丰富孩子们的知识阅历，塑造孩子们“葡萄小公主”形象，作为葡萄酒文化传播的载体，推广烟台葡萄酒主题旅游。

【第三届“烟台宝贝”大赛】 5月18日～9月3日，晨报主办第三届“烟台宝贝”大赛。本次大赛由海伦•国际冠名赞助，烟台市群众艺术馆、光速影视、程珑美业、伯乐个人形象设计工作室、舒朗服装、安利纽崔莱、烟台市公交公司、大明礼仪等单位协办。大赛历时3个多月，经过报名、报纸展示、海选、复赛、决赛等阶段，本次大赛报名人数达到400多人，共有上百位美女在晨报上展示了自己的青春与自信。

【社区文化节】 8月16日～9月16日，本着“把服务送进社区，把欢乐送到家门口，把报纸送到你身边”的宗旨，晨报编辑记者与小报童发行公司的工作人员陆续走进芝罘区惠安小区、芝罘区通伸街道办事处、芝罘区青年路等社区广场，举办多场社区文化节。文化节包括推介报纸、精彩的演出，并邀请相关单位和部门为居民提供政策咨询、健康咨询。

【“2011读者节”活动】 10月11日是烟台日报社读者节，晨报10日推出“锐”特刊，向读者全面推介晨报，在第二天的活动现场组织烟台宝贝在读者节现场免费向市民发放。活动当天，晨报全体编辑来到文化广场的活动现场，分发报纸，为读者解疑答惑。活动结束后，又推出3个版的读者节特刊。

【第二届“民间葡萄酿酒”大赛】 12月31日至2012年1月3日，为庆贺“2012好客山东贺年会”开幕，传播葡萄酿酒文化，提升烟台民间酿造葡萄酒的技术水平，晨报与张裕酒城合作，举办“第二届民间葡萄酿酒大赛”，共有57位酿酒爱好者报名参赛，大赛于2012年1月3日在开发区张裕酒城举行，比赛前10名的读者，获得2011年全年晨报一份。

特色版面（栏目）

【《社区大管家》专版】 《社区大管家》是晨报社区版的品牌栏目，开设于2007年10月14日。专栏立足社区，服务居民，读者有什么烦心事、困难事、新鲜事、有趣事，都可以与晨报社区记者联系。由社区记者为居民出谋划策、协调解决。2011年，晨报又开设了《社区大管家》专版，专门为社区居民解决难题，2011年，栏目记者共为社区居民解决各类难题百余件。

【《最美烟台》专版】 “最美烟台”专版开设于 2009年7月6日，记者引领广大读者，穿越时空，找寻烟台历史上的“最美”时、点。2011年固定为每周日见报，一个连版，刊发了“白石村遗址”、“长岛北庄遗址“、”胶东贝丘文化“、”福山大面“等稿件40余篇。

【《晨报健康顾问团》专栏】 《晨报健康顾问团》栏目设立于2009年6月，主要指导市民日常和节日期间的健康饮食、健康保健。2011年，该栏目先后刊发了“正确吃元宵“、“恶性肿瘤健康的第一杀手”、“‘毒玩具’让孩子很受伤”“行动起来，一起防治肝病”等稿件40多篇，该栏目还携手我市各大医院的专家走进社区，先后为读者举办了近20场义诊，把健康真正地送到了市民家门口。

【《情感倾诉》专版】 《情感倾诉》专版设立于2010年6月15日，每周一出版，2011年刊发了《丑男真心付出换来的总是心伤》、《爱我的和我爱的选哪个都很痛苦》、《生死恋，今生永失我爱》等稿件50余篇，通过读者的倾诉，记者的记录与复述，读者的参与讨论，使烦恼得到疏解，问题得到梳理。

【《社区生活帮》专版】 《社区生活帮》专版设立于2010年 7 月，专版为市民解决各类问题，包含《帮办跑腿》、《一帮到底》、《帮您问了》等一系列子栏目。

【《民心工程实验室》专栏】 《民心工程实验室》是晨报的品牌栏目。2011年，该栏目继续以关注老百姓衣食住行为着眼点，先后刊发了《蜂蜜过甜并不一定是好蜜》、《除蔬菜农残，苏打水洗洁精都不如清水》、《“黑心棉”无处不在》等稿件，为市民的健康生活“把关”。

【《星期柒最大新闻周刊》】 《星期柒

最大新闻周刊》是晨报2008年7月推出的星期天特刊。特刊打破了正常报纸版面，一版借鉴杂志封面，突出主题图片，内容分为“大时评”、“最新闻”、“最生活”、“最热点”、“最内幕”、“最实用”、“大财道”、“随手拍”、“大广角”等板块。作为品牌差异化和集团对晨报“年轻、时尚、前卫”要求的尝试，“周刊”甫一推出，就受到了读者的欢迎，一改都市报周日可读性差的通病。

【《超级短论》专栏】 “超级短论”是晨报《今晨铁嘴》版的重要栏目。该栏目刊登一些短小精辟的短论杂言，在嬉笑怒骂之间引起读者的思考。2011年，该栏目共刊发各种内容的短论3000余条。

【《百味》副刊】 晨报《百味副刊》分为《女性》、《发现》、《城事》、《休闲》、《收藏》、《成长》等专版。内容丰富，真正体现了生活的“千姿百态、百种滋味”。

【“赢在中高考”专版】 为全方位报道与高考有关的各种信息，为考生、家长提供第一手的考试资讯、名师指导、备考方案、心理咨询、考前指导等服务，3月21日至6月30日，晨报开设《赢在中高考》专版，共刊发100余期。高考前，晨报6月2日推出“赢在高考”专版，分为“准备篇”、“应急篇”、“叮嘱篇”、“经验篇”，在高考期间，又推出21个版的“赢在高考”专版，为广大考生在考前、考中提供全面的信息服务。

【“影视快线”专版】 为给喜欢影视的读者提供银屏指导和观看指南，9月1日起，晨报设立“影视快线”专版，每日刊登各电视台播出的重要节目预告和热门影视剧的梗概。

全媒体新闻中心

【概况】 全媒体新闻中心是集团为适应传统报业向全媒体时代转变而成立的部门，担负向集团所属传统报纸、网络媒体、数字报纸、期刊杂志等媒体供稿的任务，其职能相当于集团内部的“通讯社”。2008年7月1日成立。2011年，在集团党委的统一部署下，全媒体新闻中心在组织架构上日臻完善。中心下设：综合部、时政新闻部、城市新闻部、热线新闻部、财经新闻部、县域新闻部、文体新闻部、新闻评论部、媒体融合部等9个部门，全年向集团各媒体供文字稿件36031篇（件），计1850万字，图片19931幅，视频稿件786件，时长5000分钟，圆满完成了向集团各媒体的供稿任务

在新闻报道上，新闻中心组织实施了“走基层、转作风、改文风”报道、“建党九十周年报道”“辛亥革命与烟台”等大型报道，挖掘了张广秀、王媛媛等一批重大人物典型。此外，还特别策划成立了“温暖烟台•爱心公益金”，组织了三月三相亲会等一系列活动，确保了集团各媒体的影响力。

重要报道（评论）

【“两会”报道】 烟台市“两会”（人代会、政协会）于1月20日至1月24日举行。与往年不同，此次“两会”，因要表决通过“十二五”规划而显得格外重要。为做好相关报道，新闻中心高度重视，精心策划，在与《烟台日报》、《烟台晚报》、《今晨6点》对接的基础上，制定了相应的宣传报道方案。会议期间，中心调集重兵进行了全方位、立体式的报道。其中，在日报除做好程序性报道，还推出了《“两会”主旋律》、《提案议案追踪》、《“十二五”规划（草案）解读》等报道。在晚报、晨报做好常规报道的同时，对“十二五”规划进行了大篇幅、全方位的解读，对关系百姓民生的焦点话题进行了重点关注和报道，特别推出《提问高端》专栏，专访了长岛县委书记姜清春等。在报道形式上，还首次运用微博和银钮在第一时间对“两会”进行报道，得到市委宣传部主要领导的肯定。

【“贯彻全市经济工作会议”报道】 2月10日，全市经济工作会议召开。中心派出记者全程报道会议各项日程。2月11日，《烟台日报》在刊发会议消息的同时，配发评论员文章《把握主题精心转调激情创业精彩开局》，之后，又先后刊发《牢牢把握全市工作主基调》、《抢抓机遇加快蓝色经济区建设》、《着力提升工业发展层次质量》、《突破发展服务业、《大力推进重点工程项目建设》、《扎实推进新型城镇化》、《千方百计满足群众的新期待新要求》、《为激情创业精彩开局提供坚强保障》等8篇评论员文章。同时，开辟专栏《把握主题精心转调激情创业精彩开局•动态》，对各县市区、市直主要部门贯彻落实经济工作会议的动态消息进行及时刊发。

【建党90周年报道】 2011年是建党90周年，全媒体新闻中心根据日报、晚报、晨报三报特点，在与三报对接的基础上，分别制定报道方案，推出了一系的丰富多彩的报道。其中，烟台日报在做好新华社宣传报道转载的同时，从5月28日起，开设“沧桑巨变”专栏，分别以城市嬗变、现代农业、烟台工业、社会事业、百姓生活等为主题，通过深度报道+访谈+图表+链接的形式，展现90年间的烟台巨变。同时，开设“红色记忆”专栏，先后刊发了《中共烟台小组——烟台最早的党小组》、《胶东第一个农村党支部》、《雷神庙战斗——胶东抗战第一枪”》等现场回访式报道。《烟台晚报》、《今晨6点》5月11日起开始推出“红地图”等栏目，特派记者对烟台党史上重要的革命遗址进行现场寻访，先后刊发50余篇大型报道。

【“春风送岗直通车、助力大学生就业”报道】 针对节后用工高峰，2月15日起，新闻中心联手市就业办，推出“春风送岗直通车”，在日报、晚报、晨报开设《招聘榜》、《求职榜》专栏，选登用工和求职信息。同时，邀请市就业办嘉宾做客《烟台民意通》。2月25日，随着高校的陆续开学，又与市人才服务中心联手推出《助力大学生就业》特别报道，报道节后用工情况。

【“走进六区探教育”系列报道】　芝罘区、莱山区、牟平区、福山区、高新区、开发区等六区的教育报道，市民关注度高，但以往报道较少。针对这一情况，新闻中心有针对性地组织开展了“走进六区探教育”系列报道，一个区一个区地走访，采集了大量独家报道，如：《刘川令：面试答题时谈到村官张广秀》、《今年，中职生不能考本科》、《牟平教师招考—22:1面试全程录像堪比高考》、《四季有绿三季有花　莱山要打造“绿色校园”》、《开发区今年要建哪些学校》、《今年起，烟台学生全员学特长》、《牟平学校食堂试水集中采购》、《烟台校园进入立体防护时代》、《“3•29”校园安全教育日前夕，YMG记者实地探访芝罘区4所学校加固工程》等等。

【“烟台籍女选调生情动贵州”系列报道】　这组报道的推出，缘自于一个来自贵州江口的电话。当地一名工作人员给全媒体新闻中心时政新闻部打来电话，表示一位烟台籍女选调生在贵州出车祸了，这人很优秀，他们当地打算重点推典型。在意识到这条信息的价值后，新闻中心于次日即3月29日推出了第一条独家报道。报道见报后，引起市委主要领导重视，让相关部门组织王媛媛的材料。得知这一消息后，新闻中心决定派出记者到贵州采访，相关报道引起了市委宣传部的高度重视。此后，由新闻科负责人带队组织市直媒体深入贵州作了进一步的采访报道，经过一个星期广泛深入的采访，前线记者掌握了大量关于王媛媛同志先进事迹的翔实材料，并陆续发回了大量稿件。在返程途中，连夜赶写出长篇通讯《海的女儿山的情》，经市委宣传部领导审定后，于4月11日在《烟台日报》、《烟台晚报》、《今晨六点》三报同时突出刊载，并配发评论员文章，全面深入地宣传报道了王媛媛同志的先进事迹，在烟台、铜仁以及贵州各界引起强烈反响。该稿被新华、新浪、搜狐、网易、和讯等30余家网站转发，贵州省委书记栗战书、宣传部长谌贻琴先后就《海的女儿山的情》一文作出批示，号召全省学习王媛媛的精神和先进事迹。中共中央政治局委员、中央书记处书记、中宣部部长刘云山，在4月下旬就《海的女儿山的情》一文作出批示，要求有关方面做好王媛媛事迹宣传工作。

【“蓝色崛起•烟台行”系列报道】　根据市委宣传部的部署，3月25日至4月22日，新闻中心组织骨干记者开展了“蓝色崛起•烟台行”大型采访报道活动。在近一个月时间里，沿烟台909公里海岸线，深入海阳、莱阳、莱州、招远、龙口、蓬莱、长岛、栖霞、开发区、福山、芝罘、莱山、牟平、高新区、保税港区等各县市区蓝色经济区建设一线，采访县市区委书记以及发改委、蓝色经济办公室、海洋渔业局等相关部门，通过记者的所见所闻所感，以富有现场感的深度报道，对各县市区落实省、市总体部署，建设蓝色经济区的思路、行动和愿景进行报道。在《烟台日报》、《烟台晚报》刊发了近20万字的稿件，其中《烟台日报》以一版图片加导读、三版整版的形式对“烟台行”进行专题报道。这组稿件不仅得到了读者的赞扬，也得到市委宣传部表扬，为推动蓝色经济区建设，实现全市经济社会又好又快发展提供了有益的经验和参考。

【“暗访化肥、农药造假案”报道】 4月初，新闻中心记者经过7天昼夜蹲点、暗访，在掌握了造假工厂基本情况后，联合芝罘区部门，一举捣毁了造假工厂。由于案值较大，被称为我市化肥、农药造假一号大案，并移交经侦部门立案查处，相关责任人被刑拘。并于4月9日起在《今晨6点》刊发连版，此稿引起社会广泛关注。

【“关注婚纱影楼行业潜规则”报道】针对婚纱影楼行业收费有猫腻、不给底片（只给成册片）、婚纱道具卫生隐患、摄影摄像师提成抽头等情况，新闻中心记者暗访东炮台景区婚庆高收费给摄影摄像师提成，4月7日至13日在《烟台晚报》进行了追踪报道，发稿5篇。东炮台景区随后取消了婚庆抽头，主动降低了收费。

【“红地图•纪念建党90周年”特别寻访行】 2011年是“十二五”开启之年，也是中国共产党成立90周年。为纪念建党90周年，新闻中心与中共烟台市委党史研究室联合开展“红地图•纪念建党90周年”特别寻访行动，在晚报开设专栏，以回访红色革命遗址的形式，跟随历史足迹，寻访历史事件中的幕后故事和感人瞬间，揭开那段波澜壮阔的历史篇章，同时展现这片红色土地上的人们的生活现状。同时，以该栏目内容为依托，为党史知识竞赛奠定基础，推出“品读烟台红色地图，参与党史知识竞赛”口号，将此次寻访的内容作为“七一”前“纪念中国共产党成立90周年”有奖知识竞赛的重要参考，吸引读者注意力。此外，还与《水母网》联动，将“红地图”、“红故事”作为《水母网》纪念建党90周年的重要栏目在网上推出。自5月11日开始，先后推出了《烟台海军学校的铁血往事》、《一座不同寻常的老屋》、《废墟的述说》、《滨海广场的红色记忆》等8篇“红地图”系列。

【“黄河之水入烟来”专题报道】 6月8日，在胶东引黄调水工程调试中，新闻中心派出记者分赴山东滨州打渔张引黄闸“探水”、潍坊昌邑宋庄分水闸“引水”、莱州东宋泵站“迎水”、烟台市引黄调水工程建设管理局“问水”，在《烟台晚报》推出4个版的“黄河之水入烟来”专题报道。

【“海南鲸鲨烟台安家”系列报道】 世界第三个鲸鲨馆——烟台海昌鲸鲨馆2011年8月开业，世界的最大鱼类——4头鲸鲨也将搬进烟台新“家”。7月中旬开始，新闻中心多次与渔人码头负责人联系，独家报道鲸鲨来烟。7月24日，新闻中心记者独家随同大连海昌集团飞赴海南，探访鲸鲨暂养基地，记录鲸鲨来烟的精彩时刻。至7月27日，日报、晚报、晨报从鲸鲨到来前的准备情况以及运鲸鲨当天的具体细节进行了10余篇整版连续不间断的细致报道。这组报道不仅提升了市民的关注度，而且实现了重大题材的独家报道，提升了集团的新闻掌控能力。

【“长寿探秘”系列报道】 10月5日是重阳节，新闻中心提前介入报道，在晚报推出《迎接“银发潮” 我们准备好了吗》系列调查报道，同时，采写关于烟台百岁老人地图的深度报道，推出了“长寿探秘”系列报道，对全市十大寿星一一进行采访。

【“拆除世贸‘最牛违建’”系列报道】 2011年，市中心地标性建筑——世贸海湾一号楼的6楼，603号业主强行自建了一栋两层楼高的玻璃违建，可防弹。引发市民强烈不满。7月18日至9月23日，2个多月的时间里，新闻中心记者持续报道市中心区世茂“最牛违建”。8月30日，王良市长、刘树琪副市长对该案件查处作出重要批示。9月5日下午，在执法人员的监督和协助下，该违法建设进入拆除程序。9月23日，最牛违建终于拆完。

【“辛亥革命与烟台”特别报道】 2011年是辛亥革命110周年，烟台为辛亥革命在山东的首义城市，意义尤为重大。为纪念辛亥革命100周年，9月29日到10月10日，新闻中心记者在《烟台晚报》连续推出12个版的“辛亥革命与烟台”特别报道。依次为：《中山先生走进烟台》、《辛亥史专家谈革命巨子徐镜心（上）》、《辛亥史专家谈革命巨子徐镜心（下）》、《海防营，谜一样的变迁（上）》、《海防营，谜一样的变迁（下）》、《邱丕振，让袁世凯胆寒的烟台人》、《孙墨佛，忠肝义胆夜救孙中山》、《东牟公学，烟台辛亥革命的摇篮》、《烽火燃遍，英雄缘何聚义港城》、《张怀京：我父亲参加了辛亥革命》、《克林顿饭店的前世今生》、《海阳血性男儿喋血诸城》。10月11日，推出《400幅老照片还原“辛亥记忆”》专版，报道“孙中山与辛亥革命大型图文展”的盛况。

【“17路双层大巴回归滨海路”系列报道】 1998年开通、2007年退出运营的17路双层大巴，曾经给烟台人留下了美好的回忆。10月14日，有关部门决定，在滨海路上恢复双层大巴的运营。为此，新闻中心在日报、晚报、晨报特别策划了系列报道，在日报推出焦点报道整版报道、晚报推出联版报道的同时，特别在今晨6点推出《双层大巴浪漫再启程•美丽回归》、《双层大巴浪温再启程•一路风光》、《双层大巴浪漫再启程•浪漫往事》等3个版的特别报道，分别从探访大巴硬件、线路运营和大巴故事，对滨海路恢复双层大巴运营进行全面报道。

【“蓬莱男子挑战断食世界纪录”系列报道】 10月17日中午12时，一项挑战世界纪录的表演在烟台塔山风景区拉开帷幕。来自蓬莱的挑战者杨公誉圣在此欲挑战世界魔术大师大卫科波菲尔的断食44天的记录。这是一条新闻，但报道过度或者报道角度不对，容易引起误解。为此，新闻中心注意平衡报道，在平面媒体中独家推出《断食45天？！一烟台人欲挑战世界断食纪录》的消息后，第二天，又推出两个版关注断食挑战的报道，但这两个版在跟进报道的同时，又推出了《断食之举家人揪心 妻：咱不做了，要不30天就行了》《这些疑点帮您问了》等关联报道，并配之对医疗专家的采访，提出了社会各界的质疑、专家的看法，表达了一个负责任媒体的立场，在此基本上，又进一步推出了《杨公誉圣断食进入第16天 迎来42周岁生日 父母妻子朋友以玫瑰鲜花彩球“伺候”》、《断食20天，蓬莱男子瘦掉21斤》、《“断食男”挑战世界纪录失败（主）外界对其提出质疑，认为挑战环节一直缺乏公证》等报道，引起读者广泛关注。

【“龙口最美女孩”系列报道】　刁娜车流中救人负伤的事件发生后，新闻中心意识到这是一条极具新闻价值的信息，专门召开刁娜事件宣传策划会，经过整合资源，11月8日在《烟台晚报》一版突出刊发大幅照片、在A6版整版推出《龙口“最美女孩”车流中勇救伤者 撞伤一条腿换回一条命》，突出报道刁娜的感人事迹。当天，经水母网转载，国内外100多家媒体进行了转发，凤凰网进行了置顶。之后，连续几天，《烟台晚报》全视角、全方位对刁娜事件做了充分的报道。9日，晚报刊发追踪报道《最美女孩救人绝非偶然》；10日，晚报在8——9版刊发《关爱照耀“最美女孩”》、《这座城市从不缺少爱》、《刁娜救起了良心》等一组报道和评论；11日，烟台晚报6——7版刊发《最美女孩获万元慰问金》、《千万别把我写成“高大全”》等一组报道；12日，晚报、日报分别刊发消息《最美女孩刁娜荣获市“三八红旗手”称号》；14日，日报在一版推出《一条腿换一条命，值》的综合消息，配发新烟台时评《“最美女孩”激发社会向善力量》；晚报2版整版报道《新闻联播关注烟台“最美女孩”》，并配发评论《我们为什么需要刁娜？》。作为全国第一家刊发刁娜事迹的媒体，《烟台晚报》及《烟台晚报•今日龙口》连续数日先后挖掘出集中在刁娜身上的烟台好人品质，弘扬了她“舍己救人、见义勇为”的时代精神，临危不惧、勇于挺身的思想境界，大爱无私、乐于奉献的高尚情操。同时，相继报道了救人者、被救者、肇事者三方互爱，好人好报的人间真情。并通过归纳一个个刁娜式烟台好人，凸现烟台这座文明爱心城市出现刁娜现象的必然。

晚报的连续报道，在全国形成继“广东小悦悦事件”后最大的媒体关注点。全国各大媒体纷至沓来，将刁娜所在的病房挤得水泄不通。刁娜的名字迅速见诸报端、网站和荧屏，甚至新加坡《联合早报网》、《凤凰网》及欧美媒体也大量刊发。不仅是“最美女孩”打动了亿万人心，施救者、被救者、肇事方以及各自单位，社会各界人士之间等所展示出的宽容、信任、真诚和良知都令人回味无穷。13日晚，中央电视台《新闻联播》节目报道了“最美女孩”刁娜的感人事迹。

活动策划

【“温暖烟台·爱心公益金”成立】 由新闻中心联合市慈善总会推出的年度大型公益活动“温暖烟台”于2010年11月1日正式启动。2011年1月1日，经协商，“温暖烟台·爱心公益金”正式成立，集团副总编辑滕岳、市慈善总会副会长鲍寿庆出席了公益金成立仪式。报社还与慈善总会签订了相关公益金使用、管理的协议。在成立公益金的基础上，新闻中心还与慈善部门合作推出了“温暖烟台”爱心年夜饭，受到好评。目前，“温暖烟台”成为烟台晚报的一个爱心品牌栏目。

【义卖《烟台晚报》捐建广秀书屋】 在报道大学生村官张广秀的过程中，新闻中心了解到张广秀有一个愿望——希望在福山区福新街道垆上居委会建一个农家书屋。为了实现张广秀的愿望，中心策划在晚报特别推出“义卖《烟台晚报》捐建广秀书屋”活动。3月1日，在晚报刊发消息，3月5日举行卖报活动。活动推出后，在社会各界引发强烈反响，报道推出第二天，世茂百货便主动打来电话，用2500元买下一份《烟台晚报》；小学生、老人，纷纷加入到卖报行列中来；晚报义工中心的义工，更是在义工形象大使的带领下，义务卖报。

这次活动，义卖《烟台晚报》共得14840元善款（报价仅5000元），在烟台新华书店的大力支持下，以零利润的进价购得了价值22855元的全新图书。50册一包的图书足足捆了23包，加上新华书店捐赠的15包图书，共有约1500册图书送到了福山区福新街道垆上居委会广秀书屋里。

【社区大管家——便民服务大篷车活动】 3月19日是“社区大管家接待中心”成立两周年纪念日。当天上午8点半，社区13名记者联合芝罘区城管队员、毓璜顶医院专家及13个街道办事处的工作人员和各辖区居民面对面。到现场后，栏目组人员悬挂“社区大管家便民服务大篷车”条幅，摆放介绍“社区大管家接待中心”的看板。记者和工作人员耐心倾听市民前来反映的烦心事和困难事。当天，13处活动现场共接待读者600多名，80%以上的问题得到圆满解决。此后，“便民服务大篷车”能经常进社区，为市民办实事。

【系列相亲会活动】 本着关注民生，服务读者的主旨，与南山公园登山艺术节结合，在晚报推出了三月三相亲会活动。首次大规模相亲会，得到全社会如此广泛的认同和参与，从3月17日首篇相亲会稿件见报后，先后有1500人报名，每天进场人数为5000人左右。媒体以其独有的真实性、规模性、便捷性和公益性，造成此次相亲会的社会影响余波不断，成为港城街头巷尾一大热点话题。

“三月三”相亲会结束后，新闻中心在端午节三天还与南山公园共同组织“玫瑰之约”自助相亲会，在玫瑰园外的道路两侧，搭建起相亲交友平台。单身男女携带自己制作的个性简历，到南山公园寻找自己的幸福。与以往相亲会不同，自主相亲会中，参与者无需报名，直接参加，携带简历，自带夹子或者关针，将简历悬挂到指定地点即可，给了单身男女很大的交友空间。3天时间，每天都有千人以上的市民参加。

【“重生——YMG记者镜头下的北川”摄影展】　5月12日，由烟台日报传媒集团、烟台市美术博物馆主办，烟台市新闻摄影学会承办的“重生——YMG记者镜头下的北川”摄影展在烟台市美术博物馆正式拉开序幕。

“重生——YMG记者镜头下的北川”摄影展共分两大主题：第一部分的主题是“救”，记者以镜头记录了灾后四面八方紧急动员、奔赴灾区全力开展救援工作的感人场面；第二部分主题是“援”，着力展现我市对口援建北川白坭、漩坪，使其灾后重生的真实历程。共展出图片100幅。

【看国宝 奖报纸活动】　大熊猫来烟台后，在市区掀起“熊猫热”，新闻中心抓住“六一”儿童节和端午节时机，推出“看熊猫奖报纸”活动。5月28日至6月6日，购得每天前100张门票者奖励一个季度的《烟台晚报》或《今晨六点》，10天时间，共定出报纸1000份，加上前期的送报，共计1500余份。

【“为高考加油”公益活动】　2011年，芝罘区近4400名高三考生经历第一道“大考”。为助力考生，在高考前夕，由全媒体新闻中心策划，晨报联合市福利彩票销售管理中心于5月31日起推出“为烟台考生加油”大型公益活动。活动为高考生提供贴心、周到的公益服务。

本次“为烟台考生加油”活动，分为两大部分。第一部分在高考前夕，新闻中心走进芝罘区中学高中部，助考生“一笔之力”。由市福利彩票销售管理中心为芝罘区每一位高考生，送上一支高考标准用笔——0.5毫米的黑色墨水签字笔。活动期间，我们连续到市区的几所高中，免费向市区4420名高考考生发放“放心笔”。在发放期间，不少家长打来电话向报社索要签字笔。第二部分在高考期间进行，招募“高考爱心服务车”，免费为市区考生提供服务。市福利彩票销售管理中心为200辆“高考爱心服务车”购买了价值2万元的加油卡，支持爱心车辆为考生服务。并制作了印有“今晨6点、烟台福彩高考爱心服务车”字样的标志，在爱心车的前后玻璃上都贴上。

【成立“正气烟台”公益基金】　7月11日，烟台市召开全市见义勇为基金会成立大会，同时表彰20名全市见义勇为先进个人。这是全市第一个见义勇为基金会，如何在这个报道中提升媒体品牌形象。新闻中心提前与市政法委进行了多达10多次的沟通。7月12日，在独家报道见义勇为基金会成立新闻报道的基础上，烟台市见义勇为基金会与《烟台晚报》联合正式推出“正气烟台”公益基金，基金隶属市见义勇为基金会，使用同一账号，用于表彰为保护国家利益、集体利益或者他人的人身、财产安全，不顾个人安危，与违法犯罪行为作斗争或者抢险救灾的行为。这是烟台市第一个依托媒体成立的见义勇为公益基金。“正气烟台”也是继烟台晚报“温暖烟台”之后又一大公益品牌。

【“走基层•转作风•改文风”活动】　9月起，新闻中心组织记者在日报、晚报、晨报相继推出《走基层•转作风•改文风》专栏，其中，在日报开设《YMG现场新闻大赛》、《第一现场》、《YMG记者在基层》等栏目，以现场体验和调查等方式，深入田间地头,城市社区、厂矿企业等一线，到基层的广阔天地去纵横驰骋，到工矿企业去探寻经济发展的奥秘，到乡镇农村去解码生态文明的基因。此外，还在晚报、晨报推出了“8090在路上”等栏目，受到读者好评。

民意通呼叫中心

【概况】　民意通呼叫中心（呼号96110），烟台日报传媒集团24小时服务热线。2010年7月12日正式开通运行。民意通呼叫中心以“新服务，心沟通，馨生活”为服务理念，以“听民声，顺民意，通万家”为宗旨。2011年，“烟台民意通”项目被市委、市政府纳入到听取群众意见“三条渠道”中，与胶东在线、中国烟台的“网上民声”专栏共同组成“互联网上听取群众意见”渠道，并将听取群众意见和答复解决群众反映问题情况，列入部门年度目标管理考核。2011年，呼叫中心全年共接听市民来电106718个。全年邀请38个单位、43次出席“做客96110”栏目，为市民提供咨询服务。呼叫中心与10家单位建立战略合作伙伴关系，发展城市服务联盟会员单位15家，为6000多名市民提供了法律咨询、便民服务等。自5月起，呼叫中心将每月10日设为“法律咨询日”，为广大市民提供法律咨询服务。7月11日开始，民意通呼叫中心不定期将部分市民反映的问题和投诉整理《情况反映》，传送至市纪委、市监察局、市机关工委、市纠风办等50多个有关部门，得到市委和市纪委主要领导的充分肯定和市民的褒奖。

2011年，民意通呼叫中心成为山东省通讯行业协会会员单位，并荣获烟台市市级“青年文明号”、“巾帼文明岗”等称号。

团队建设

【对座席员实时培训】　2011年在日常工作中，为提高座席员的业务能力和水平，呼叫中心注意充分利用各种场合，对座席员进行实时培训。呼叫中心每天通过QQ群及时解答问题，每周例会及时解决出现的差错。针对出现的新问题，由分管的副总监组织大家学习讨论，达成共识。

【开展“所有人都是主人”活动】　2011年，中心开展“所有人都是主人”活动。中心设置开通了内部QQ群，遇到问题及时提出，对读者可能要提出的问题，事先在QQ群上提醒。同时，座席员每星期提交一篇建设性意见，先后有12条意见被采纳。

【借鉴先进管理经验】　中心与120急救中心、9600885生活服务中心等建立了长期联系，通过学习交流和实地参观，提高了座席员的业务素质和处理来电的各种能力。9月底，中心派人赴福州和厦门，学习考察海峡都市报、海峡导报的先进管理经验。

【创建“我爱我家”宣传栏】　2011年，中心创建“我爱我家”宣传栏。每周的话务质量抽检结果，每月谁的话务量、服务质量等等都张贴在“我爱我家”宣传栏里。宣传栏文图并茂、经常更换，成为大家每天必看的园地。

内部管理

【制定规章制度】　为加强呼叫中心内部管理，2011年，中心逐步建立修订了《呼叫中心保密制度》、《呼叫中心座席员考勤管理规定》、《呼叫中心值班管理制度》、《呼叫中心重大事项报告制度》、《呼叫中心用餐制度》、《优秀座席员评选办法》等规章制度，从制度上完善内部管理机制，使呼叫中心各项工作有章可循，有法可依。

【建立周例会制度】　为实现有效管理，促进呼叫中心上下的沟通与合作，提高工作效率，每周一下午，定期召开部门全体员工工作例会。会议主要传达集团近期各项工作安排，同时对呼叫中心前一周的工作进行总结，对下一步的工作进行布置与安排，做到发现问题及时跟踪改进、对工作中的失误找出原因并及时总结、对座席员上周话务量和差错率进行公布点评，有效地保障了各项工作的及时沟通。

【规范考核常态化】　2011年，呼叫中心建立了对座席员进行每周例行考核制度，考核结果在宣传栏中张贴。每月进行一次汇总，制定座席员考核量表，分别从执行力、遵守规章制度、话务量、服务质量、差错次数、团队协作、学习创新、考勤、综合评价等九个方面进行考核，按照公式算出最终得分，与绩效奖金挂勾。

【规范业务流程】　2011年，呼叫中心制定了《报纸版面投诉处理流程》、《读者投稿处理流程》、《96110外联工作流程》、《读者评报上传流程》、《96110专栏稿件上传流程》，通过规范化的工作流程，使各项工作有序进行。

【编发《情况通报》】　为有效发挥呼叫中心的作用，根据每周读者来电情况，由综合专员负责每天逐条地查看筛选，汇总整理《每周情况通报》，主要围绕新闻线索、投诉建议、读者评报，以及《烟台日报》、《烟台晚报》、《今晨6点》、发行、广告等，对读者反映的问题进行总结，以数字和事实为依据，供领导决策。

品牌建设

【做客96110】　自2010年9月起，针对读者反映的热点问题，呼叫中心邀请相关专家做客96110，形成“做客96110”的固定模式。2011年，市劳动就业办公室、市消费者协会、烟台市工商局、烟台市质监局等38个单位、43次参与“做客96110”，通过热线现场解答市民问题3633个。

【编印《情况反映》】　7月11日起，呼叫中心每周将部分市民反映的问题和投诉整理出版一期《情况反映》，传送至市纪委、市委办、市府办、市监察局、市机关工委、市纠风办等50多个市直机关和企业的主要领导，使大部分投诉和问题得到了有效解决，受到市委和市纪委主要领导的充分肯定和市民的褒奖。全年共编发《情况反映》22期。

【走进社区】　为更好服务读者与市民，呼叫中心与《烟台晚报》“老于帮办”联手，共同开展走进社区活动。7月24日起，中心与“老于帮办”记者先后走进芝罘区白春、塔山、惠安等17个社区，共记录市民反映问题189条。中心还联合烟台中心血站印制96110便民卡60000张，向市民发放。

【法律咨询日】　呼叫中心热线开通以来，平均每天接到10多个咨询法律方面的问题。为更好地服务百姓，呼叫中心与《烟台晚报》联手，共同打造市民法律咨询平台。4月27日，呼叫中心邀请城市服务联盟会员单位的律师做客96110，当天共为105位市民提供法律服务。从5月起，呼叫中心将每月10日设为“法律咨询日”，为广大市民提供法律咨询服务。2011年，中心共为读者解答法律疑问1000多个，受到市民欢迎。

【天天医生在线】　10月31日起，96110与《今晨6点》的晨报健康顾问团联手打造的“天天医生在线”正式开通。星期一到星期五，每天上午8点半到中午12点，烟台市几家主要医疗机构的专家轮流做客96110，为市民免费提供健康咨询服务。专家累计接听1000多个电话。涉及儿童牙科、糖尿病科、肝病科、呼吸内科、皮肤性病科、肛肠科、小儿科、心病科、消化内科、肾病内科等。

【城市服务联盟】　“96110城市服务联盟”2010年10月8日正式成立。2011年，呼叫中心城市服务联盟会员单位达15家，共为6000多名市民提供了法律咨询、管道疏通、防水保洁、家政开锁、汽车租赁、汽车代驾、珠宝鉴定、医疗保健、防臭防味、太阳能维修等便民服务，服务市民1878人（次）。

【发展特约报料人】　2011年，呼叫中心新增60名交通文明使者为烟台日报传媒集团新闻特约爆料人。他们是市区公交车、出租车行业的优秀代表。作为96110特约报料人，这些公交司机和“的哥”们在日常行车途中遇到新鲜事、稀奇事、突发现场等，第一时间拨打96110报料。

【坐席外包】　利用96110电话座席平台，为合作企业提供信息咨询、售后服务、客户信息管理、市场调研等服务。2011年先后与烟台市中心血站、山东万泰企业集团、烟台市口腔医院、烟台交运旅游集团、烟台市中医院、烟台市自来水公司、烟台市城市排水管理处等结为战略合作伙伴。2011年累计收入占全年的60%。成为主要盈利点。

【读者接待】　呼叫中心担负集团的读者接待工作。读者接待工作繁杂，不仅需要有耐心，还要有化解矛盾的本领。除了接待群众来访、发放读者报料奖、评报员奖、配合媒体开展的各项活动之外，还承担着化解群众矛盾的任务。一年来共调解群众不满情绪、化解群众矛盾200余人次。

活动策划

【开通“日本地震寻亲热线”】　3月11日，日本大地震发生后，呼叫中心于3月15日开通国际长途，设立96110“平安专线”，免费为相关人员寻找在日亲人，热线共寻找到100多名烟台籍在日同胞,确认了530余人的下落。

【七夕高端人士相亲会】　8月5日，由呼叫中心、《今日芝罘》和毓璜顶公园联合主办烟台第二届高端人士相亲会在毓璜顶公园瑶池举行。从7月中旬到8月1日，96110先后接到100多位市民咨询、报名，经过严格把关筛选，20多人符合报名条件，最终三对嘉宾成功“牵手”。

【法律咨询日】　96110热线开通以来，平均每天接到10多个咨询法律方面的问题。为了更好地服务百姓，96110与《烟台晚报》联手打造市民法律咨询平台。4月27日，呼叫中心邀请城市服务联盟会员单位的律师做客96110，当天共为105位市民提供法律服务。自5月起，96110将每月10日设为“法律咨询日”，为广大市民提供法律咨询服务。

【中高考直通车】　中考前夕，相关招生政策和信息备受关注，为及时解答广大家长关心的问题，5月15日上午,呼叫中心特邀烟台一中有关负责人做客96110，对读者关心的中、高考等方面的问题给予详细解答。短短两个小时,共有近70位市民拨打96110咨询。5月27日，高考前夕，呼叫中心邀请部分心理老师做客96110，解答了家长诸多问题。高考结束，为给广大考生搭建报考高校的桥梁，呼叫中心联合《今晨6点》启动“2011年驻烟高校招办主任谈招生”活动，先后邀请烟台大学、滨洲医学院、鲁东大学、山东工商学院四所驻烟高校招生办负责人做客96110。为考生家长答疑释惑。

【开通“医保、社保、供暖热线”】　就医、供暖、社会保障、权益保护等与市民密切相关的问题，历来是市民关注的焦点。为此，呼叫中心在服务市民方面做了大量的工作，先后邀请市医疗保险事业处、市劳动就业办公室、市人力资源和社会保障局、供热单位等有关专家做客96110，为市民现场解答了有关医保、社保、供热的疑难问题，并通过水母网进行网上图文直播，现场为广大市民服务。

【印制宣传册】　2011年，为扩大呼叫中心影响，提高服务水平，印制96110宣传册

1000册，详细介绍了96110开展的业务内容，对战略合作伙伴、城市服务联盟会员单位进行展示；制作“96110城市服务联盟会员单位”匾牌，定制统一的马甲和工帽。并对《烟台日报》、《烟台晚报》、《今晨6点》96110版面报头进行了全面改版，新报头详细介绍了呼叫中心的各项业务，全面展示了96110便民服务平台。还在日报、晚报、晨报连续刊发“96110民意通呼叫中心战略合作伙伴及城市服务联盟会员单位公示”广告，起到很好的宣传效果，十几个商家拨打96110咨询，寻求合作。

【为聋哑人开通服务短信平台】　为帮助有听力障碍的人和聋哑人解决困难事、烦心事。10月13日，96110开通短信服务功能，服务号码为15668096110，通过手机短信24小时为这一特殊群体服务，服务市民百余次。

【一周年庆典】　为庆祝96110开通一周年，7月8日晚，呼叫中心举办周年答谢晚宴，邀请集团领导、战略合作伙伴、城市服务联盟会员单位共同参与。呼叫中心工作人员编排了精彩的文艺节目，对“96110城市服务联盟会员单位”授予匾牌。答谢晚宴取得圆满成功，受到与会嘉宾和相关领导的一致称赞。

【读者节】　10月10日读者节，作为媒体与读者沟通的桥梁，呼叫中心十几名工作人员与读者面对面，向读者推介96110，听取读者意见和建议，对于反映的问题，逐一进行记录，并立刻协调记者进行采访调查、解决。96110律师团现场提供免费法律咨询，96110城市服务联盟会员单位代表在活动现场为读者提供服务。

【《水母网•96110》频道改版】　10月26日，根据呼叫中心目前开展的主要业务，《水母网•96110》频道改版，在原有栏目基础上，新增“报网呼动”、“做客96110”、“走进社区”、“天天医生在线”、“新闻报料”、“法律咨询”、“失物招领”等栏目，改版后96110频道内容更丰富，进一步扩大了96110的社会影响力。

《华夏酒报》

【概况】　《华夏酒报》，烟台日报传媒集团主管、主办的中国酒行业产业经济商报，4开，16～24版，每周一、三、五出版，全彩色印刷。编辑部下设：总编室、编辑部、记者部、新媒体事业部、策划部、市场部、华东事业部、华北事业部、山东事业部、东北事业部、华中事业部、西南事业部、西北事业部、华南事业部。

2011年，《华夏酒报》在烟台日报传媒集团党委的领导下，紧紧围绕“精耕细作、务实创新、整合资源、重点开拓”的方针，通过双品牌运作，全力打造“酒产业链整合传播平台”这一整体概念，进一步提升了《华夏酒报》核心竞争力，推动了报社各项工作的稳步发展，全年广告创收同比增长20%。2011年，《华夏酒报》

通过主办和协办第五届中国葡萄酒经济年会、中国（首届）啤酒高峰论坛、第十届酿酒新技术研讨会、广东国际名酒展、上海国际酒节等一系列的活动，极大提升了《华夏酒报》在国内外酒业的影响力。先后获得“2010年度中国行业报经营管理优秀单位”、“进口葡萄酒行业十大最受欢迎媒体”等称号。

编辑业务

【版面改革】 2011年，《华夏酒报》围绕“中国酒行业的产业经济商报”定位，调整办报思路，主攻酒类生产企业和经销商都关注的酒类市场领域的报道内容，版面内容更加贴近行业与市场经济，更加注重行业前瞻性报道和话题性报道，通过影响力战略的实施，使《华夏酒报》在行业的认可度得到较大的提升。

【特别报道】 2011年，《华夏酒报》强化行业前瞻性报道和行业话题性报道，注重突出编辑的策划意识和体现编辑思想，全年共推出《盘点2010》、《2010中国酒业风云大片》、《2010中国酒业金融热词》、《饕餮次高端市场盛宴》、《2011美酒飘香迎新春》、《聚焦成都糖酒会》、《酒企产能扩张要兼顾“钱景”“后市”》、《中国酿酒工业协会扩大会议》、《走进四川探秘原酒》、《解读酒业十二五发展规划》、《关注白酒时尚化》、《聚焦“禁酒驾”》、《走进中国白酒金三角》、《探寻酒类“微营销”》、《关注“酱酒国标”》、《白酒业“黄金大势”还能走多远？》、《生死攸关话品牌》、《聚焦酒类电子商务》、《聚焦酒类网络团购》、《入世10年中国酒业回望》、《聚焦沈阳糖酒会》、《寻找酒业新势力》、《聚焦跨界》、《关注首届啤酒高峰论坛》、《关注酿酒粮食基地建设》等30多组特别报道和系列报道。

【《与酿酒大师面对面》系列报道】 11月4日，《华夏酒报》特别推出“与酿酒大师面对面”系列报道，对荣膺第二届“中国酿酒大师”称号的刘树琪、唐圣云、胡金成、于秦峰、徐勇辉等一批酿酒专家进行了面对面的采访，展示“酒业灵魂工程师”的风采，树立行业发展典范，加快推进科技创新和产业升级。

【《给力2010——2010中国酒业大事记》特刊】 1月5日，酒报推出16个版的《给力2010——2009中国酒业大事记》特刊，以中国酒业关键词、每月中国酒业大事记、2010中国酒业语录和编辑点评的形式回顾了中国酒业2010年的发展历程。

【《幸福2011》两会特刊】 全国“两会”期间，《华夏酒报》特别派出“两会”采访报道记者前往北京采访“两会”代表，并于3月16日推出《幸福2010》两会特刊，用22个版集中展示两会期间酒业代表委员们关注的热点与焦点话题。

【全国糖酒会特刊】 在2011年全国春季和秋季糖酒商品交易会期间，酒报推出5期糖酒会特刊，每期糖酒会特刊为40～48

页码。《华夏酒报•糖酒会特刊》每期推出1个特别策划，分别为《2011中国酒业大猜想》、《中国酒业辉煌“十一五”》、《向“美酒精神”致敬》、《东北酒的攻与守》、《酒展，国际化？区域化？》。

【山东糖酒会特刊】 4月11日、4月13日、8月10日、8月12日，在2011年春季和秋季山东省糖酒会期间，酒报推出4期山东省秋季糖酒会特刊，每期糖酒会特刊均为16页码。

【《华夏酒报•河南专刊》】 5月25日，《华夏酒报•河南专刊》创刊，每月一期，每期4～8个版，随《华夏酒报》发行。《华夏酒报•河南专刊》以服务河南为己任，重点刊发河南酒类市场行业产销政策、调查报告、行业动态、企业形象、机械装备、相关配套等信息为主。

【2012改版准备】 10月份以来，通过对全国酒行业全面细致的调研和反复论证，为了适应目前酒业形势的发展，经集团党委批准，《华夏酒报》决定对报纸进行全新改版。从2012年2月份起,报纸将由新闻纸改为铜版纸印刷；由原来的16个版改为48个版；周三报改为周一刊。

经过全体员工的共同努力，12月27日，一张全新的《华夏酒报（改版样报）》展现在全国各地读者的面前。

内部管理

【机构改革】 1月1日，报社内部进行机构改革，实行竞争上岗制。《华夏酒报》组织架构进行了重组，设立了管理中心、编采中心和营销中心，为适应新形势下的科学经营管理打下了基础。

薪酬体制改革，重建分配机制。实行了“基本生活保障工资+绩效工资”的模式；新的框架以“效益、效率”为导向，推行扁平化管理，强调团队协作。在内部引入严格的竞争机制，实行内部市场运作，保证人尽其才，才有所得。

进一步完善员工管理规定、广告管理规定、广告指引、稿件版面考评办法、采编管理补充规定、发行制度补充规定、校对工作流程及纠错奖惩办法、末位淘汰制度等各项管理制度，并在日常工作中以“严格流程、强化执行、精耕细作、通力协作”为指导思想，用报社的各项规章制度严格要求部门员工，使之成为全体员工的行为准则。

【集中培训】 每年的集中培训是《华夏酒报》确定战略、统一思想的重要工作。2011年，《华夏酒报》对全体员工的培训就达8次之多，为历年之最。培训使员工了解报社的发展思路，明确各自的责任与任务，增强团队的凝聚力和集团文化的认同感；同时为大家交流经验、启发思路、创新工作提供契机。

7月，华夏酒报编辑、记者38人走进北京和君咨询有限公司，进行了为期两天的行业形势及业务知识培训。此次培训旨在提高编辑、记者对行业的熟悉和把控能力，增强新闻敏感，寻求并加强与业界的交流与合作。12月，为让全体员工更好地适应报纸2012年全新改版后的各项工作，报社进行了为期两天的全员培训和动员，基本达到了思想认识上的统一，行动步调上的一致，大家对酒报的未来充满信心。

【“六个星”评选】　为在报社内部营造积极向上、争先创优的良好竞争氛围，表彰各岗位涌现出的先进人物，报社根据每个月报社所有员工在编辑采访、创收经营、管理服务等方面的工作表现情况，评选出版面之星、采访之星、管理之星、经营之星、成长之星、服务之星等“六个星”，并颁发总编辑特别奖，先后有16名优秀员工获得此项奖励。

主办活动

【第五届中国葡萄酒经济年会】　11月8～10日，由《华夏酒报》主办的第五届中国葡萄酒经济年会在广州举办。本届年会以“葡萄酒盛宴下的中国机会”为主题，共同探讨在中国葡萄酒市场迅猛增长、进口葡萄酒强势抢滩、国产葡萄酒面临危机的背景下，国内外的葡萄酒企业如何抓住历史机遇，找准市场定位，摆脱乱象中的无序竞争，和谐发展，实现共赢。年会上，《华夏酒报》发布了《2012中国葡萄酒发展趋势报告》。

【中国（首届）啤酒高峰论坛】　6月18日，由中华全国商业信息中心、《华夏酒报》、苏赛特商业数据有限公司联合主办的“2011中国（首届）啤酒高峰论坛”在深圳召开。中国酒业新闻网对会议做了现场网络直播。围绕“变革•共赢”的主题，本次论坛深入探讨了新时期的啤酒产业发展形势、当前不足以及发展方向等问题。

【第十届全国酿酒新技术与市场拓展研讨会】　5月22～23日，由《华夏酒报》、山西省酿酒协会共同主办，华德净化技术有限公司承办的第十届全国酿酒新技术与市场拓展研讨会在山西太原举行，来自全国大中型白酒企业的技术总工们聚首太原，与行业专家一起共商酿酒技术进步的大计。

【第六届上海酒博会】　6月1～3日，经上海市商务委员会批准，上海市酒类专卖管理局支持，上海市酿酒专业协会和华夏酒报社主办的第六届上海国际酒类商品交易博览会在上海国际展览中心拉开帷幕。来自法国、意大利、加拿大、美国、澳大利亚、西班牙、智利等40多个国家和地区的知名酒庄和进口商参展，近200家企业携数千种国外名优葡萄酒前来展示、推广。酒博会期间，还举办数场专业的葡萄酒品鉴会。

【《华夏酒报》山东区域第二届特约记者研讨班】　6月17～19日，《华夏酒报》山东区域第二届特约记者、通讯员研讨班在山东济南举行，山东省重点酒类生产企业、流通企业以及酒类配套企业的特约记者和通讯员参加了本次研讨班。

《今日龙口》

【概况】 《今日龙口》，《烟台晚报》地方版，4开16版，周六刊，周一至周六出版，彩色印刷。2011年，《今日龙口》对报纸版面进一步完善和改进，在原有《要闻》、《时政》、《便民》、《社会》、《乡村》、《东莱今古》等版面的基础上，又新开设了《互动》、《乐活》、《消费》、《天下》等版面。11月10日起，《今日龙口》正式改版，秉承形式为内容服务、方便读者阅读、方便编采照排的改版原则和理念，从报头到报眉、从排版格式到稿件重新包装和规范，给读者一个全新的《今日龙口》。

2011年，《今日龙口》本着“好看•实用•贴心”办报理念，在新闻宣传配合中心，服务大局，唱响主旋律外，更关注民生报道，为市民解决实实在在的困难，提高报纸可读性。在新闻、发行、广告、活动四个战场开展了扎实有效的工作，努力应对市场竞争，有效提升了产品质量和媒体实力。

重要报道（评论）

【“2011 新风拂龙口”系列报道】 4月1日，《今日龙口》开启2011 新风拂龙口大型系列报道活动，通过《“高地”新嘉》、《“福祉”石良》、《“幸福”东江》、《“活力”东莱》、《“给力”北马》、《“基石”兰高》、《“创业”度假区》、《“上游”七甲》、《“热土”黄山馆》、《“灵秀”下丁家》等报道，探访部分镇街区的新变化，抒写新作为，是采编坚持“四位一体”的成功案例。

【“2011布局•抢跑开门红”系列专访】 1月7日，《今日龙口》围绕新一年龙口市委、市政府工作开展营造浓厚氛围。推出了“2011布局•抢跑开门红”系列报道，先后刊发了《当好经济发展领头羊——首月首季开门红指标出炉》、《高精尖项目搭乘高速列车》、《重点项目早开工早建设早投产——首季确保引资17亿》等多篇稿件，从项目建设、经济增长、招商引资多方面报道各级在实现“开门红”目标中的新思路、新举措、新成绩。

【“帮渐冻人呼吸”系列报道】 4月15日，《今日龙口》刊发《身体可冰封 亲情不冻结 父亲帮渐冻人儿子一年呼吸五千万次》、《伟大父爱感动无数网友 三天内捐款近万元》、《渐冻人用上爱心呼吸机期望捐出眼角膜》等稿件，《龙口网》及论坛一同参与，网友、市民、企业广泛参与伸出援助之手，帮助渐冻人刘海亮筹集爱心捐款，购买呼吸机，该系列报道得到社会广泛关注。

【“与死神赛跑•急救杨鑫”系列报道】 8月11日，血癌少年杨鑫骨髓配型成功却无钱手术，生死关头，“姜炎帮办”推出《血癌少年遇生死倒计时》报道后，杨鑫的遭遇受到社会广泛关注，帮办热线接连响起。通过《血癌少年引来八方爱》、

《好孩子•好学生•好伙伴村民师生齐夸患病少年杨鑫》、《本报连线<青岛早报>龙青两地急捐救杨鑫》、《龙口企业组团献爱心　龙青捐款突破35万》等追踪报道，龙青两地社会捐款共筹得资金近四十万，全部用于救治杨鑫。

【“建党 90 周年 • 红色龙口”系列报道】　为庆祝建党九十周年，《今日龙口》通过探访龙口仍保留的一些重要革命遗址，将发生在龙口大地上的重要战斗，涌现出来的无产阶级革命者进行梳理，推出“建党90周年•红色龙口”大型系列报道，通过《大锯“锯掉”鬼子炮楼》、《常伦庄里说常伦》、《红楼里播革命火种》、《烽火中的公安局长于耀光——生命与子弹一起飞》、《参军状元村的红色记忆》等多篇报道，让更多干部、群众尤其是青少年了解其历史价值。

【“龙口最美女孩刁娜”系列报道】　11月4日，《今日龙口》在头版率先报道最美女孩刁娜车流中救人的事迹，至11月21日，先后刊发《关爱照耀最美女孩“刁娜，妈妈为你骄傲！”》、《刁娜的“美”，咱们都可以有》、《救人义举感动龙口 各界献出爱心祝福——滚滚暖流涌向“最美女孩”》、《最美女孩救人绝非偶然》、《“娜”的美为什么打动了天下人——对“龙口最美女孩”刁娜的新闻解读》、《让龙口成为好人辈出的沃土——对“龙口最美女孩”连续报道的深度思考》等3 个整版通讯、8篇消息、3篇评论将龙口最美女孩——刁娜成功推出。在小悦悦悲剧事件后，一句“一条腿换一条命，值！”，刁娜车流中勇救伤者的义举，激发了全社会向善的力量，全国各级媒体争相转载报道，成为全国典型。该系列报道荣获烟台日报传媒集团十大新闻奖和系列报道奖。

【“最帅西装男孙义良”系列报道】　在刁娜效应下，11月8日又将“最帅西装男”救助一位车祸中倒地无法动弹的6旬老人率先报道，推出《六旬老人遇车祸“最帅西装男”抱其到安全地带》、《“最帅西装男”是他》、《央视“焦点访谈”帅美龙口人》多篇报道，继刁娜之后，将又一个龙口好人推向全国。

【“党代会”系列报道】　12月28日至30日，龙口市第十二次党代会隆重举行。此次“党代会”报道，《今日龙口》首次全方位、全景式报道会议实况，推出党代会特刊，对《市委工作报告》进行全面解读，并针对党代会的热点话题，组织党代表讨论。会议期间，《今日龙口》直通党代会，为每位党代表赠送当日报纸，及时传递大会讯息。期间，刊登稿件近百篇，受到与会代表一致肯定。

活动策划

【三次车展】　2011年，《今日龙口》先后组织全国百强县车展、龙口市首届秋季车展、龙口市首届冬季车展三次大型车展活动，参展商家众多，引导市民消费，通过广告与采编策划结合，扩大了报纸在当地的影响力，积极应对了对手的竞争，活动取得了明显的经济效益和社会效益。每次车展前两天，采编都配合广告部，出版《车展会刊》8个版，集指导性、知识性、趣味性等为一体，为车展预热，收到良好效果。

【“半年工作总结暨科学发展观摩”特刊】 7月22日至29日，市委、市政府组织召开半年工作总结暨科学发展观摩会议，先后观摩了兄弟区市莱阳、海阳、牟平、烟台开发区的14个在建项目，接着组织观摩了市内的13个在建项目，随后组织赴浙江宁波杭州湾新区、余姚市和江苏省宜兴市、常熟市、太仓市观摩，最后集中开会。围绕外出观摩、集中开会，《今日龙口》推出《半年工作总结暨科学发展观摩》特刊，分“大会盛况”、“思路解读”、“他山之石”、“激情创业”、“大开眼界”等几部分，对会议进行了全方位报道。会后，又推出“在更高层次上实现更大跨越”等3篇系列评论。

【《对抗梅超风》特刊】 8月8日、9日，《今日龙口》连续两天推出《对抗梅超风》特刊，分防御（要闻、水防、陆防、人防、农防、局势、战场共7个版面）和应对（要闻、水情、城区、农业、威海、烟台共6个版面），对台风梅花来袭进行实时跟踪报道。同时，对全市上下防汛工作进行一线采访报道，推出了《指挥部里的不眠夜》等报道。

【“烟台生态文明乡村现场观摩会龙口行”特刊】 9月7日上午，烟台市生态文明乡村建设观摩会议与会人员在龙口观摩黄水河流域生态文明乡村示范区。会议当天，《今日龙口》推出《和美龙口 幸福家园》特刊，对龙口做法、各观摩点情况进行报道，并发放到每位与会人员手中。中共龙口市委办公室会后发文，对该特刊予以充分肯定和书面表扬。

【《龙口市创建国家园林城市》特刊】 9月20日至22日，国家园林城市考核组来龙考核验收园林城创建工作。《今日龙口》于20日推出8个版的《绿色乐土 宜居家园——龙口市创建国家园林城市特刊》。特刊分“生态立市”、“绿色之城”、“低碳龙口”、“美在龙口”等几部分，图文并茂地报道了龙口市园林城创建情况。

【编辑出版《东莱今古》】 9月，《今日龙口》编撰的地域历史文化图书《东莱今古》出版发行。该书是从创办10年的名牌栏目《东莱今古》刊发的上万篇文章中择优编辑成书。全书共计50万字，100多幅照片，内容分为“古城风貌”、“名流俊士”、“行商坐贾”等9个章节，上至远古“东莱国”，下至当今“金龙口”，全面介绍龙口市悠久的历史、灿烂的文化和淳厚的风土人情。史料翔实，图文并茂，印制精美，具有较高的阅读和收藏价值。

【《家装宝典》手册】 《龙口2011房产家居精品导购宝典》于8月印刷成书，包括家装常识、房产楼盘、家装饰材、布艺家纺、家具、太阳能热水器、地暖设备、厨电卫浴等家居相关配套产品，该手册的成功推出，在创收的同时在家居领域形成了很大的影响力。

【“走转改”活动】 6月起，采编人员将镇街区（部门）、社区划片分包,并推出《科学发展看项目》、《走基层•探村居》、《小人物•大世界》、《与春华一起探访百岁老人》、《记者新岗位•体验 360 》、《西城记者在一线》等专栏，刊发基层稿件 100 余篇，并围绕群众需求，开展一次读者问卷调查活动，邀请集团内外名记名编做培训，提高编采水平及策划能力。

【“读者季暨13周年报庆”活动】 充分运用采编、广告、发行和活动“四位一体”、四轮驱动，实现经济效益和社会效益双丰收。10月22日举办“读者节”，即“读者节暨健康生活博览会”，现场征订《今日龙口》、《烟台晚报》、《今晨 6 点》和《阅读文摘》。并先后策划出版三个特刊：10月21日读者节“金特刊”，11月11日庆祝创刊 13 周年“红特刊”，12月29日指导市民年末消费的“绿特刊”。

【“今日龙口进社区”活动】 10月—11月“今日龙口进社区”活动启动，进社区活动中编辑、记者现场听民声、解民意，刊发关注今冬供暖，反映小区物业管理稿件 10 余篇。发行人员开展扫街、扫楼活动，现场征订今日龙口、晚晨报和阅读文摘。教育培训部现场接收小记者报名，进社区活动不仅拉近了与新老读者的关系，树立了报纸的亲民形象，同时实现报纸、广告双丰收。

【今日龙口小记者活动丰富多彩】《今日龙口》文教部自成立以来，深受孩子和家长的欢迎，文教部策划的活动，也是不断推陈出新，在社会上形成了很好的反响。2011年，小记者活动更是丰富多彩，先后组织小记者进农村、社区、企业采访，同时定期组织各类培训，锻炼了孩子们的动手和动脑的能力，丰富了孩子们的业余文化生活。

特色版面（专栏）

【《推进四德建设，争创文明城市》专栏】2月起，配合全市四德建设，开设《推进四德建设，争创文明城市》专栏，并贯穿全年，先后推出“动态”、“专访”、“展示”，《汲取榜样力量 弘扬社会新风22道德模范喜领千元红包》、《全城倡四德 文明再出发》、《以道德力量引领城市文明》、《“四德”浇灌 让文明之花绽放》、《送戏下乡百场 红歌大赛颂党》等报道，全面报道全市开展四德建设的情况。

【《记者新春下基层》专栏】 2011年农历春节期间，多路记者到群众中去展开报道，推出系列专栏专版，《走，拉你上俺家喝茅台》、《小区放鞭炮，你够文明吗》《新嘉出台农村管理“纲领”》、《包工头给父亲“送礼”》、《早春小麦不“口渴”》、《秧歌扭起来 健康幸福来》等报道，力求从细微的角度、生动的笔触，原汁原味记录普通群众的生活，展示经济社会发展成就，表达基层干部群众心声。

【《龙口时评》专栏】　《龙口时评》的前身是“百姓茶座”。6月起，为进一步拓宽评论视野，让更多的人关注《今日龙口》进而关注龙口市，时政版推出该专栏，作者可以是全国各地的，但评论靶子必须是龙口本地或是《今日龙口》报道过的新闻。专栏推出以来，收到了来自全国各地的稿件，稿源得到进一步拓宽，版面得到进一步丰富。更重要的是，积聚了一大批国内著名时评写手，通过他们之手撰写的关于“龙口最美女孩”刁娜等评论在全国各地纸媒、网站发表。

【《发行员讲新闻》专栏】　发行员每天穿梭在大街小巷，与群众打交道，家长里短，新鲜怪事这都是新闻的线索和来源，2011年1月6日，自开通《发行员讲新闻专栏》后，先后报道《聋哑人下车，顺走龙口报》、《大狗欺小狗 主人很淡定》、《红绿灯闪烁 数字却不变》、《孩子上学需要交借读费吗》、《孩子没带零钱 好心人帮投币》等约上百篇报道，虽是小事，却和百姓息息相关。

《今日蓬莱》

【概况】　《烟台晚报》地方版，4开16版，彩报，周五刊，每周一至周五出版。编辑部下设：总编室、时政新闻部、社会民生部、文体时事部、专刊部等。主要版面：《要闻》、《综合新闻》、《新闻现场》、《新闻时评》、《社会传真》、《村头农事》、《走进我家》、《教育园地》、《社区天地》、《环球时讯》、《法制经纬》、《旅游大观》、《当家理财》、《一线警事》、《精读》、《闲情雅趣》、《美丽生活》、《旅游大观》、《车族地带》、《村头农事》、《百姓生活》、《古邑史踪》、《时事快读》、《人间百态》、《联连网事》、《文娱前线》、《民营经济》、《前沿说事》、《数码广场》、《家长里短》、《人在职场》、《购物淘宝》、《周边新闻》、《休闲时光》、《小记者专刊》、《仙境旅游》、《体坛快报》、《特别报道》、《文学副刊》等。

重要报道（评论）

【“仙境的明天更美好”系列报道】　1月20日，《今日蓬莱》推出《蓬莱市“十二五”规划纲要》解读系列报道，相继刊发了《经济文化强市新蓝图》、《经济强市呼之欲出》、《城镇化发展现新格局》、《改革开放勇立潮头》、《寄情蓝天碧水 打造宜居仙境》、《民生幸福快车再提速》共计6篇整版报道。为市民解读了“十二五”期间，全市“转型发展、统筹兼顾、创新驱动、绿色发展、共建共享”的指导原则，全面实现综合实力稳步增强、经济结构明显优化、创新能力显著提升、改革开放全面深入、城乡建设统筹发展、社会发展更加和谐、生态环境优美宜居的主要目标。

【“一学三促”活动系列报道】 2月10日，《今日蓬莱》开设专栏——《开展“一学三促”活动 建设经济文化强市》，相继刊登了《“一学三促”，我们在行动》、《市住建局：打造机关服务品牌》、《市商务局:创新方式 指导实践》、《北沟镇：抓好“五到位”突出成效》、《登州街道：优化机制，打造规范高效机关》、《市工商局：立足本职，建设“三型”工商机关》、《潮水镇：加快项目建设 让群众更满意》《市海洋与渔业局：提高党性修养 促进工作落实》、《市交通运输局：以学习成果促工作创新》、《市质量技术监督局：以学习过程促作风建设》、《紫荆山街道：丰富学习内涵 确保工作实效》、《市水务局：立足本职工作 全力服务民生》等20多篇文章。通过报道各级各部门落实“一学三促”活动的经验做法，促进了活动的开展，为建设经济文化强市提供了作风保障。

【“连线北京”系列报道】 3月3日，《今日蓬莱》开设《连线北京》专栏，把市民的意见和建议，汇总成“金点子”传达给在北京参加全国人民代表大会的蓬莱代表穆范敏，并相继刊登了《四件建议件件关系民生》、《穆范敏：“蓝色”成中心话题》、《民生、“转调”主调更加突出》、《“转调”还需快马加鞭》、《人代会上，蓬莱声音赢得共鸣》、《“让更多职工享受发展带来的实惠”》共计5篇文章，报道两会背后的故事，进一步解读两会精神。

【“贯彻经济工作会议精神 加快建设经济文化强市”系列报道】 3月15日，《今日蓬莱》开设专栏——《贯彻经济工作会议精神 加快建设经济文化强市》，相继刊登了《市委书记深情寄语给力仙境企业家》、《实现“三突破”丰富提升东翼》、《掀开西翼发展新篇章》、《“三个突出”力促经济增长》、《两轮驱动，突破现代服务业》、《立足优势 打造果业大镇》、《立足重点 打造城市次中心、》《超前谋划 打造机场经济圈》、等近10篇文章，对全市各级各部门、社会各界的先进经验、突出做法进行报道。

【“网上民声•回音”系列报道】 3月22日，《今日蓬莱》开设专栏——《网上民声•回音》，相继刊发了《“网上民声”有“回音”》、《百姓的事儿都是大事儿》、《不能让学生受委屈》、《“百姓有困难我们就出现”》、《百姓的事儿都是急事儿》、《落实以后要看保持》、《还百姓一个美好家园》、《为百姓营造良好生活环境》、《还群众清爽干净的夏天》、《为孩子撑起一片温暖的蓝天》、《为百姓撑起一把“保护伞”》、《农村环境不允许被破坏》等20余篇文章，促进市民反映问题得到有力解决，为群众解烦忧，为百姓解难题，顺应民心，维护民利。

【“蓝色仙境”系列报道】　3月23日，《今日蓬莱》推出《蓝色仙境》系列报道，在一版以大图片为导读，相继刊发了《好风凭借力 送我上青天》、《仙境跃海上 蓝色写千秋》、《产业聚内力 重彩绘蓝图》、《科技唱主角 蓝色绘壮美》、《开放之城放飞“蓝色梦想”》5篇文章，分为优势篇、蓝图篇、产业篇、体系篇、开放篇五个部分进行了详细报道，全面解读蓬莱在半岛蓝色经济区建设中的发展机遇和规划，全方位、立体式呈现建设蓝色经济区给我市带来的发展机遇，为全市蓝色经济建设营造舆论氛围。

【“荣获历史文化名城 建设经济文化强市”、“品读历史、传承文化”系列报道】　5月9日，《今日蓬莱》“开设专栏——《荣获历史文化名城 建设经济文化强市》，通过《媒体聚焦“名城”蓬莱》、《保千年风貌 创文化名城》、《各大媒体组团来我市采访》、《展仙境风采 传文化精髓》共计4篇文章，及时报道了全市深度挖掘历史文化内涵，实现历史文化名城可持续发展的经验做法。同时，推出“品读历史、传承文化”系列报道共13篇，为建设经济文化强市营造浓厚的氛围。

【“聚焦省级文明城市建设”系列报道】　6月10日，《今日蓬莱》开设专栏——《聚焦省级文明城市建设》，相继刊发了《仙境城乡遍开文明之花》、《仙境花朵共浴阳光雨露》、《道德光芒耀仙境》、《志愿之花遍开蓬莱》、《青山碧水仙境秀》、《全力以赴巩固创建成果》、《和谐稳定民心安》、《阳光执政 政通人和》、《仙境市民共享“惠民大餐”》等近１０篇文章，对创城的经验做法、动态消息进行报道，不断巩固创建成果，物质文明、精神文明、政治文明建设取得的全面进步。

【“深入开展解放思想大讨论活动”系列报道】　7月12日，《今日蓬莱》在头版开设专栏——《深入开展解放思想大讨论活动》，通过《全市迅速掀起解放思想大讨论热潮》开篇，拉开活动序幕。之后在7月13日头版头条相继刊发《思想大解放，提高蓝色发展新境界》、《实施大开发，拓展蓝色发展新空间》、《培植大产业，增强蓝色发展新优势》、《抓好大项目，打造蓝色发展新支撑》等4篇系列评论，并继续刊发《激情奏响科学发展最强音》、《在突破中求得发展》、《提升仙境特色旅游服务品牌》、《“五个结合”推进机关效能建设》、《“蓝色新篇”振兴西翼》、《科学发展，“精耕”深蓝吧》等10余篇文章，引导各级进一步解放思想，促进经济社会又好又快发展。

【“全市半年工作总结暨科学发展观摩会议”系列报道】　8月5日，《今日蓬莱》在一版以《37个观摩点彰显各地发展亮点》这一标题开篇，首次运用整版图表展现全市半年工作总结暨科学发展观摩会议路线，之后以评报的形式，相继刊发了《抢抓机遇 把蓝图变成美好现实》、《应对激烈竞争 实现赶超进位》、《转变工作

作风 解决突出问题》、《要以“发展舍我其谁”的责任感抓落实》、《不达目的不罢休 做就做到一流》、《要有“没有任何借口”的执行力》、《树立“全市工作一盘棋”的大局观》、《以强烈的责任意识推动工作落实》、《以抓实的态度促进工作落实》等共计9篇系列评论，受到市委主要领导同志的表扬，也创下《今日蓬莱》创刊以来系列评论数量之最。

【“海景苑•五分钟完美生活圈”系列报道】 9月26日，《今日蓬莱》推出《海景苑•五分钟完美生活圈》系列报道，相继刊发了《五分钟，拥抱大海》、《五分钟，“玩转”生活》、《五分钟，服务上门》、《五分钟，贴心到位》、《五分钟，商机尽显》、《好楼盘提升城市品位》等6篇文章，首次以新闻的形式为经营客户进行宣传，开创了新闻宣传新方式，受到客户的高度评价，也获得较高的经济和社会利益。

【“科学发展看亮点”系列报道】 10月20日起，《今日蓬莱》推出“科学发展看亮点”系列报道，贯彻市委（常委）扩大会议精神，落实全市“狠抓落实百日行动”各项决策部署，决战第四季度。记者深入各镇（街、区），以现场新闻的形式，图文并茂地反映各镇（街、区）各项重点工作的进度和运行状况，为全市决战第四季度营造浓厚的舆论氛围。报道以一版大图片导读、四版整版报道的形式出现，作为《“下基层，访民情”，〈今日蓬莱〉走到您身边》栏目的主打稿件，很好地贯彻落实了本报的改版理念，提高了报道的档次。

【“学习贯彻党的十七届六中全会精神”系列报道】 10月31日，《今日蓬莱》推出《学习贯彻党的十七届六中全会精神》，相继刊发了《加快建设经济文化强市步伐》、《深化十七届六中全会精神学习成效》、《念好“三字”学习经》、《以全会精神推动具体工作》四篇文章，大力宣传各级认真组织学习全会精神的动态及贯彻全会精神所采取的新举措，营造良好舆论氛围，在全市掀起学习贯彻党的十七届六中全会精神的热潮。

【“爱心白菜•情暖仙境”系列报道】 11月11日，《今日蓬莱》推出《“爱心白菜•情暖仙境”》系列报道，相继刊发《社会各界积极认购“爱心白菜”》、《爱心专柜彰显商家责任》、《“我们只卖本地白菜”》、《“报纸解决俺一大愁事”》、《“爱心白菜”，情暖人心》、《“记者真格地为俺百姓办实事”》共计6篇文章，帮助白菜种植户售卖白菜22吨多，不但将农民与居民，农民、居民与本报紧密地联系在一起，解决了百姓的难题，更体现了本报作为主流媒体的社会责任感，提高了报纸的服务性和知名度。

【“为民办实事亮点纷呈”系列报道】 11月15日，《今日蓬莱》推出《为民办实事亮点纷呈》，相继刊发《健康阳光照仙境—“为民办实事亮点纷呈”系列报道之医疗篇》、《书声琅琅传仙境—“为民办实事亮点纷呈”系列报道之教育篇》、《就业路充满阳光—“为民办实事亮点纷呈”系列报道之就业篇》、《扶贫济困民心暖—“为民办实事亮点纷呈”系列报道之社会保障及救助篇》、《描绘仙境新图景—“为民办实事亮点纷呈”系列报道之基础设施建设篇》、《文化舞台放异彩—“为民办实事亮点纷呈”系列报道之文化建设篇》、《住有所居安民心—“为民办实事亮点纷呈”系列报道之住房保障篇》共计7篇关于医疗、教育、就业、文化、基础设施建设、社会保障等各个方面文章，对为民办实事的最新进展情况进行全面、深入的报道，让广大市民了解为民办实事的最新进展，共享经济社会发展成果。

【“走进重点企业看发展”系列报道】 11月29日，《今日蓬莱》推出《“走进重点企业看发展”》大型系列报道，记者深入市领导分包的北奔重汽蓬莱分公司、蓬莱金创集团、蓬莱中柏京鲁船业有限公司、山东蓬建建工集团有限公司、蓬莱万寿机械有限公司、中粮长城葡萄酒（烟台）有限公司、蓬莱超硬复合材料有限公司、山东蔚阳集团、蓬莱华升板业有限公司、蓬莱渤海造船有限公司等20个重点企业，通过《重卡龙头捷报频传》、《风劲扬帆正当时》、《举棹扬帆精耕深蓝》、《建筑龙头舞蹁跹》、《双驱动力助跑发展》、《高端发力蓄势飞》、《“超硬品质”这样炼成》、《多元发展助推腾飞》、《绿色转调破茧成蝶》、《厚积薄发稳步航行》等20篇文章，深入采访企业发展状况，展现重点企业在困境中求发展的精神状态，为“十二五”规划起好步，开好头打造良好的舆论环境。

活动策划

【“仙境2010年十大新闻”评选活动】 1月4日，《今日蓬莱》策划“仙境2010年十大新闻”评选活动，并在当天报纸15版上刊登了经过初步筛选的“仙境2010年十大新闻”候选名单及选票，和市民共同回味那些值得记忆的新闻。最终烟台（蓬莱）潮水机场规划获批、蓬旅跨海通道上升为国家层面、“我爱蓬莱•仙境最美”文化主题活动颁奖典礼成功举办等十篇新闻获奖。

【“农信杯”现场新闻大赛活动】 2月16日，《今日蓬莱》与市农村信用社联合举办了“农信杯”现场新闻大赛，并在《今日蓬莱》一版上设置专栏，记录经济发展的大事，民生事业的亮点，和谐发展的足迹，百姓身边的喜事。大赛向社会各界征集稿件或新闻线索，邀市民一起参与其中，共同见证蓬莱2011年的辉煌。

【“今日蓬莱”助学基金成立】 3月23日，《今日蓬莱》助学基金成立，报社全体员工积极捐款4150元成为始发资金，资助贫困中小学生。4月11日，万城置业有限公司一次性赞助《今日蓬莱》助学基金1万元。《今日蓬莱》在发挥好党的舌喉作用的同时，勇担社会责任，积极扶困济弱，通过搭建平台让许多困难者感受到社会各界的关爱。

【“畅想汽车生活”2011年春季车展活动】 4月6日，《今日蓬莱》报社、今日蓬莱网发起举办了以“畅想汽车生活”为主题的2011年春季车展，4月16日、17日活动两天，海滨文化广场人声鼎沸。这次活动，《今日蓬莱》报社为买家与卖家搭建了一个沟通信任的平台，大家收获的不仅是经济收益，不仅是快捷的服务，还有品质、品牌与信任。

【“万城•一品洋房”杯首届蓬莱迷你马拉松大奖赛活动】 4月15日万城•一品洋房”杯首届蓬莱迷你马拉松大奖赛相关消息一经刊发后，在受到众多热爱运动的市民热捧的同时，也得到了不少企业的关注。4月23日上午，该活动在海滨文化广场八仙雕塑前拉开帷幕，共有100多名市民参赛。

【“征文及摄影大赛”活动】 5月17日，市委宣传部、《今日蓬莱》报社主办的“感受党恩，书写巨变”庆祝建党90周年征文及摄影大赛正式开赛。大赛以“感受党恩，书写巨变”为主题，分为征文、摄影两项内容，描绘建党90周年以来，仙境发生的巨大变化及仙境人民的精神风貌。编辑部从中选取了30篇优秀作品、30幅优秀摄影、绘画、书法及篆刻作品在专版予以刊登。7月29日，大赛圆满结束。

【“中国蓬莱网”举行开通仪式活动】 6月10日，由《今日蓬莱》报社倾力打造的蓬莱最大的新闻门户网—“中国蓬莱网”举行隆重的开通仪式。中国蓬莱网由《今日蓬莱》报社主办，旨在为蓬莱市民、商家提供全面及时的资讯，内容覆盖蓬莱市内外，设有新闻、体育、娱乐、财经、房产、汽车等专栏，囊括突发新闻事件、产业资讯、实用信息等。

【小记者训练营正式成立】 6月27日，《今日蓬莱》小记者训练营正式成立，“小记者逛北京”、“跟着课本下江南”、“手把手学常识”等多项暑期活动正式推出。

【“牵手最可爱的人——军旅情缘联谊会”活动】 7月16日，由《今日蓬莱》报社与长岛要塞联合主办的“牵手最可爱的人——军旅情缘青年联谊会”在驻蓬某部开展现场活动。本次活动于6月27日启动，为部队官兵和地方青年牵红线，报名的单身男女青年近百人，最终有50多人参加了当天的现场活动。

【“下基层，访民情，《今日蓬莱》走到您身边”活动】 8月10日，本报开展“下基层，访民情，《今日蓬莱》走到您身边”活动，报社全体员工深入基层，深入发展一线，深入百姓生活，访民情，问民计，看发展，树典型，鼓士气，为建设经济文化强市贡献力量。此次活动旨在全面贯彻落实全市半年工作总结暨科学发展观摩会议以及全省宣传文化系统“三个一切”群众路线主题教育活动动员会议精神，深化“三贴近”的办报理念，在全社开展的 项贯穿全年的活动。

【“农信杯”《今日蓬莱》报网同步房

展会活动】　9月2日，由蓬莱市农村信用社冠名，《今日蓬莱》报、中国蓬莱网、蓬莱手机报联合主办的“2011年首届报网同步房产展会”开始报名。活动刊登后，“万城•一品洋房”、“万泰•登州府第”、“小城怡景”等楼盘积极与本报进行洽谈。此次活动旨在打造宜居品牌，提升楼盘品位，倡导科学生活，构建供需平台，使市民购房更加方便、快捷，推动仙境房地产业发展。

【《今日蓬莱》首届优秀小记者评选活动】　10月17日，由本报主办的“蓬莱邮政•《今日蓬莱》小记者训练营”蓬莱首届优秀小记者评选活动大幕拉开。目前，《今日蓬莱》小记者人数已达260余人，全年累计开展15项主题活动，吸引了1200余人次参加，小记者上交各类稿件200余篇，刊发报纸版面累计40余个。12月24日上午，在蓬莱市第二实验小学举行了隆重的颁奖盛典，小记者艺术团成员表演了丰富多彩的节目，受到了市委、市政府主要领导及社会各界的高度评价。

【《今日蓬莱》女生新闻服务组成立】　11月17日，《今日蓬莱》女生新闻服务组正式成立，8名形象佳、懂新闻和经营、服务意识强、热情真诚的优秀女记者趁业余时间，分组、分区域地走进各居民小区，征集新闻线索，聆听百姓心声，解决百姓困扰，服务百姓。消息一经发出，就在全社会引起了强烈反响，成为人们热议的话题。11月19日，女生新闻服务组开展第一次活动，统一时间走访，带着精心制作的《今日蓬莱》读者调查问卷，走进居家家中，走进读者心中。

特色版面

【红色足迹】　6月13日，为铭记党史，感受党恩，激励全市上下携手共创辉煌，《今日蓬莱》在4版特推出专版《红色足迹》。相继推出《红色精神　铿锵足迹—蓬莱党史概述》、《革命圣火　点燃仙境—蓬莱党组织的创立》、《舍生取义，青春壮歌—记蓬莱第一位共产党员赵鸿功》、《民族兴亡　匹夫有责—蓬莱的抗日救亡运动》、《星星之火　可以燎原—中共蓬莱县委的成立》等一些列报道，系统详细地介绍蓬莱党史，展现、传承蓬莱的红色精神，引起市民共同忆党史、知党史、跟党走，共建经济文化强市。

【《今日蓬莱欢迎您——和平颂暨〈今日蓬莱〉创刊九周年特刊》】　8月23～25日，第十届中国蓬莱和平颂国际青少年文化艺术节举行，同时适逢《今日蓬莱》创刊九周年，《今日蓬莱》隆重推出《今日蓬莱欢迎您——和平颂暨〈今日蓬莱〉创刊九周年特刊》，68个版，彩用铜板纸印刷。市委书记、市人大常委会主任张代令发来亲笔签名的贺信，对特刊的出版发行表示祝贺。“和平颂”活动期间，《今日蓬莱》连续推出新闻专版28个，全面、立体化地报道和平颂各项活动，并对前九届和平颂进行了回顾。

【《蓬莱首届金融知识宣传特刊》】　10

月10日，由《今日蓬莱》与中国人民银行蓬莱市支行、蓬莱市商贸流通办公室联合主办的《蓬莱首届金融知识宣传特刊》亮相，并在全市“金融知识宣传月”活动现场纷发。市委副书记、市长孙业宝给特刊发来贺信，全市12家银行全部亮相。这是全市银行系统首次统一在本报上进行形象展示。在为全市金融知识月活动造势的同时，带来了可观的经济效益，并启动了金融广告市场。

《今日招远》

【概况】　《今日招远》，《烟台晚报》地方版，2008年7月1日创刊，4开8版，周五刊，周一至周五出版。2009年7月1日后扩版，其中星期一、三、四仍为4开8版，星期二、五为4开12版，后改为每周五16版，彩色印刷。设有《要闻》、《综合》、《民生》、《社会》、《社区》、《聚焦》、《调查》、《健康》、《副刊》、《财经》、《体育》、《娱乐》等20多个不定期版面。

2011年，《今日招远》紧紧围绕党委、政府的中心工作，以服务当地经济和社会发展为目的，不断创新办报理念，突出办报风格，贯彻“三贴近”方针，打好主动仗，唱响主旋律，全面、及时、准确地把党委和政府的声音传递给广大人民群众，让人民群众及时了解党委政府的重要决策和重大事件的进展情况，最大限度地满足广大人民群众的知情权，同时加强地方社会新闻和民生新闻的编采力度，群众关心的事情和生活中喜闻乐见的事情极大丰富了报纸的内容。《今日招远》为建设开放魅力富裕和谐的招远，提供有力的舆论支持，创造良好的发展环境，具有党报的性质，都市报的风格，融权威性、知识性、实用性、趣味性为一体。“信得过、读得懂、用得上、买得起”是《今日招远》的办报宗旨。

《今日招远》下设总编室、新闻部、广告部、发行部四个部门。

重要报道（评论）

【深入开展“创先争优”活动系列报道】1月5日至10月9日，《今日招远》在2版、3版继续推出“深入开展‘创先争优’活动”系列报道，先后刊发《创新，是建设新农村的灵魂》、《耄耋党员志更坚 创新争优当先锋》等稿件33篇，报道招远各级各部门深入开展创先争优活动，推动科学发展观向广度和深度发展。

【“奋战十二五　再谱新篇章”系列报道】2月11～3月11日，《今日招远》在2版开辟《奋战十二五 再谱新篇章》栏目，共刊发《全力以赴促转型 改善民生构和谐》、《突破镇域求发展 固本强基保稳定》等系列报道70篇，对全市各镇（街道、区）、市直有关部门、重点企业和驻招有关单位主要负责人进行专访，就全面贯彻会议精神，迅速抓落实、促行动，大步踏上“十二五”征程的具体举措进行系列报道。

【“文明城市 共建共享”系列报道】 为争创第三届省级文明城市，提高市民文明素质，3月4日至7月26日，《今日招远》在3版开设《文明城市 共建共享》栏目，刊发《文明，城市之魂》、《规范露天烧烤还市民优美环境》等报道22篇，通过对市民日常生活中的一些不文明行为及违反城市规划、建设、管理相关法规的不文明行为进行曝光和鞭挞，以达到教育、引导和规范的作用，从而加快和促进文明城市的创建。

【争创第三届省级文明城市进行时】 在第三届省级文明城市创建过程中，为提高文明城市创建水平，积极引导公众参与到创城工作中来，形成“人人皆知，全民创建”的良好氛围，自5月19日起，开设《争创第三届省级文明城市进行时》栏目，刊发《活用“小广播” 给力“大教育”》、《打造“铁军”队伍 整治文化市场》等稿件20多篇，报道招远市各部门积极行动，结合各自职能，采取多种措施参与组织开展的精神文明创建活动，促进市民素质提高，为创城工作营造浓厚的氛围。

【“走基层 看发展”系列报道】 从6月14日至8月22日，《今日招远》推出了“走基层 看发展”大型系列报道，共刊发《打造金都“御花园”》、《“三大阜山”筑基开局之年》等稿件9篇。报道各镇街在2011年和谐奋进中的发展亮点，展示发展的新气象、新面貌。

【走基层 转作风 改文风一线报道】 10月25日至11月25日，《今日招远》推出“走基层 转作风 改文风一线报道”，下设“山村采风”、“项目建设”、“蹲点日记”等子栏目，共刊发来自一线记者采访的报道19篇。记者围绕市委市政府的中心工作，深入全市田间地头、厂矿社区和火热发展的一线，以现场体验和调研等形式，形象鲜活地报道基层和群众落实市委市政府各项决策部署，共建共享改革开放的生动实践和精神风貌，记录寻常百姓的真实生活，反映普通群众的真情实感。

【深入开展解放思想大讨论】 6月30日开始，全市新一轮解放思想大讨论活动大幕拉开。7月12日至8月25日，《今日招远》在1版和2版开设《深入开展解放思想大讨论》栏目，刊发《破“满”，增强忧患意识》、《破“散”，增强大局意识》、《查摆问题定坐标 提升境界争先锋》等稿件31篇。报道各部门深入开展解放思想大讨论活动，认真开展查摆活动，对照先进定目标、定坐标、定措施，努力以新的境界、新的标准投入到各项工作中，全面开创经济社会发展的新局面。

特色版面（专栏）

【《第一现场》】 以报道重大社会新闻、突发新闻现场为主要内容的专栏——《第一现场》，不定期刊发。该专栏图文并茂，成为综合版的主打栏目。全年共编发127期。

【《光辉历程特刊》】 为庆祝中国共产党成立90周年，5月31日至6月22日，共推出

《辉煌历程特刊》7期，刊发稿件24篇。特刊回顾了招远市党史上的一系列重大事件，品读峥嵘岁月，重温那些催人奋进的“红故事”，展示历代共产党人在招远大地上书写的壮丽篇章，特别是当代共产党人在推动招远经济社会发展、改善人民群众生活方面所取得的辉煌成绩。

【《金都人•金子般的心》专栏】　继2010年推出“金都好人”系列报道后，2011年4月3日至12月31日，《今日招远》又推出《金都人•金子般的心》栏目，全年共刊发报道50篇。该栏目通过挖掘身边的好人好事，在广大市民中常颂好人好事、普树文明新风，营造“人人当好人、处处有好人”的浓厚社会氛围，使之成为普及社会主义核心价值理念的品牌抓手和重要载体，充分彰显招远市公民思想道德建设的丰硕成果。

【《高考》专版】　6月7日起，《今日招远》编发《高考》专版4期，刊发有关高考新闻33篇，为广大考生提供了客观的及时信息和考试相关资源，包括考试时间、招生名额、考试录取分数线、志愿填报、班级划分等。同时，还有针对性地对考生提供了一些科学的参考建议，帮助广大考生以科学的心态和方法面对人生的抉择。

【《罗山艺苑》副刊】　2011年，文艺副刊《罗山艺苑》成为常设专版，星期五出版，开设文学、摄影、书法、绘画等板块，深受招远广大文艺爱好者喜爱，文学、书法、绘画、摄影爱好者纷纷投稿。

【《大萍萍问暖》专栏】　以记者王少萍的名字命名的专栏，并以王少萍为主打，只要市民家中有关供暖的问题，无论是政策咨询还是困难求助，一个电话打过来，“大萍萍”们就给予帮忙，或者是政策解答，或到现场查看问题，协调有关部门解决。2011年，该专栏刊登重点稿件11篇，帮助市民解答有关供暖政策、解决问题200多个，受到市民的广泛好评。

【《“3•15”维权进行中》专栏】　3月4日至3月23日，《今日招远》联合招远市工商局、消费者协会，联合推出《“3•15”维权进行中》专栏，共刊发《新买手机问题多 消协帮忙讨公道》、《洗了一水 新裤子变破裤子》等稿件32篇。内容包括投诉、维权线索征集、3•15资讯新闻、维权案例分析等，帮助消费者解决消费过程中遇到的烦心事、窝囊事，为广大消费者排忧解难，更好地维护消费者利益。

【《“黄金节”专版》】　8月28日，招远举办第三届黄金节，《今日招远》于8月28日、29日、30日推出《“黄金节”特刊》共17版。特刊向人们全面展现招远企业的蓬勃发展及本届黄金节的盛况，有利地配合节日的举办。特刊受到招远市委市政府的表彰。

活动策划

【“金阜杯—感党恩•话巨变”征文】　为隆重庆祝中国共产党建党90周年，4月13日至6月20日，《今日招远》举办“金阜杯—感党恩•话巨变”纪念建党90周年征文活动。征文主要从作者身边的真人真事入手，从生活水平的提升、居住环境的改善、城乡面貌的巨变、经济和社会各项事业的飞速发展等角度，写亲身经历，谈切身感受，抒发对党的无限感恩之情。征文活动共收到稿件近200篇，应征作品题材丰富，细节生动，每篇文章都充满了真情实感，充满了对党的感恩之情。最终共评出一、二、三等奖17篇。

【“我身边的爱民警察”评选】　10月9日至11月3日，《今日招远》与市公安局联合推出“我身边的爱民警察”评选活动。活动先由“评选活动办公室”推荐20名候选人。候选人事迹从10月9日起至11月3日逐一在报上亮相，展示完毕后，11月4日统一刊登选票，候选人集中接受读者投票，11月10日投票结束，根据候选人得票数量及综合政审考察情况，最终评出10名当选者，由市公安局党委授予“十佳爱民警察”荣誉称号，并在报上公布名单。

【小记者活动】　2011年，《今日招远》小记者团共有小记者近700人，小记者团坚持每月开展一次甚至多次采访写作活动，连续刊发小记者专版，给中小学生提供了锻炼胆识和才干的机会，提高了他们的观察能力、写作能力以及人际交往能力、团队精神，丰富了他们的知识，开拓了视野。由于小记者的组织活动内容丰富、帮助小记者开拓了视野，增长了见识，深受小记者及家长的赞誉，《今日招远》在社会上的影响不断扩大。

【“尚品宅配”杯2011《今日招远》春季车展】　4月3日至4日，“尚品宅配”杯2011《今日招远》春季车展在影剧院广场举行，北京现代、一汽大众、长安马自达、吉利等50余款热销车型参展。市民在享受丰富多彩的汽车文化盛宴的同时，也满足了爱车族的要求，实现了市民与车商的互利双赢。

【“金城集团”杯2011《今日招远》秋季车展】　9月24日至25日，“金城集团”杯2011《今日招远》秋季车展在影剧院广场举行，现代、大众、长安吉利、江淮、帝豪、吉利、丰田等一百余辆汽车参展，本届车展是汽车厂商打造品牌、树立良好形象的载体，也成为市民看车购车的一个重要平台。

《今日莱阳》

【概况】　《今日莱阳》，《烟台晚报》地方版，2008年8月8日创刊。4开8版，彩色印刷，周五刊，不定期扩为16版。主要版面：《要闻》、《综合》、《社会》、《民生》、《财经》、《重点》、《关注》、《教育》、《警方》、《天平》、《花季雨季》、《美食》、《家居》、《美容》、《车市》、《房产》、《资讯》等专刊。《今日莱阳》编辑部下设：总编室、新闻部、广告部、教育培训部、发行部等机构。

2011年，《今日莱阳》主动融入集

团文化，积极创新办报理念，版面设计更加新颖，新闻内容更加丰富，为当地经济社会发展提供了强大的精神动力和舆论支持。2011年，被山东省记者协会评为“山东省优秀县市报”荣誉称号。

重要报道（评论）

【“向建党90周年献礼•辉煌莱阳”系列报道】 为隆重纪念中国共产党成立90周年，反映全市各条战线发生的深刻变革，6月1日至10月30日，《今日莱阳》在四版、五版开设《向建党90周年献礼•辉煌莱阳》专版，集中报道全市18个镇街、10余家机关事业单位的经验做法和创新实践。先后推出了《在希望的田野上》，《突破，凝聚奋进的力量》，《新路径再造新优势》，《龙腾田野蓄兴旺》、《搭起腾飞的跳板》等系列报道。

【“建党90周年之我为党旗添光彩”系列报道】 为集中反映抗日战争和解放战争时期，梨乡儿女为了祖国的解放，踊跃报名参军，冲锋陷阵，勇敢杀敌的英雄壮举。4月至10月，《今日莱阳》在二版、三版显著位置开设了《建党90周年之我为党旗添光彩》专栏，先后推出了《刘凤仙，永远的妇救会长》、《革命者永远是年经》、《我是一个兵》、《钢铁是这样炼成的》、《永不消失的电波》等60多位英雄模范人物的光辉事迹。

【“建党90周年之红色档案”系列报道】 莱阳是胶东农村第一个党员、第一个党支部、第一个县委和中心县委的诞生地，在胶东党的历史上留下光辉的一页。为了真实记录那段难忘的岁月， 5月25日至7月31日，《今日莱阳》开设《记录》专版，利用20多个版面推出了1925年至1949年莱阳的红色历程，记录了莱阳人民从大革命时期、土地革命战争时期，到抗战时期、解放战争时期，同日、伪、顽进行艰苦卓越斗争的红色画卷，并在人物档案中，介绍了对党的事业不畏艰险、忠心耿耿的县委书记李伯颜、张静源；面对酷刑大义凛然、视死如归的左武堂、刘兰芳、门玉章、李华亭等30多位英雄人物的光辉事迹。

【“给力十二五•聚焦”系列报道】 1月10日至2月28日，《今日莱阳》用10个专版对莱阳市“十二五”规划进行了重点解读，推出了《规划建设南海新区，打造莱阳城市副中心》、《深化各项体质改革，提高经济社会发展活力》、《四大支撑，引领十二五起航》等专版，为全市上下吹响了加快发展的号角。

【“热点对话”】 3月24日至4月30日，《今日莱阳》在二版显著位置开设了“热点对话”专栏，对职能部门负责人与听众对话热点难点问题进行了跟踪报道，引发读者共鸣。

【“莱阳梨文化•记录”系列报道】 莱阳梨已有400多年历史。为深入挖掘莱阳梨文化，擦亮莱阳梨金字招牌， 4月18日至5月18日，《今日莱阳》开设《莱阳梨文化•记录》专版，先后推出了《莱阳梨起源考》、《莱阳梨献给毛主席》、《华国锋为西陶漳题写村名》、《别有洞天北芦儿口》、《西陶漳八景》近十余个专版，从不同角度反映了莱阳梨文化的历史渊源。

【“我为城市献绿色”系列报道】 为打造生态滨河城市，在全社会营造“爱绿、植绿、护绿、捐绿”的浓厚氛围，发动广大市民为绿化莱阳大地，建设美好家园贡献力量， 5月24日至6月30日，《今日莱阳》开设“我为城市献绿色”专栏，推出了《革命老人吴权生倡议发起“我为城市献绿色行动”》、《团市委发出号召争做植绿护绿积极参与者》、《我市各界踊跃献策献绿》、《驻军某部捐献“预备役林”》、《市区公共绿地集体征名》等近20篇报道，“城市有我一片绿，城市有我一片林”活动蔚然成风。

【“三创四心”在身边系列报道】 1月1日至12月31日，《今日莱阳》在社会版开设了“三创四心在身边”专栏，先后推出了《永不放弃的爱》、《热情服务彰显美丽人生》、《莱阳“的哥”素质真高》、《执法中相识的兄弟》等60余篇报道。

【“来自记者联系点的报道”】 8月10日至12月31日，《今日莱阳》开设深入贯彻“三个一切”来自记者联系点的报道专栏，推出了《咱们工人有力量》、《与农民一起抢收花生》、《年轻的天使妈妈》、《劳动者最快乐》等40余篇报道。

【“当好东道主 喜迎文化节”系列报道】 为喜迎第三届莱阳梨文化节的召开，9月14日至10月14日，《今日莱阳》在1、2版开设了《当好东道主，喜迎文化节》专栏，共推出《我市召开第三届莱阳梨文化节调度会》、《莱阳召开莱阳梨新发现发行仪式》、《6000游客感受梨乡神韵》、《梨状元一棵6万元》、《梨卖火了，农家乐了》、《第三届莱阳梨文化节好收成》等30余篇报道，从不同角度反映了第三届莱阳梨文化节取得的丰硕成果。

活动策划

【《今日莱阳》与市慈善总会联合开展“订报献爱心”公益活动】 为向弱势群体奉献爱心，10月25日起，《今日莱阳》与莱阳市慈善总会联合开展以“岁末关怀•年终送暖”，订报献爱心大型公益活动，本报发出倡议后，在社会上引起强烈反响，得到了社会各界的积极响应，踊跃向弱势群体献爱心，截止到12月31日，先后有鲁花集团、市农村联社、联通公司，市农业银行，小背篓酒店等10余家爱心企业踊跃参与，向弱势群体捐订爱心报1000余份，其中市农村联社捐订240份。

【“订报进社区”活动】 10月28日至12月31日，《今日莱阳》开设了大规模的订报进社区活动，组织全体发行员利用周末走进10多个重点社区，重点开展《烟台晚报》、《今晨六点》的发行工作，受到社区居民的欢迎，先后订阅报纸800多份。

【《元旦特刊》】 12月30日，《今日莱阳》策划推出《2012年会更好•元旦特刊》，元旦特刊共72个版，共分为《温暖 2012》、《2012年会更好•镇街力量》、《2012年会更好•莱阳民生》、《2012年会更好•城建亮点》、《2012年会更好•莱阳教育》、《2012年会更好•魅力感动》等20多个板块，既增加了报纸的厚重，又丰富了报纸内涵。

特色版面（专栏）

【《莱阳新闻•教育》专栏】 1月1日至12月31日，《今日莱阳》与市教育体育局联合推出了《莱阳新闻•教育》专刊，每月以4个整版的篇幅，全方位展示教学育人的重要经验和创新实践。

【《莱阳新闻•警方》专栏】 1月1日至12月31日，《今日莱阳》与市公安局联合推出了《莱阳新闻•警方》专刊，专刊以莱阳公安服务全市经济社会发展大局，打黑除恶、打击两抢两盗，维护一方平安为落脚点，集中反映了人民公安为人民的服务理念，全年共编发48个整版。

【《莱阳新闻•法院》专刊】 1月1日至12月31日，《今日莱阳》与莱阳法院联合推出了《莱阳新闻•天平》专刊，全年以12个整版的篇幅，集中刊发了市法院服务大局、服务民生，维护司法公平、公正、公开的良好形象。

【《莱阳新闻•军方》专刊】 1月1日至12月31日，《今日莱阳》与驻军预备役高炮团联合推出了《莱阳新闻•军方》专刊，集中报道了预备役官兵苦练杀敌本领，保家卫国的当代军人风采。

【《莱阳新闻•健康》专刊】 1月1日至12月31日，《今日莱阳》与烟台市莱阳中心医院联合推出了《莱阳新闻•健康》专刊，全年以24个整版的篇幅，报道了医院特色门诊，名医名家，以及诚信服务的好经验好做法。

【《莱阳新闻•家居》专刊】 1月1日至12月31日，《今日莱阳》与昌阳家饰界联合创办了《莱阳新闻•家居》专刊，每周用二分之一的版面，刊发家装家饰、名品推介、产品选购等方面的家居知识。

【《美食》专刊】 1月1日至12月31日，《今日莱阳》与稻香村绿色庄园联合协办了《美食专刊》，每周用二分之一的版面，刊发美食保健、饮食安全等方面的知识。

【《时尚》专刊】 1月1日至12月31日，《今日莱阳》与世纪缘珠宝店联合推出了《时尚》专刊，每周用二分之一的版面，刊发珠宝的选购、首饰佩戴等知识。

【《校园•校事》专刊】 1月1日至12月31日，《今日莱阳》与市实验中学合作，联合推出了《校园•校事》专刊，每月用两个整版集中报道实验中学办学特色、校园新风貌等。

【《花季•雨季》专刊】 《花季•雨季》专

刊，是《今日莱阳》创刊以来最受广大中学生欢迎的专刊，专刊以发表中学生习作为主，全年共编发中学生习作百余篇。

【《小记者》专刊】 1月1日至12月31日，《今日莱阳》与顺德盛集团联合推出了《小记者》专刊，全年共组织小记者实践活动10余次，刊发小记者习作百余篇。

《今日莱州》

【概况】 《今日莱州》，《烟台晚报》地方版，2008年8月29日创刊，4开8版，（周四16版），每周周一至周五出版。编辑部下设：总编室、新闻部、教育培训部、广告部、客户服务部、广告部和发行部。主要版面：《要闻》、《综合》、《民生》、《社会》、《今日关注》、《资讯》等，另有《东莱今古》、《副刊＊云峰山下》、《教育》、《爱家》、《爱车》、《时尚》、《健康》、《旅游》等周末专版。

2011年，《今日莱州》坚持创新和完善相结合，突出地方特色，突出莱州经济社会发展的主旋律，关注前沿，倾听民生，反映民意，服务大众，不断推出新版面、新栏目，影响力不断扩大，成为莱州市委、市政府关心和支持，广大市民喜爱的地方主流媒体。

重要报道

【“新春走基层”专题报道】 2月9日至2月28日，《今日莱州》在第三版推出新春走基层系列报道，记者走进农村、社区、厂矿企业等基层一线，来到城港路街道大朱石村、程郭镇清明沟村等地方，倾听百姓心声，发现农村新变化，先后刊发稿件11篇。

【“3•15”维权直通车】 2月21日至3月18日，《今日莱州》在第四版推出维权直通车系列报道，先后刊发稿件19篇，对家电投诉、美容被忽悠等相关问题进行了解析，进一步提高了消费者维权的意识。

【“二十四孝贤风采”系列报道】 2月19日至6月7日，《今日莱州》在第五版推出“二十四孝贤风采”系列报道，先后刊发稿件24篇，对任柏丽、王金美、栾秀欣等感人的事迹进行了报道，用百姓身边的人和事阐释了中华民族“孝、贤”的精神。

【“蓝黄经济看镇街”系列报道】 借力黄三角高效生态经济区和半岛蓝色经济区两大国家战略，作为蓝黄经济融合的桥头堡，莱州面对新的发展机遇有何新思路、新举措，9月2日，《今日莱州》在第三版推出“蓝黄经济看镇街”系列报道，从镇街及实体经济入手较为详尽的反映了各层面解放思想、抢抓机遇的态势，营造了自我加压、比学赶超的舆论氛围。

【“走基层、转作风、改文风”系列报道】 11月1日至11月25日，《今日莱州》在第三版推出“走基层、转作风、改文风”系列报道，先后刊发《值班民警睡觉从来不脱警服》、《白衣天使的一天》

等稿件17篇，对石材废弃物综合利用、农业合作社为农民架起致富桥梁等相关问题进行了报道，切身体验值班民警、医护人员、路灯管理维修工作人员的工作，并对全市粮食涨价农资暴涨、海参丰收、玫瑰苗闯市场等问题进行了报道。

【“记者徒步走王河”系列报道】　11月10日至11月29日，《今日莱州》在第五版推出“记者徒步走王河”系列报道10篇，对王河源头的水质情况、王河河道成农田的情况进行了报道，并通过在赵家水库捡垃圾等活动，向周边百姓宣传关爱环境、保护王河。

【“老手艺”系列报道】　12月7日，《今日莱州》在第六版推出“老手艺”系列报道，采访身边的修鞋匠、锔匠、缝纫机修理师等手艺人，品读他们生活的酸甜苦辣。

【《今日莱州》记者进社区】　11月4日至11月10日，《今日莱州》举办记者进社区活动，携手律师事务所、培训学校、银行与医院工作人员，走进了东小区、教育路小区、鼓楼街社区等，与社区居民面对面交流，倾听市民心声，反映社区亮点，帮助解决难题，并现场推出订报送大礼活动。

【《今日莱州》年终盘点特刊】　12月13日至12月15日，《今日莱州》推出年终盘点特刊，包括感动、亲历、成长、活力、牵挂等专题，对月季花节、石材节、第一节亚洲大学生沙滩排球锦标赛等一年的新闻进行总结盘点，记录城市变化，文明变迁，可敬的人，温暖的事情。

活动策划

【寄送报纸活动】2011年1月，根据莱州市人事部门的信息，《今日莱州》联系部分在省内外工作的莱州籍知名人士，每周向他们寄送《今日莱州》并进行电话回访，征求他们的意见和建议，在家乡与游子之间开启了情感与信息交流的直通车。

【“小记者在行动”系列活动】　3月5日，《今日莱州》组织300多名小记者走上街头，与环卫工人、青年志愿者一起践行“学雷锋”。小记者走上街头向过往市民宣传城市清洁靠大家的倡议，并自带工具与环卫工人一起清理花坛和路边的杂物。5月14日，组织小记者到张裕酒文化博物馆、南山公园参观游览。8月8日至12日，组织小记者开展了5天的夏令营活动，12月11日，在百都大酒店举办了“小记者嘉年华”，给孩子们提供了展示才艺、相互学习、增进友谊的良好平台。

【“驴友群”活动】　4月3日、8月7日，《今日莱州•旅游版》组织“驴友”游招远罗山和牟平昆嵛山活动；9月18日组织发行部70名员工到平度茶山进行了登山健身活动。

特色版面（专栏）

【《今日关注》专版】　《今日莱州》对

本地的“焦点”、“难点”、“热点”话题进行客观报道的专版，不定期刊发。2011年，先后刊发《让莱州‘石路’越走越宽》、《3•15天天坚持更靠谱》、《“蓝黄战略中的莱州机会》、《莱州大姜如何谋变？》等20多篇稿件。

【《民生搭档》专栏】　在《今日莱州》第四版推出《民生搭档》专栏，及时报道发生在老百姓身边的事情，呼吁、帮办涉及市民切身利益的问题。如“燃气费交了八个月没见到气”、“上游污水横流，下游百姓遭殃”、“暖气漏水楼道成了水帘洞，阳光公寓居民直喊冷”等报道，都促使问题得到及时、圆满的解决。

【《道德莱州•风采》专版】　6月22日至11月24日，《今日莱州》在第五版推出《道德莱州•风采》专版，以莱州年度“二十四孝贤”和“十佳爱心人物”评选为主线，先后刊发《一心一意为百姓做事的朱家村两委班子》、《描摹城市文明足迹的环卫工》、《守护病瘫妻子十六年如一日的好男人王景芳》、《月季城‘更夫’—民警谭建刚》等40多篇稿件。

【《东莱今古》专版】　《今日莱州》开设的地域文化专版，致力挖掘和传播莱州厚重的历史文化，展示丰富多彩的乡土特色，讲述当地的朝政沿革和名人轶事，2011年，先后开设“莱州地名趣话”、“莱州名人轶事”、“神奇的莱州面塑”等系列栏目，刊发《明朝掖县半朝官》等20多篇关于莱州历史的采访报道。2011年，在专版中又增加了收藏栏目，11月6日“马褂，明代殿试作弊物品”的图文报道，被新浪、搜狐、人民网等多家媒体转载。

《今日海阳》

【概况】　《今日海阳》，《烟台晚报》地方版，4开8版，周五刊，8版，每周一至周五出版，单彩印刷。编辑部下设：总编室、新闻部、广告部、发行部等机构。主要有《要闻》、《综合》、《社会》、《民生》、《聚焦》、《解读》、《文学苑》、《翰墨香》、《车界》、《房产》、《小记者》、《健康》、《美食》、《工商》、《交通》、《公安》等20多个版面。

2011年，《今日海阳》坚持正确的舆论导向，紧密围绕海阳市委、市政府的中心工作，围绕即将于2012年在海阳召开的第三届亚洲沙滩运动会及百姓关心的热点和焦点问题，加强了选题策划及报道，赢得了海阳市委书记王玉波同志“历经一载风雪霜 为党为民谱华章”的高度赞誉。

重要报道（评论）

【“党旗飘扬”专题报道】　6月9日至7月11日，《今日海阳》在2版推出“党旗飘扬”专题报道，先后刊发《固本强基筑保垒 服务大局惠民生》、《为党旗添光彩 为学子铺坦途》等稿件十余篇。

【“魅力海阳•拥抱亚沙”专刊】 6月16日晚，第三届亚沙会邀请函发送暨倒计时一周年启动仪式在海阳市国际会议中心广场隆重举行。6月17日，《今日海阳》推出“魅力海阳•拥抱亚沙”专刊。专刊共16个版，刊发了《魅力海阳 喜迎亚沙》、《亚沙会倒计时纪念邮品首发》等与亚沙相关的新闻稿件。

活动策划

【2010年度“十佳通讯员”评选】 1月28日，《今日海阳》从2010年度优秀通讯员中评选出“十佳通讯员”，并进行了表彰。

【《今日海阳新闻网》（www.jrhy.cc）开通】 2月1日，《今日海阳》借助集团强大的网络平台，适时推出《今日海阳新闻网》，在一定程度上弥补了没有报纸电子版的缺陷，赢得了部分网络读者。

【“最美海阳”系列大赛】 2月10日至3月30日，为全面展示海阳市撤县设市15年来的发展历程及取得的辉煌成就，同时庆祝《今日海阳》创刊1周年，《今日海阳》联合海阳市委宣传部共同主办了“最美海阳——海阳撤县设市15周年暨《今日海阳》创刊1周年书画、摄影及征文大赛”，得到社会各界朋友的踊跃参与，共收到各类作品近600余幅（篇），最后评出获奖作品128幅（篇）。

【海阳“最”楼盘评选】 4月1日至4月28日，《今日海阳》启动了“2011年度‘最’楼盘”评选活动，得到了本地房产企业的积极参与，有十余家房地产企业报名参与，最终评选出五家楼盘。

【《今日海阳》创刊周年庆典】 4月29日晚，《今日海阳》创刊一周年庆典活动在海怡大酒店隆重举行。庆祝活动充分展示出了《今日海阳》“服务中心、贴近民生”的办报理念和报纸一年来在宣传海阳经济社会文化发展取得的丰硕成果。

【海阳手机报正式运营】 3月份，由集团牵头打造的《今日海阳手机报》正式上线运营，为海阳市民百姓提供了贴身、周到的信息服务。

【第二届《今日海阳》读者节】 10月15日，第二届《今日海阳》读者节在新元广场盛装启幕，编辑部全体编辑记者与现场读者市民面对面交流，倾听读者心声。

【首届小记者才艺评比】 11月18日至12月31日，《今日海阳》编辑部举办以“迎亚沙，展风采”为主题的“首届《今日海阳》小记者才艺评比”，共征集小记者作品近三百幅（篇），最终选出获奖作品近一百幅（篇）。

特色版面（专栏）

【“情感”版】 3月29日，为丰富版面内容，提高报纸可读性，拉近与读者间的距离，《今日海阳》副刊版推出了“招虎山下•情感”，全年编发十余个版。

【“小记者•活动/原创”专版】 5月13日至12月31日，《今日海阳》推出“小记者•活动/原创”专版，全年共编发专版三十余个。在刊登稿件的基础上，还增加了“编辑的话”，指出稿件存在的问题及优点，受到小记者及家长们的欢迎。

【“携手办亚沙•文明伴我行”专版】 9月2日至12月31日，《今日海阳》适时推出“携手办亚沙•文明伴我行”专版10余期，专版表扬先进，及时指出问题，得到了海阳市相关领导的肯定。

【“天南地北海阳人”专版】 7月28日，《今日海阳》以“关注他乡游子，传播海阳发展”为主题，推出《天南地北海阳人》大型系列采访活动。至12月31日，共刊发了《赤子海江 矢志长城》、《将军天启 情系海洋》等29期。此次采访活动架起了《今日海阳》编辑部与海阳籍在外游子相互沟通的桥梁，提高了《今日海阳》的影响力和美誉度。

《今日芝罘》

【概况】 《今日芝罘》，《烟台晚报》与芝罘区委宣传部合办的《烟台晚报》地方版，2010年12月20日创刊，周五刊，4开4版，彩色印刷。版面设置：一版：重要新闻。二版：时政新闻；三版：社区新闻，四版：话吧。

系列报道

【“领个孩子回家过年”系列报道】 1月初，晚报和芝罘区文明办、福利院等单位，联合主办了“2011年，为爱安个家”活动，芝罘区热心市民可以领个福利院的孩子回家过大年。1月11日至2月10日，《今日芝罘》专刊以《领个孩子回家过年！》为题，推出《2011年，为爱安个家》等8篇连续报道，得到市民的热心响应，40多个福利院的孩子被认领回家过年。

【“激情创首善 实干抓开局”系列报道】 3月25日至6月30日，《今日芝罘》在1版推出“激情创首善 实干抓开局”系列报道。年初，芝罘区党政考察团来到江苏考察，《今日芝罘》开设“走苏南、看苏北”专栏，刊发芝罘区各部门考察后的工作和部署。该系列报道有效推进了各个部门2011年的工作进程，得到了部门的支持。

【“骑行春光——寻找最美芝罘湾”系列报道】 4月19日至8月17日，《今日芝罘》在3版推出“骑行春光——寻找最美芝罘湾”系列报道，先后刊发《春天里，一起骑行芝罘湾》、《首日20余名骑友入队报名活动正在进行》、《寻找“最美芝罘湾”骑行环保又“风光”》、《“最美”到底在哪儿？摄影征文比赛开始！》等稿件8篇。该系列报道吸引了都市中喜欢健身骑行一族，并引导市民找寻、体验、欣赏芝罘海湾的美丽，更加热爱自己的家乡，同时也加深了读者对晚报的印象。

【“关注胜利区片改造”系列报道】 胜利区片改造是全市2011年城市建设的重点项目。自8月18日胜利区片改造启动设立至年底，《今日芝罘》在头版设立专栏“关注胜利区片改造”，连续刊发了《忘记带“房改大表”办理审签要多跑腿 委托办理征收事宜四类手续各不相同 胜利居民请带齐手续签协议》、《胜利区片征收创“史上最快”速度——9天，58%交房》、《154户居民选择异地安置》等稿件40余篇。

该栏目将胜利区片动态情况展现出来，用事例和政策说事，为居民摆事实，讲道理，让他们了解本次拆迁与以往的区别。同时，随时跟进拆迁指挥部的政策动向、搬迁进展。拆迁指挥部的声音最先从该栏目传达，胜利区片居民最先从本栏目了解信息，该栏目得到政府部门和市民双方的关注认可，加快了胜利区片拆迁的进度，受到好评。

【情暖“半路夫妻 生命奇迹”系列报道】 11月1日到11月22日，《今日芝罘》在3版推出情暖“半路夫妻 生命奇迹”系列报道，先后刊发《报纸报道了他俩感人至深的半路夫妻情，他俩却因为家贫看不到报纸……传递感动，读者为患难夫妻订晚报》、《半路夫妻演绎人间大爱 爱心市民纷纷携手相助》、《这座城市很温暖》、《省台记者慕名来访》等稿件8篇。该系列报道弘扬了人间真情，树立了好人的典型，让人们在日渐冷漠、缺失信任的现在重新找回爱的信心，重新体会爱的温暖和美好，同时，也吸引了大批有爱心的读者，甚至吸引了山东教育电视台的关注。

【“《爱心书接力》送图书”系列报道】 6月13日到7月4日，《今日芝罘》 在3版推出11期“《爱心书接力》送图书”系列报道。在毓璜顶公园搭建送书台，将爱心书接力活动募捐来的5000多本书回报社会，送给需要它们的市民。送书活动计划9点开始，但上百名市民早早来到公园等待，10点左右，爱心书已经基本被挑光，一些来晚的市民深表遗憾，希望报纸多策划类似的公益活动。

【“为市民圆梦”系列报道】 3月1日至5月30日，《今日芝罘》在4版推出大型圆梦系列，先后刊发《“春天圆梦”行动启动》、《有梦最美，希望相随！你的梦，我们帮你圆 “春天圆梦”关注如潮》、《让梦想在春天起飞 “春天圆梦“行动1——媛媛终圆“舞蹈梦”》等稿件12篇，为近50位读者圆了梦。

特色专刊（专栏）

【《微博@微播》专栏】 7月20日开始，《今日芝罘》邀请读者一起“织围脖”，微观芝罘区的大事小情，定名为《围观 微博@微播》。每周定期推出，到年底共刊发近200期，成为今日芝罘的特色栏目，在10月12日“寻找最美粉笔字”活动中抢先出击，为晚报赢得报道先机。

【《彩云在社区之开心农场》专栏】 8月13日至11月15日，《今日芝罘》在2版推出《彩云在社区之开心农场》专栏10期，刊发了《浇菜屯雨水施肥捡海星 阳台种菜招真不少》、《种菜达人还兼职环保达人》、《你是“种菜达人”？我们在找你！》等稿件。专栏迎合了都市一族的田园梦想，吸引了大批读者参与，8月26日，编辑部举办了首期种菜讲座。特邀本报此前报道过的“闹市种菜翁”宋绍庆先生和“菜农人家”王伟先生与市民面对面，现场为市民“恶补”居家种菜基本常识。除了教给市民种植蔬菜的小窍门，“种菜翁”宋绍庆还携带他的无土栽培蔬菜和花卉样品，向广大市民展示。11月15日，应读者的要求，《今日芝罘》开设“晚报菜园俱乐部”。

【《社区情桥》专栏】 《今日芝罘》创刊开始，即在4版开设《社区情桥》栏目，目前已经举办过五场大型相亲会，其中有三场是专为大龄青年举办的相亲会，收到了很好的效果，得到广大青年读者的广泛好评。

【《精彩短论》专栏】 6月28日，《今日芝罘》在4版推出《精彩短论》专栏，每日一期，因短小精焊、寓意深刻，启发性极强受到读者的关注和好评，全年共编发180余期。

【《旧物换换乐》专栏】 2011年2月18日至12月31日，《今日芝罘》在4版开设《旧物换换乐》专栏，刊登读者旧物需求信息。《旧物换换乐》专栏编辑每周日上午走进一个社区或办事处举办一场现场活动，其间在白石村办事处、凤凰台办事处、开元新村、东方巴黎小区、进德社区、新世界广场小区等共20余场所举办活动。参加过旧物换换乐的读者有十几万人，累计换物达上万件，有力地倡导了环保、物尽其用的生活理念，已经得到广大读者的认可和好评。

《阅读文摘》

【概况】 《阅读文摘》，烟台日报传媒集团主管主办的大众文化类文摘期刊（原名《资料萃荟》），1970年1月创刊。半月刊，正16开，80页码。曾荣获“华东地区优秀期刊奖”等多个国家级奖项。

《阅读文摘》杂志始终坚持“贴近性、可读性、趣味性，实用性”的办刊方针，全力为社会上具有较高的思想品位、有着丰富的人生阅历、且拥有一定财富基础的中年社会精英阶层，打造一顿丰盛的文化大餐。由于长期以来一直坚持“贴近生活，贴近市民，贴近市场”的宗旨，因而在烟台和威海两地拥有广泛而稳定的读者群，成为烟台地区发行量大、覆盖面广、传阅率高、广告关注度高以及颇具影响力和公信力的综合性文摘类杂志。

2011年，《阅读文摘》杂志立足烟台13个县市区和威海市的部分地区发行，期发行量超过5万册，读者群多以烟台市各级党政机关、企事业单位领导、白领阶层、知识分子、成功人士、上班族为主，年龄在30～65岁之间。

【杂志内容】　2011年，除了设有10多个常规栏目之外，《阅读文摘》根据读者的要求和不断变化的阅读环境，增加新的栏目。新增的栏目有《成长》、《品味》和《其他》。《成长》栏目主要选摘有关子女教育的优秀稿件，试图引导社会树立正确的教育子女的观念。而《品味》栏目则是考虑到杂志服务于中年成功男士的定位，选编一些旨在提高职场男士品味的稿件。

【建立健全各项规章制度】　2011年，《阅读文摘》编辑部制定了全新的《阅读文摘编辑大纲》、《阅读文摘差错管理细则》、《阅读文摘考核指标细化规章》等文件，将杂志的编辑流程进一步固定化、程序化、科学化，减少了编辑工作的随意性。

【杂志零售】　由于这两年营销环节的新旧员工变动，造成了杂志的零售工作出现了断档，导致《阅读文摘》从市区的一些报摊上消失。针对这个薄弱环节，编辑部努力理顺体制，在短时间内使得杂志在市区报摊上得到了局部的恢复。同时狠抓“大客户”的营销工作，靠大客户来带动发行和广告的增加。2011年，编辑部发动各个方面的力量，靠上去做工作，增加了大客户的数量，仅中国农业银行烟台支行一家就订出了8000份杂志，实现了杂志发行和广告的双丰收。

《37°女人》

【概况】　《37°女人》，烟台日报传媒集团主管、主办的女性生活类杂志，创刊于2005年10月，月刊，大16开，72页码。以“让爱温暖世界”为宗旨，致力发现和传播生活中的爱、温暖和感动。截止2011年底，单期发行量近80万册，跻身国内女性期刊第一方阵。2011年，《37°女人》被评为山东省优秀期刊。

【杂志内容】　《37°女人》坚持“优中选精”的原则，每期精心编辑的70余篇稿件，都是从600余份报刊中精选而来。《37°女人》设《女人情》、《女人事》、《女人心》、《女人身》四个版块，传递人间感动，感悟人生智慧，演绎时尚生活，为读者的爱情、婚姻、生活、工作提供咨询和指导。

【发行】　《37°女人》创刊6年，发展迅猛，创刊6年多来已然跻身国内女性期刊第一方阵。2011年在全国期刊零售市场普遍下滑的逆境中，调整思路，全力与山东、广东、安徽、河北、江苏、内蒙古等省区邮零合作，保证了零售总量的基本平稳。杂志订阅创新营销模式，着重形象期刊的营销推广，取得显著成效，连续第五次入围中国邮政畅销报刊重点突破23个品种之一。2011年订阅总量增长67%，增长率、增量均居全国重点期刊品种第6位。

《优格》

【概况】 烟台日报传媒集团主管主办的现代女性时尚阅读杂志，2009年5月创刊，大16开，120页码，全彩印刷。“优格”是指优雅、有格调。英文yoghurt指乳酪的意思。“由内而外，快乐美丽”，是《优格》倡导的女性生活主义。《优格》致力于将阅读和时尚有机结合，打造内心充盈、富于感情、热爱生活、关注社会、追求美丽的时尚女性。

【杂志内容】 “内外兼修”是《优格》奉献给读者的精华所在，通过“世情/社会”“人生/职场”“生活/文化”“美丽/健康”四个板块，《优格》用温情与感动吸引读者，与现代女性一起分享成功心得、品味多彩人生，并通过实用性与指导性兼具的潮流展现，塑造美丽女性。

【发行】 《优格》发行地区覆盖全国31个省市区，发展态势良好，单期发行量稳定在20万册以上。

黄海数字出版社

【概况】 黄海数字出版社是国家新闻出版总署批准成立的专业出版机构，由烟台日报传媒集团主管、主办。其出版范围包括社会科学、科学技术、文学艺术、教育和文化类等，并获批互联网图书、互联网报纸、互联网杂志、手机出版物的互联网出版权以及增值电信业务经营许可资质。出版社内设机构：办公室、总编室、编辑部、策划出版部、数字出版事业部、市场与电子商务事业部、悠活杂志社。2011年，《诗祭——“汶川作证 中华不倒”诗歌朗诵会》（DVD）荣获“山东省新闻出版奖”。

【传统出版】 2011年，黄海数字出版社结合自身的特点，加大与政府相关部门和企业的合作力度，挖掘了美术博物馆、烟台市博物馆、电力系统、万华集团、玲珑轮胎、吉斯集团等大客户。随着出版作品质量的不断提升，相继出版了《红色力量》、《丰碑》、《莱阳梨新发现》、《烟台港150年纪事》、《烟台导游词》、《莱州历史大观》等130多部作品。

【数字出版】 数字出版的核心在于互联网的发展，黄海数字出版社依托黄海数字网，加大研发力度，开发出面向不同对象的“游学园”教育互动平台、“寒烟书舍”原创文学基地、“黄海考试”等新的专业内容交互平台并成功上线。

【悠活卡】黄海数字出版社与悠活网联合发行悠活会员专享消费积分卡，通过消费积分打造的“交互式消费综合服务平台”，搭建出最为实用的城市消费门户。同时，在与服务商家结算方面，也首度融合金融POS，最大程度解决了诚信交易、结算等问题。线下联盟商家、线上网络商城、大众消费会员以及代理经销商均可通过“悠活卡”完美地链接在一起，实现了相互支持，互惠共赢。

【企业竞争情报分析系统】　黄海数字出版社成功引进企业竞争情报分析系统。该系统可以帮助企业在互联网时代更加精准地掌握行业市场和竞争对手的关键信息，如市场活动、广告发布、销售策略等，探知行业动态、政策信息等，保证信息的及时性、准确性、全面性，为企业取得竞争优势提供了强有力的信息支持和情报保障，成为企业在经营战略和竞争决策过程中的“总参谋部”。

【庆典活动】　11月30日，黄海数字出版社成立五周年暨黄海数字网新版上线庆典活动在烟台市东山宾馆举办，市政协、市文广新局、市文联、作协、美协、书协主要领导以及资深教育专家、企业界精英、同行、学者、作家代表等200余人出席庆典。

教育培训部

【概况】　2008年4月3日成立，主要承办由烟台市委组织部和清华大学主办的烟台创新成长型企业管理人才培养工程(简称515工程)及其它培训项目,计划用5年时间,帮助100户骨干企业建立自主培训体系,组织500名高中层管理人员接受清华大学高级工商管理课培训。2011年，在承办好“515工程”的前提下，还开办“公文与新闻写作培训班”2期、“魅力女性研修班”2期。

【第十一届清华名家讲坛暨清华大学企业家工商管理课程高级研修班4期开班仪式】1月21日，教育培训部在烟台市芝罘区法院一层会议厅举办第十一届清华名家讲坛暨清华大学企业家工商管理课程高级研修班4期开班仪式。烟台市委组织部、清华大学继续教育学院、清华大学继续教育学院企业远程培训中心、烟台市委组织部干部教育工作领导小组领导，“515”工程会员企业董事长、总经理，“515”工程主办、承办单位负责人，清华大学烟台企业家工商管理课程高级研修班1～4期学员参加了学习，崔国文教授讲座《易经与领导智慧》。

【清华大学烟台企业家工商管理课程高级研修班学员新春联谊会】　2月13日，教育培训部在烟台滨海假日酒店举办清华大学烟台企业家工商管理课程高级研修班学员联谊会，市委组织部、烟台日报传媒集团、市委组织部干部教育工作领导小组等单位负责人，清华大学烟台研修班学员参加了活动。

【清华大学烟台企业家工商管理课程高级研修班3期学员结业学习暨结业典礼】　3月18日～20日，清华大学烟台企业家工商管理课程高级研修班3期学员赴北京清华大学结业学习。清华大学继续教育学院、烟台市委组织部、清华大学继续教育学院企业远程培训中心、烟台市委组织部干部教育工作领导小组等单位负责人，清华大学烟台企业家工商管理课程高级研修班3期学员参加了学习活动。学员先后听取《突发事件与企业应对》、《清华文化与精神》、《创新管理》、《中国宏观经济形势》、《领导者语言表达艺术》等讲座。3月20日晚举行结业典礼。

【烟台日报传媒集团新闻与公文写作培训班】 5月18～20日，教育培训部在烟台瑞峰苑宾馆会议室举办了新闻与公文写作培训班，各企事业单位文秘、办公室人员及企业宣传员150余人参加了培训。

【清华烟台研修班学员户外拓展训练暨联谊】 4月23日，教育培训部组织清华大学烟台企业家工商管理课程高级研修班4期学员在现代人养马岛培训基地进行了户外拓展训练，晚上举行学员联谊活动。

【第十二届清华名家讲坛】 5月14日，教育培训部在烟台市芝罘区法院会议厅举办第十二届清华名家讲坛。烟台市委组织部、烟台市委组织部干部教育工作领导小组等单位负责人，“515”工程会员企业董事长、总经理，“515”工程主办、承办单位负责人，清华大学烟台企业家工商管理课程高级研修班1至4期学员及购票听课的社会各界人士听取了讲座。

【魅力女性研修班2期开班】 8月27日，教育培训部在烟台毓璜顶宾馆会议室举办了魅力女性研修班2期开班仪式，心理学专家马春霞讲座《关注心理健康成就职场生涯》，市女企业家、企事业单位的女性高级管理50余人员参加了学习。

【第十三届清华名家讲坛】 10月16日，教育培训部在烟台市芝罘区法院会议厅举办了第十三届清华名家讲坛，著名营销专家路长全讲座《切割营销》。烟台市委组织部干部教育工作领导小组成员，“515”工程会员企业董事长、总经理，“515”工程主办、承办单位负责人，清华大学烟台企业家工商管理课程高级研修班1至4期学员及购票听课的社会各界人士参加了学习。

【515工程项目全面实施】 “清华——烟台创新人才培养515工程”自交由烟台日报传媒集团教育培训部承办实施以来，各项目开展顺利，截止2011年12月31日，成功举办了十三届清华名家讲坛，举办了两期“烟台企业家进清华”大型公开课；开办了4期清华大学烟台企业家工商管理课程高级研修班，共招收学员371名；服务并开发清华大学远程企业学堂用户70家，使清华远程企业学堂真正成为烟台企业的“网络大学”。“515工程”项目的宣传推广在烟台市社会各界人士中引起了关注和响应，受到企业家的好评，得到市委组织部领导的肯定。

【拓展空间稳步发展】 在做好“515工程”项目的基础上，教育培训部利用已有的品牌资源、专家资源、学员资源开发尝试新的项目，开办“新闻与公文写作培训班”和“魅力女性高级研修班”，得到学员和社会各界人士的好评。

艺术品开发部

【概况】 艺术品开发部，负责集团所属日报、晚报、晨报《艺术专刊》编辑及艺术品开发的单位，列事业部编制。编制4人，设主任1人，编采人员3人。

为整合书画艺术（含收藏）类报道资源，规范集团所属日报、晚报、晨报此类报道，为书画艺术及藏品打造良好平台，6月，集团党委决定，成立艺术品开发部，主要负责编辑三报的《艺术专刊》。《艺术专刊》主要负责各类艺术新闻信息、艺术活动策划、广告发布等。所设《书画》和《收藏》两个专版，《书画》专版主要栏目：《名家访谈》、《艺术沙龙》、《胶东名家》、《创作手记》、《佳作欣赏》、《艺林拾遗》、《书法名山》、《书画常识》、《艺术风向标》等。《收藏》专版主要栏目：《鉴宝台》、《家有珍宝》、《收藏故事》、《收藏宝典》、《胶东文物》、《收藏资讯》等。

2011年，艺术品开发部共编发《艺术专刊》80期，组织举办建党90周年书画摄影展览、艺术大篷车“红色之旅”写生、专家鉴宝等活动，探索搭建艺术交流鉴赏平台、提升集团品牌形象的新路子。

【阳光少年书画英语特训营】 7月16日至25日，由艺术品开发部、幸福海自驾车宿营地共同举办阳光少年特训营第一期，以酷玩酷学为宗旨的书画英语特训营除专业的带队教练外，还请来外教和全市知名书画家全程陪同施教。

【建党90周年书画摄影展览系列活动】 6月30日，由艺术品开发部参与主办的“党在我心中”烟台市大型书法、美术、摄影作品展览分别在烟台美术馆、烟台美术博物馆和群众艺术馆隆重开幕。在本次展览中，全市书法界、美术界和摄影界的艺术家和爱好者们积极响应、精心创作了一大批优秀的艺术作品。其中，书法展览共收到应征作品1000余件，经过精心评选，选出了400余件作品。这些作品主题鲜明，内容丰富，形式多样，特色突出。同期举办的美术展览荟萃了烟台市名家名作，共展出烟台美术家精心创作的180件作品，包括中国画、油画、版画、水彩画等，展现了烟台美术在重大主题创作上的学术特色。

【专家鉴宝活动】 11月26～27日，由《艺术专刊》编辑部和烟台万光古文化城主办，由烟台市宗盛文化交流咨询有限公司承办的“2011烟台市秋季大型鉴宝活动”在万光古玩城举行。文物鉴定机构和文物鉴定专家亲临现场，数百名烟台藏家拿着自己的宝贝走进鉴宝现场，与三位专家面对面请教真假。

【艺术大篷车“红色之旅”写生活动】 11月25日至12月5日，由烟台日报传媒集团艺术品开发部、烟台鼎丰生态园、烟台现代画院共同主办第八届“艺术大篷车”“红色之旅”写生活动。29位艺术家在10天的时间里，先后参观访问岳麓书院、橘子洲头、凤凰古城、关田山苗寨、韶山毛主席故居、井冈山烈士陵园、黄洋界保卫战发生地及红军营房、庐山周恩来纪念馆、南昌滕王阁、八一起义旧址等地，完成各种彩墨、水墨写生和钢笔速写360余幅。

附:

2011年度新闻作品获奖名单

2011年度山东新闻奖获奖作品篇目

作品题目	类别	等级	作者	编辑	刊发单位
科技奖颁给谁，外省专家说了算	消息	一等奖	集体	栾心国	烟台日报
乡官进城吆喝 农民超市卖菜	消息	三等奖	牟卫平 郑勇军 高伟	谭利明	烟台日报
389万公益创业金难觅创业人	消息	三等奖	杨松涛 夏丹	郭明新	烟台日报
扶起老人，扶起跌倒的爱心	言论	二等奖	程凤	高春宽	烟台日报
和农业专家一起蹲点	通讯	二等奖	姜乾 曹永勋	谭利明	烟台日报
我对这土地爱得深沉！	通讯	三等奖	杨松涛 张晋	栾心国	烟台日报
寒冬下的烟台苹果报告	系列报道	三等奖	刘军 姜乾 权立通 温泉	谭利明	烟台日报
龙口“最美女孩”车流中勇救伤者撞伤一条腿换回一条命	晚报生活类通讯	一等奖	权立通 于翠霞	李松明	烟台晚报
“三峡”人在烟10年	报纸副刊类	三等奖	姜乾	曲宏	烟台日报
记者救人（1-3）	新闻摄影类	二等奖	时立国 申吉忠	滕新书	烟台日报
烟台日报2011-12-05一版	报纸版面类	一等奖		高春宽	烟台日报
烟台日报2011-3-21七版	报纸版面类	三等奖		唐丽霞	烟台日报

2011年度山东省新闻奖专项奖获奖作品篇目

作　品　题目	类别	等级	作者	编辑	刊发单位
考前一小时女生被巨石砸伤脚	晚报生活类消息	二等奖	李珑	李秀文	今晨6点
我想让爱“呼叫转移”	晚报生活类消息	二等奖	杨春娜	张得玲	烟台晚报
农民进超市卖菜书记上阵帮“吆喝”	晚报生活类消息	三等奖	牟卫平 孔小炜 李珑	宋红英	烟台晚报
人性的胜利	晚报生活类言论	三等奖	王晓丹	季润岭	烟台晚报
八旬老人十倍偿还51前的债	晚报生活类通讯	三等奖	杨诗星 韩云全	滕新书	今晨6点
暗访一周，挖出化肥农药造假“一号大案”	晚报生活类通讯	三等奖	杨诗星 纪殿国	刘希恒	今晨6点
500好市民连夜排队鲜血救产妇	晚报生活类通讯	三等奖	李珑	宋红英	烟台晚报
关注“最牛违建”	晚报生活类系列报道	二等奖	仲海 侯召溪	王欣	烟台晚报
访今日台儿庄	报纸副刊	三等奖	王永福	宋沛霖	烟台日报
米雷来袭，满城风雨	摄影	二等奖	中吉忠	孔小炜	烟台晚报
浒苔袭击海阳浴场（1-4）	摄影	三等奖	时立国	赵立群	今晨6点
阅读文摘版式设计	美术作品	二等奖	姜文豪	烟台日报	传媒集团
涨跌•控（漫画）	美术作品	二等奖	姜心		今晨6点
2011.8.11今晨6点T08-09	报纸版面	三等奖	张宁		今晨6点
2011.11.12烟台晚报24版	报纸版面	三等奖	高峰		烟台晚报
爱心驿站	专栏	优秀	王霞	陈刚	烟台日报
继承红色精神 共建和谐烟台——庆祝中国共产党成立90周年	网络新闻专题	一等奖	孙玫清 栾日立 刘家昌 刘春雁 周 霄 王 雪		水母网
烟台民意通	网络新闻专栏	二等奖	田洪涛 李 波	张大明	水母网

网 站

《水母网》

【概况】 《水母网》（www.shm.com.cn）定位为烟台第一城市门户网站，由烟台日报传媒集团主管主办，集团下属烟台星云信息传讯有限公司负责运营，设有新闻、论坛、民意通、房产、汽车、招聘、财经、旅游等频道。《水母网》立足集团丰富的本地新闻资源，充分做足本地新闻，并在国内、国际、娱乐、体育等新闻的策划运作上建立了一套切实可行的运作规程，《百度》等搜索引擎的收录情况一直居于同城媒体的榜首。据权威机构（Alexa）统计，2011年，《水母网》日均IP访问量超过204,000，日均PV浏览量达到459,000。

2011年，《水母网》荣获“2010—2011年度全国地方十强网站”称号，水母网站被推选为中国地市新闻网联盟副理事长单位。《传承红色精神 共建和谐烟台——庆祝中国共产党成立90周年》专题获2011年度山东新闻奖网络新闻专题二等奖、建党九十周年网上宣传报道最佳创意奖；烟台民意通获2011年度山东新闻奖网络新闻作品新闻专栏类二等奖。

【完善新闻编发流程】 在原有新闻编发流程的基础上，根据应对竞争形势的需要，对新闻稿件发布流程和审核机制进行了调整，使编辑各司其职、恪尽职守，责任落实到人，尽最大可能降低新闻风险，保证网站的新闻安全。

【新闻专题与策划】 2011年，《水母网》依托集团的新闻采编力量，有效整合YMG内容资源，做好相关宣传与更新，有力地配合了全市新闻宣传重点。除了日常新闻的发布，精心策划制作了一系列新闻专题，部分专题获市委市政府主要领导的高度评价。2011年，《水母网》策划推出了“纪念辛亥革命100周年”、“纪念烟台开埠150周年”、“传承红色精神，共建和谐烟台”庆祝建党90周年等大型专题，着眼烟台，重温历史，展现烟台今天的建设成就。此外，还推出了“最美女孩”刁娜、“海的女儿山的情”——烟台选调生王媛媛贵州殉职、“患病不忘本职 全心服务村民”大学生村官张广秀等典型人物。同时，全力配合市委和集团的宣传工作，制作了蓝色崛起、“见证温暖的力量”——2009——2010十佳烟台好人评选专题及颁奖典礼直播、走基层转作风改文风等专题。

【完善新闻编辑考核制度】　2011年，《水母网》根据实际运行中出现的情况，对考核制度进行了适度调整，将原有纯粹的点击量考核，向新闻数量、新闻质量方向倾斜，并在考核中加入了新闻风险的权重，使考核更加科学，更加有针对性的指导编辑科学选稿。

【网站社区管理】　2011年，《水母论坛》围绕完善用户体验和线上线下活动结合的方针，论坛建设和活动策划同步进行。对版面进行调整，全面便捷的版式增加了网友粘度，通过开发水母微博等产品，带活论坛、提升人气。论坛四大品牌活动：水母品味团、水母运动汇、水母观影团、水母自驾族同步进行，共策划论坛线上线下活动180余个。水母自驾族成立三个月发展成员400余台车，组织车友线下活动20余个。

【烟台民意通】　2011年，“烟台民意通”被市机关工委列为“万人评机关”评议渠道，无论是在访问量、网民关注度还是部门回复率等方面较以前都有了明显的提高。截止到2011年12月13日，烟台民意通接受网友有效提问22765条，回复率为94%。“烟台民意通”栏目今年新增加24个参与单位，部门总数达到174个。2011年，职能部门和窗口单位走进烟台民意通访谈活动共举办19期。

2011年3月，烟台民意通开始登载宣传烟台市各部门公开承诺，并把此事作为这一个时期的工作重点来抓。与《水母网》首页头条新闻进行互动补充，大篇幅介绍部门改进机关作风优化发展环境的工作进度，连续不断推出30个部门的公开承诺，得到了广大市民的一致好评。

【《水母网》十周年庆典】　1月18日，《水母网》十周年庆典——“我们一起成长”在烟台东上海赋大酒店国际宴会厅举行，市委宣传部副部长陈海涛出席庆典并发表致辞，并与烟台日报传媒集团党委书记、社长、总编辑郑强一起分切象征《水母网》十年历程的生日蛋糕。市委、市政府有关部门的领导、集团领导出席了盛典活动，来自房地产业、汽车业、金融业及其他综合行业的300多位来宾出席庆典。

庆典仪式上，有关人员向与会领导、嘉宾介绍了《水母网》十年发展历程，以及“烟台民意通”、“看房直通车”、“汽车文化节”、“水母看车团”、“水母观影团”、“水母品味团”等品牌活动所取得的人成绩。该盛典活动既是对《水母网》十年所走过的路程的回顾和总结，也是对下一步发展的展望和规划。

《水母网》成立于2000年12月28日，是烟台第一家大型综合门户网站。至2010年12月28日走过了十年的征程，《水母网》已经成长为烟台乃至山东省颇具影响力的城市门户网站。随着烟台日报传媒集团新闻操作流程的完善，《水母网》已成为集团全媒体复合出版系统的前沿，成为大家了解烟台、认知烟台的第一选择。不仅在区域形状上涵盖了烟台，更在新闻感知上包容了这座城市，成为烟台真正意义上的“新闻地图”。随着烟台民意通、烟台楼盘系统等一系列平台先后上线，更满足了网络时代烟台市民的全新需求。

【荣获“全国地方十强新闻网站”】 在8月5日举行的2011第四届中国地市新闻网盟年会上，《水母网》被中国地市新闻网盟评为2010—2011年度“全国地方十强新闻网站”。该奖项是此次年会依据网站品牌影响力、网站流量、内容建设、运营管理、经营创收等指标，评选出了“全国地方十强新闻网站”、“全国地方十大品牌网站”等奖项。本次年会上，《水母网》还同其他12家新闻网站当选中国地市新闻网盟副理事长单位。

《中国酒业新闻网》

【概况】 《中国酒业新闻网》（www.cnwinenews.com）是依托中国酒类行业唯一一份公开发行的报纸——《华夏酒报》广泛的采编资源和遍及全国各地的记者，以“评述市场热点、解析行业政策、提供服务信息、引导消费潮流”为宗旨的中国酒业门户网站。自2002年创办以来，《中国酒业新闻网》秉承《华夏酒报》“权威、专业、公信力”的品牌内涵，本着“一切为了酒行业”的服务理念，迅速发展为中国酒类行业的权威信息交流平台，成为广大读者了解酒行业的一个重要窗口，得到业界读者的广泛好评。

2011年初，《中国酒业新闻网》再次全新改版，有效整合《华夏酒报》的新闻资源，与报纸形成有机的、深度的互动，拓展《华夏酒报》新闻传播空间，提升《华夏酒报》的品牌影响力，同时大大提高了网站的浏览量。截至2011年底，《中国酒业新闻网》的PR值为6，网站独立IP日点击量达到22,200，PV日浏览量达到199,800，在行业内外影响力大幅度提高。2011年1月4日，《中国酒业新闻网》刊登的关于陈年茅台拍卖的新闻网页被中央电视台新闻1+1节目所引用。

【栏目建设】 2011年，根据发展要求，《中国酒业新闻网》不断推出新栏目。中文网站推出《2011美酒飘香迎新春》、《2011两会特别报道》、《中国酿酒工业协会第四届理事会第三次（扩大）会议》、《解读原酒四大谜题》、《2011广州国际名酒展》、《入世十年中国酒业回望》、《幸福2011》、《2011酒业风云》、《2011中国（首届）啤酒高峰论坛》、《2011成都春季糖酒会》、《2011沈阳秋季全国糖酒会》、《2011中国酒业年度汉字评选》、《2011中国酒业大会暨“金樽奖”年度颁奖盛典》等专题，同时对现有栏目《经销商》、《专家专栏》等专题进行优化。

【技术改进】 2011年，《中国酒业新闻网》再次进行局部改版，扩充了广告位与新闻量，使首页更具商业性；根据用户需要，再次升级了信息发布系统、数字发行系统、评报系统、考核系统、搜索系统、分类信息系统、图库系统、数据群发系统等。

【数字发行】 《中国酒业新闻网》于2008年底开通电子版和数字报的付费阅读系统，成为烟台日报集团第一家实行电子版网上有偿阅读的报纸。2011年数字报系统进行改版，通过技术改进实现每期数字报纸的半公开，吸引读者付费阅读。

【数据库建设】 2011年，《中国酒业新闻网》继续加大数据库建设工作，全年新增数据3212条，对已有数据库邮件群发系统进行升级，使之支持手机短信息群发。

【英文频道】 2011年，《中国酒业新闻网》英文频道不断趋于完善的同时，增强了国外酒商对《华夏酒报》及中国酒业新闻网的权威性、专业性及公信力的认识，进而引导市场消费，建立独特的酒文化影响氛围，并通过广泛联络和沟通，为国内外酒行业提供更多国际合作机会。2011年，英文频道继续立足于帮助国外酒业人士了解中国酒市以及销售其产品，为其提供有针对性、时效性、准确性、全面性、代表性的信息。主打栏目“中国市场服务”对于外商想了解的有关中国市场情况进行及时解答，受到了读者的广泛关注。此外，还针对性地推出新的主题和市场关注，对读者关心的稿件形成专题系列，如“2010年份波尔多期酒”、“姚明葡萄酒”等，提高网站在受众之中的影响力。增加了CH'NG Poh Tiong、Liz Palmer等名家专栏，这些作者尤以写中国市场及葡萄酒与中国菜搭配的稿件见长，增加了网站的人气。

《黄海出版网》

【黄海数字网】 黄海数字网（www.huanghaidigital.com）是黄海数字出版社官方网站，2011年11月30日成功改版上线，下设《数字图书》、《在线试听》、《寒烟书舍》、《数字报刊》、《游学园》、《黄海考试》、《黄海论坛》、《悠活烟台》8个频道。网站涵盖电子图书阅读、原创文学交流、教育教学、时尚生活等多方面的内容，其中的《寒烟书舍》频道是胶东地区首家大型交流互动式原创文学基地。

控股公司

烟台报捷新闻印刷有限公司

【概况】　烟台报捷印刷有限公司是烟台日报传媒集团直属全资子公司，主要从事报刊印刷、包装印刷和画册、书画印刷，以及个性化印刷，同时承接印刷设计、广告设计业务。公司现有职工230多人，其中，中、高级印刷工80多人，机长20多人。公司占地面积110亩，其中建筑面积5万多平米；拥有印前、印刷、印后装订等各种先进设备，固定资产8481万元。2011年，公司实现营业收入9799万元、利润605万元。全年印刷用纸总量14204吨，黑白印刷26.44万令，彩色印刷148.51万色令，装订9.58万令。

2011年，公司承印的《烟台日报》、《烟台晚报》、《淄博声屏报》、《潍坊广播电视报》、《威海广播电视报》被山东省报业协会评为精品报，《华夏酒报》被评为优质报，一款海产品包装盒被山东省包装印刷工业协会评为全省包装印刷产品银奖，代印的《人民日报》、《经济日报》、《参考消息》在每月的全国报纸印刷质量评比中名列前茅，受到多家报社好评。

【机构】　公司下设：办公室、市场部、报印部、商印部、采购保障部、物业部等六个职能部室。办公室负责文秘、人力资源管理、客人接待、会务安排、职工文体活动组织、职工福利发放、部门工作协调等工作；市场部负责印刷市场业务承揽、客户接待、印活安排、印活送货、印刷费回收、质量检查监督、数码印刷、印刷设计等工作；报印部负责报纸、书刊印刷等工作；商印部负责商业印刷、包装印刷、书刊装订等工作；采购保障部负责印刷设备和印刷物资采购、印刷设备维护、印刷物资保管等工作；物业部负责公司厂区、办公区卫生保洁、环境绿化、安全保卫、配电管理、锅炉维护、职工宿舍和食堂管理以及公司各种建筑物维修等工作。

【管理体系】　公司管理体系分为决策领导层和管理层两个层次：决策领导层为公司总经理办公会，总经理、副总经理为办公会成员，对公司重大经营活动进行决策，并负责领导管理公司经营工作。公司总经理为公司法定代表，对公司经营管理工作负总责；副总经理设商印副总经理、物业副总经理、采购副总经理三个职位，分别分管市场、报印、商印、采购保障、物业管理，副总经理对公司总经理负责，各自做好自己所分管的工作。管理层为公司办公室、市场部、报印部、商印部、采购保障部、物业部等六部室主任、部长及其副职，他们对公司分管副总经理负责，各自负责自己所属部室的管理工作。公司所属的报盛商贸公司、报盛资讯公司以及印刷学校等单位负责人，亦对分管副总经理负责，各自负责所属公司、学校日常管理工作。

【报刊图书印刷】　公司报印部负责报纸书刊印刷，一直承印《烟台日报》、《烟台晚报》、《今晨6点》和《人民日报》、《经济日报》、《大众日报》、《参考消息》以及《潍坊广播电视报》、《淄博声屏报》等。近年来，又承印《今日蓬莱》、《今日龙口》、《今日莱州》、《今日招远》、《今日莱阳》、《今日海阳》、《今日芝罘》等县市区报。承印的刊物有《支部生活》、《党员干部之友》、《阅读文摘》、《祝你幸福》以及《祝你幸福》系列刊《知心》、《午后》、《最家长》等，还有《围城》、《老年文摘》和大学学报等、企业刊物等。承印的图书有中小学教材、中小学教材辅导材料、政治读物、文学读物、历史读物和书画集等。

【商业印刷】　公司商印部负责商业印刷，主要是承印图书杂志彩色封面、彩色插页、画册、书画集等。一直承印《烟台广播电视报》《威海广播电视报》《潍坊广播电视报》《淄博声屏报》和《支部生活》《党员干部之友》《阅读文摘》《祝你幸福》《围城》《老年文摘》等报刊杂志的彩色封面与彩色插页；承印《福山大樱桃志》、《丰碑》、《烟台企业》等刊物和吉斯家具集团公司、张裕集团公司等企业的宣传画册，以及振华集团公司的超市购物宣传单等。

【包装印刷】　包装印刷是公司近几年来重点发展的印刷项目，主要承印食品包装盒、礼品包装盒、水酒包装箱和包装盒、海产品包装箱和包装盒、大樱桃包装盒、化妆品包装盒等，以及软包装袋、手提袋等。2011年，主要承印了烟台新闻中心、烟台中心大酒店、烟台海和食品公司、烟台欧美香食品公司、烟台广合食品公司、烟台参福元海洋食品公司和烟台龙泉塑料公司所用的各种礼品盒、食品盒。2011年新上目前国际最先进的ESKO盒型打样机及相关设计软件，方便了客户看样签单，也提升了设计人员的对于包装产品的直观认识和专业技术水平。

【印刷质量】　公司视印刷质量为公司生存发展的生命线，始终坚持质量第一、以质取胜的理念，积极抓好质量管理工作，确保承印物的印刷质量。公司采取以下举措：一是成立质量管理领导管理机构，配备专职质检员，从机构和人员上予以保证。公司成立质量管理领导小组，领导指导公司质量管理工作；市场部设置质检科，具体负责公司质量管理工作：报印部、商印部部长为报印、商印、包装印刷质量管理第一责任人，并配备专职质检员，直接从事质量检查工作。自上而下，有机构，有人员，有人抓，有人管，形成严密的质量管理体系。二是建立健全质量管理规章制度，从制度上予以保证。公司制订了《质量管理标准》《质量奖罚规定》，要求质检管理机构和质检人员严格按制度办事，以制度管人管事。三是寓质量管理于印刷生产全过程之中，做到印前、印中、印后检查监督一环扣一环，环环相扣，不放松，不懈怠，不打折扣。四是奖罚分明，该奖则奖，该罚必罚。这些重要举措，有力地保证了公司印刷质量上台阶、上档次、上品位，创出了合格品、优质品和精品。

【新增设备】 2011年，公司新增盒样切割机、精装书本上壳机（大型）、自动皮壳机、压平压槽机、贴衬纸机、自动挂历装订机各一台，增强了公司的包装打样能力，提升了精装工艺水平，为进一步开拓商印印刷市场打下良好基础。

【新增客户】 2011年，公司加大印刷市场开拓力度，不断拓展印刷市场新领域，增加新客户、新活源，增强公司持续发展力。烟台市内，新增了阿来利食品、奥库电子、南沪食品、巧媳妇、福丰源粮米等20多家新客户，同时也延展了已有合作单位的产品线，如广合食品等，并积极与药厂联系，跟渤海制药、理博药业、大洋制药建立业务合作关系；烟台市外，还新增了青岛、威海及其周边县市新客户。

【数码印刷】 公司有芝罘区、开发区两处数码印刷业务点，均有彩色和黑白数码印刷机各一台，2011年数码印刷生产产值33万元。

【技术力量】 公司拥有印刷、印刷设计、印刷设备维修等多种技术人员，现有中高级印刷工80多人，其中机长20多人，技术骨干10多人；印刷技术人员20多人；印刷设计人员9名，印刷设备维修技术人员8名。这些技术人员，为公司的生产经营提供了有力的技术支撑，保证了公司生产经营正常而持续地发展。

【设计团队】 2011年设计团队人员增至9人，拥有集排版、设计、策划、摄影为一体的专业化设计团队，服务于烟台各中大型企业、政府机关、民营企业和国内各大企事业单位，下半年策划并设计了“亚沙会-海阳2012”官方杂志，并获得好评。随着设计市场的多元化，团队的业务范围也扩大至包装设计领域，对相关流程进行规范，先后与南沪食品、欧美香食品、吉斯家具、海和食品、振华集团、旅游集散中心、民生银行等知名企业合作。

【员工培训】 2011年，公司有目的、有计划地对部分员工进行了印刷专业知识、技能的内部培训，加强设计人员包装知识培训，先后安排7人次参加包装设计软件培训；同时派出骨干员工外出学习，2011

年，公司先后派出7名员工参加包装工艺、数码打样技术和覆膜技术培训。通过内外培训和参观考察，员工们较扎实地掌握了包装印刷、数码印刷等专业知识、技能，适应了工作、岗位需要。

【职工文体活动】　公司注重组织员工开展文体活动，活跃员工业余生活，增强公司凝聚力。2011年，公司先后开展了员工联欢会、够级比赛、女职工“筷子夹球”和“双人角力”比赛等文体活动；统一组织员工参加了烟台日报传媒集团年度运动会。员工们兴致勃勃地参加了这些文体活动，既愉悦了身心，又增强了竞争意识、团队意识，增长了见识，焕发了工作热情。

【烟台印刷职业技术学校】　烟台印刷职业技术学校是经政府教育部门批准成立，由烟台日报传媒集团主办，烟台报捷新闻印刷有限责任公司承办的全日制职业技术学校，主要负责公司职工培训，并举办印刷专业中专学历班。中专学历班学制为三年，开设文化课和印刷专业课。文化课有语文、数学、英语、政治和计算机等课程，印刷专业课有平版印刷、平面设计等课程。文化课任课教师有4名，专业课任课教师有6名。学校教学采取课堂教学与车间实习相结合的方法，注重培养学生的操作能力和基本技能。前两年以学习文化课和专业课基础知识、基础理论为主，兼学印刷技能；第三年，主要是到印刷企业实习，以学习印刷技能为主。学生实习，可以在公司实习，也可以由学校推荐到有关印刷企业或自己选择印刷企业实习。实习结束后，学生参加市人力资源和社会保障部门组织的专业知识、技能考试、考核。考试考核合格后，取得印刷从业资格证。学生就业方式，一是学生参加印刷企业招聘会，通过招聘而就业；一是公司录用一部分。至2011年7月累计毕业学生296名，毕业生全部当年就业。

烟台风云广告有限公司

【概况】　烟台风云广告有限公司为烟台日报传媒集团一级子公司，是集团三大主流媒体《烟台日报》、《烟台晚报》、《今晨6点》的全程广告运营机构。公司设总经理一人、副总经理二人、总经理助理二人。公司下设：行政部、编辑出版部、汽车部、外联部、重客部、商旅部、房产部、家装部、专栏部、直营部10个部门。

【构建完善的企业文化体系】　2011年，公司努力构建完善的企业文化体系。在广告业务培训方面，坚持每周一次的业务交流会、每天一次的部门统筹以及不定期的业务培训，形成立体化学习体系。特别是每周一各部门推出一位员工与大家交流、分享业务中困难、办法和思路，分管领导给出可操作性建议的新模式，起到开阔思路、完善技巧、明确方向的效果。公司的总经理、副总经理结合工作实践，引导员工培养广告人职业道德，建立目标管理、时间管理、行为管理体系；公司各部门负责人结合实战，与员工交流客户开发、资料收集整理、客户关系管理方法以及广告策划、方案制作等操作技巧。公司全年共举行50余次全员专业培训，成为构建专业化团队的基础。

2011年，公司着力建设企业文化。季度总结、半年总结，采取中层管理人员集中封闭的战略研讨模式，形成知识化、数据化、策略化的管理理念。年底分批次组织本年度优秀员工赴港澳考察学习，年后成行晋商文化学习之旅，并安排新年度赴韩国业务学习。全年共有200余人次外出学习，保证一线员工都有机会参加各类企业文化的培养。8月26日，公司在集团四楼会议室举办了"提升道德水平，树立敬业精神"演讲比赛。

【整合推进品牌活动策略】　2011年，公司整合推进品牌策略，全年完成品牌活动100余次。4月7日，2011烟台春季国际车展开幕之际，由烟台日报传媒集团主办的2011烟台汽车高峰论坛在华美达大酒店举行。《烟台日报》、《烟台晚报》、《今晨6点》三报领导、烟台汽车商会负责人及港城十七家主流汽车经销商对烟台汽车市场现状和问题进行了深入探讨。同日，2011春季车展特刊随《今晨6点》发行，这也是首次将特刊随报发行。9月，秋季车展特刊继续随《今晨6点》发行，为了让更多的品牌和经销商参与，该特刊扩至40个版。4月下旬至11月下旬，公司整合推出"YMG汽车巡展"、"企业车展"、"YMG汽车夜市"、"周末巡展"等，实现了YMG品牌活动延伸。10月14日，烟台车市研究员成立筹备会在华美达大酒店举行，共有30家汽车经销商负责人成为烟台日报传媒集团特聘车市研究员。初步形成以《烟台晚报》汽车版为媒介，汽车经销企业沟通交流、各抒已见的平台，受到各汽车经销商的强烈关注。11月中旬，2011-2012年度烟台车市风云榜如期启动，公司在汽车行业的话语权得到集中加强。

2011年1、2月，房产"迎新春团购"活动实现全年任务开门红。"3•15"主题策划、"五一乐购"等活动的成功举办，形成了媒体自身经营房产广告的品牌效应。7月，公司抓住"住博会"的机会，推出"2011年烟台坐标地产展评活动"；8月，公司启动高新区板块宣传；11月启动芝罘区板块宣传；11月中旬推出特别策划《2011烟台楼书》。除此之外，公司主动为各房地产企业策划执行个案活动，赢得了口碑。尤其是"金地"、"越秀"、"龙湖"、"中海"等品牌之旅，成为烟台房产营销的经典案例。

2011年，房产部、家装部合署办公，根据行业习惯完成整合，形成产业链条。他们在2011年早春预先策划，凭借富尔玛市场的开业，激发客户市场投入。同时变被动为主动，策动海港家饰、华信商场、乐天家居等各大商场相互拉动，仅4月当月家装部就完成上半年任务的80%。该部合作栏目在2011年取得飞速发展，既保证了专版的可读性，也确保了专版的质量及可塑性。

【市场细分　明确到人】　2011年，公司根据不同媒体、不同受众，遵循市场规律，针对性地细分市场客户，在各个部门已经形成常规的思考模式。

当年成立的重点客户部，对金融、家电、通讯三大行业完成细分，有的放矢，重点突破。在金融环境趋紧、金融基础业务受损，相应策划投放无法弥补常量的背景下，公司及时改变策略，从多方位多角度促发客户的广告投放。如借助农业银行60周年庆的活动点，把行庆、行长专访及征文活动统一策划，以“小征文”争取“大投放”，打破了金融市场的瓶颈。还与多家银行合作推出“留学宝”理财，同时与留学机构举办多场留学展；策划栏目，使该形式成为除理财产品外又一固定合作方式。全年围绕金融行业进行专项策划50余次，实现了金融行业广告的全面、有序引导。

2011年，公司将商贸和旅游休闲合并整合为商旅部，为创收形成新增长点。该部在稳定固定客户关系的同时，千方百计组织活动带动市场，取得不俗的成绩。一年来，仅烟台市各大商场广告投放增幅就达30%。旅游板块维持了当年的行业最高水平，其中的自驾游栏目吸引了众多旅游爱好者，打造出烟台旅游新品牌；与旅游局的合作又上新台阶，形成了各地旅游业大联盟争相投放的态势。

【立足本土 引导市场】 2011年，公司组建编辑出版部。4月的春季车展，面对竞争媒体，成功完成24个版的车展特刊——《盛享•车宴》。9月成功完成秋季车展特刊——《擎动车市》40个版面的采编工作。双刊在内容设置上更加丰富，报道更加全面。4——11月汽车巡展期间，公司首次引入汽车“夏时制”的概念，让市民在头脑中形成夏天逛车展、选购车的思维定式。7、8月创意眼镜达人秀、9月昆嵛山摄影比赛、10月策划2011烟台理财季、12月完成2012烟台现代生活展策划案，成功举办生活展发布会，并对新一年活动做出初期规划。1月28日，《烟台晚报》楼市专刊推出房产、家装公司大拜年跨版——《宏图2011》。4月25日，为抢占“五一”黄金周消费群体，出版集合房产、家装、汽车、旅游和美食五大行业资源的《乐购总动员 Happy Shopping》特刊，并成立烟台第一团购——YMG乐购团。YMG乐购团依托《烟台日报》、《烟台晚报》、《今晨6点》等主流媒体的力量，为消费者推荐放心品牌、争取商家优惠、监督服务质量。7月22日独立策划编撰24个版面的《烟台坐标地产》，有效遏制了竞争媒体的市场扩张，在房地产、家装市场形成媒体影响力。8月，专刊部发起了“蝶变高新区”系列报道。2012年1月6日出刊《2011烟台楼书》，集结30多家烟台一线楼盘及家装建材公司，总结2011年烟台楼市发展轨迹，提供2012年楼市走向等信息，对烟台楼市进行全方位解读，为购房者和开发商搭建起平面交流平台。同时公布《2011烟台风云榜》评审结果，增强购房者对楼盘的直观认识，让责任地产受到尊重，让烟台楼市更加理性健康运行。

【成立研究中心 汇聚专业人才】 2011年，烟台日报传媒集团发起成立烟台地产研究中心、烟台汽车市场研究中心等市场研究机构，研究中心汇聚行业专业研究者、知名经理人、资深从业者，占据业内深度研究的制高点，为大众把握投资与消费的脉搏，展望前沿动态，提供务实而贴心的投资报告。受集团委托，两大研究中心常设于风云广告有限公司。

3月18日，30余名烟台地产界知名人士出席烟台日报传媒集团地产研究中心筹备会。4月29日，烟台日报传媒集团地产研究中心成立，经过业内人士的推荐，42名地产界人士成为烟台日报传媒集团首批地产研究员。9月23日，第二批地产研究员加入烟台日报传媒集团地产研究中心。10月14日，烟台汽车市场研究中心筹备会在华美达大酒店举行，30家汽车经销商负责人成为烟台日报传媒集团特聘车市研究员。

【搭建多层销售平台】 2011年，公司成立外联部，负责北京、上海、广州、济南、青岛等地知名4A公司和国内外知名品牌广告在烟台落地，先后开发欧米茄、浪琴等一线品牌，全年在YMG媒体投放数百万元。外联部成立当年，创收超过千万元，提前3个月完成年度任务，以超额46.25%的业绩居公司各部门榜首。

2010年底，经过深入的市场调研，公司面向社会公开招、投标，在房地产、药品等领域全面推行广告代理制。形成广告主、广告公司、广告媒介之间明确分工，广告主委托广告公司制定和实施广告传播计划，广告媒介通过广告公司寻求广告客户的成熟运行机制。广告代理制度的实施，有利于促进广告行业的科学化、专业化建设，有利于提高广告业的整体水平和消除行业内不正当竞争。

除了对报媒充分挖掘和资源整合，公司还利用自办媒介，对广告市场加强分割占领。《风尚》实现了定价上市销售模式，加大订阅和活动等线下运营；成立《风尚》俱乐部，每月新刊上市，都会借机举办活动，加大杂志的影响力。同时借助电子书、新浪微博、银钮等新电子平台，形成了全方位立体运营模式，也为杂志从DM到本土原创转变奠定了基础。确立以反映现代都市人生活形态、生活方式为主要内容，对时尚趋向进行前瞻性观察，提供时尚潮流建议的杂志主打。《今晨6点•风云消费》作为消费指南类DM刊物，将新闻与广告结合，增加可读性与传阅性，在同城广告媒体中，占据市场中低端读者群，广告效果精准有效。

【规范广告审查】 2011年，公司按照中华人民共和国广告法、广告管理条例、广告管理条例细则的基本精神，结合多年来媒体广告的发布实际，规范广告审查制度，重新修订了《烟台日报广告审查（暂行）标准》，《标准》共有三章三十条，涉及药品、保健用品、食品、酒类、汽车、房地产、会展、城市形象、金融等社会经济生活所有领域的广告。公司对所有各类广告发布之前的证件审查、广告制作过程中的内容编辑、广告规范性用语、以及版面设计原则都严格按照《烟台日报广告审查（暂行）标准》执行，全年未发生因广告发布引发的法律纠纷。

烟台小报童发行有限公司

【概况】 烟台小报童发行有限公司是在原烟台日报社发行部和报刊营销中心的基础上，于2005年9月组建，为烟台日报传媒集团直属的全资子公司。公司下设：办公室、征订综合业务部、人力资源部、零售综合业务部、项目运营部、市场开发部、配送业务部、DM业务部、物业公司。公司设总经理1名，副总经理5名。

虽然面对烟台报刊市场激烈的竞争态势，用工成本的不断增加，在公司的有效组织和全体员工的共同努力下，2011年，发行公司仍然超额完成了集团党委下达的2012年各项征订指标，《烟台日报》同比增加3.2%，《烟台晚报》同比增加16.2%，《今晨6点》同比增加18.7%，《阅读文摘》同比增加16%。气候条件、城市规划、城市管理、经销商队伍老龄化等多方面都能影响到报刊零售市场。2011年，发行公司对零售整体计划进行有效的宏观调控，严格控制退报率，将公共资源充分利用，加大空白区域的铺摊力度，积极进行二次调配，日均实际销量增加2%。发行公司各项经营业务在2011年都取得了一些突破，在原有业务的基础上，新增完达山巴氏奶配送业务。2011年，小报童主营业务总收入3334.8万元。2011年，发行公司被全国报纸自办发行协会评为“全国报纸自办发行先进集体”；被集团党委评为“先进集体”；市场开发部徐宝华获集团“突出贡献奖”。

【报刊征订】 1～6月份，发行公司推出促销政策，优惠新老客户，大力开发私人订户，征订量占总量的65.4%，充分达到了稳定老客户的目的。7～9月份，开展“利剑行动”，给各站下达新户任务指标，并实行跨区域征订，大力开发盲点区域，达到收订新客户的目的。9～12月份，开展“扫楼、扫街、扫单位”活动，进行报纸征订的收尾工作。各站全年处于紧张的征订工作中。

【集团全员征订】 2011年，集团加大对发行市场的拓展力度，继续设立集团大客户经理，协助发行公司市场开发部针对各大单位开展报刊征订工作，同时，动员集团全体员工参与征订，达到很好的征订效果。

【社区晚会】 征订黄金期内，发行公司相继在三站凯旋广场、惠安小区、开发区凤台小区、福山月亮广场、幸福五村广场等烟台市重要社区，连续举办10场社区晚会，既宣传了集团、发行公司的企业文化，又增强了与读者的交流，在读者中产生很大影响。

【零售业务经理制】 2011年，发行公司从幸福站开始试点，实行零售业务经理制，即将原有的普通业务员调整为业务经理，工作内容由原来的单一配送，过渡到集配送——系统操作——市场开发——监督管理于一体，成为综合性人才，提高业务待遇，增加业务人员在市场上的竞争力，充分调动了业务人员的工作积极性。

【报摊网格化管理】 发行公司对零售报摊实行网格化管理，每人分管几个报摊，责任到人、到摊。配备专职零售市场监督员，在有效售报时间内，每天不间断巡查。对报摊实行激励政策，平时有福利，年底有奖励。

【制作推广小报童系列门头】 9月初，发行公司陆续在中心和幸福区域的售报店面推广小报童系列门头工作。截止到12月份，已安装57家，五区范围内有意向加盟的店面尚有近百家待做。这从视觉上形成冲击力，扩大了影响力。

【自动售报机】 为开拓创新，弥补近年来传统的纸质受到电视、网络、手机等等动态传播平台的冲击，进一步提高烟台日报传媒集团各种媒体的影响力和竞争力，发行公司于今年9月底到无锡考察自动售报机项目。10月10日读者节，新引进的4台自动售报机亮相，引起读者的兴趣和广泛好评。目前，第一台自动售报机已安放在汽车总站。下步将在机场、码头、医院等一些人流密集地点布点。

【新型零售POS系统】 发行公司技术人员历时三年时间，开发出了一套完善的、符合报刊零售业务要求、并具有行业领先水平的全新零售POS系统，报刊收款、订货、补货全部由网络控制，使报刊零售业务真正实现了流程化、智能化和信息化。11月起，市区主要零售站已经开始使用该系统，进一步增强和深化集团零售业的业务水平和管理水平，加强保密性，有效保护集团资料不外泄，进一步压制竞争对手。

【社区滚动灯箱】 经过一年的运作，发行公司已经与多家物业公司建立了合作关系，30个滚动灯箱安装到位。灯箱分别位于富顺苑、惠安小区、锦绣新城等9个小区以及一些繁华的开放社区，其他社区将继续推广。

【多功能报刊亭】 2011年，发行公司于牟平繁华地段安放多功能报刊亭16座。同时，发行公司对多功能报刊亭的广告位进行租赁。芝罘区多功能报刊亭的广告发布权租给了烟台啤酒厂；牟平区域，发行公司与烟台移动公司牟平分公司签署广告租赁协议。

【新型冷饮亭】 2011年，发行公司与芝罘区城市行政管理执法大队联合推出新型冷饮亭用来替换规划市面上的冷饮散摊，以提升经营者的经营环境，美化城市街道。经过多次沟通协调和讨论后，于芝罘区主要路段安放四座新型冷饮亭展示，效果明显，已有多人主动联系，想尽早置换自己的冷饮散摊。

【巴氏奶配送】 4月，发行公司在五区11个发行站的范围内开展完达山巴氏奶的代订与日配送工作。随后，又在零售市场进行铺摊。经过半年多的市场拓展，目前日均配送3500杯左右。

【绩效导向文化】 发行公司所有文化建设均围绕争先创优的竞争文化展开，每天制定业绩考核表，由部门及分管领导进行督促，始终贯彻“优胜劣汰”的竞争意识。工资及福利待遇等与绩效挂钩。

【增强向心力】 发行公司将所有待遇及薪金标准全部倾向于一线员工，并注重工龄的考核，以此提升员工凝聚力，增强向心力，留住老员工。并通过各种活动丰富员工的业余生活，提升员工的归属感。通过各种培训及竞赛活动，增强员工的业务能力。

烟台报洁物业管理有限公司

【概况】 烟台保洁物业管理有限公司是烟台日报传媒集团所属二级子公司，主要负责集团办公大楼及环山路厂区3万余平方米的物业管理工作。公司下设一室、两部、一个分公司。“一室”：综合办公室，负责公司的日常行政事务管理，协调内部各部门相关事宜，负责办公大楼的卫生保洁、安全消防、接待来访等工作。“两部”：工程管理部，负责机电设备的运行与维保；经营开发部：负责康乐中心、商务中心、职工食堂的运行管理和新项目开发经营等工作；物业分工司：负责环山路厂区的物业管理工作。

【规范管理】 2011年，公司内部根据分工不同，归口管理，明确了各部门职责，做到职责明确。建立了规范的采购申请、审批制度，对需采购的物品按照流程进行申请、采购、入库，基本保证使用物品既不浪费又不断档，为日常的维护和运行打下了良好的基础。重要部门和岗位坚持按时巡检，发现问题及时解决，做到主动服务，及时跟进。遇到突发情况时尽量在短时间内迅速处理和解决，基本能做到防患于未然。

【技术改造与维护】 在2011～2012年采暖季之前，公司对中央空调进行了改造，保证了大楼的冬季采暖要求，重点解决了一楼大堂多年寒冷的问题，使大堂变得暖意融融，为值班员工和武警提供了良好的工作环境。改造后的中央空调系统运行良好，冬季供暖效果大有改善。为保障中央空调更加良好地运行。确定了春秋季常态化检修制度。对中央空调系统进行清洗和消毒，启用了新风系统，将新鲜空气引入，进行空气交换，大大提升和改善了办公区的空气质量。使工作区域拥有健康良好的空气质量和舒适宜人的工作环境。增加和更换了监控及消防应急等设施，为大楼管理和运行提供了良好的安全保障。对全媒体和大会议室地面破损瓷砖进行了修复。

【团队建设】 2011年，公司领导班子注重团队建设，部门经理各司其职，责权分明。充分调动员工的积极性。鼓励、支持员工参加集团组织的各项文娱活动并取得了较好成绩。对患病和困难员工伸出援助之手，给予充分的人文关怀，增强了公司的凝聚力。

烟台星云信息传讯有限公司

【概况】　2011年3月，集团撤销技术部，成立集团技术中心，与星云信息传讯公司合并，一套班子，两块牌子。原技术部人员、媒体融合与数字信息部部分人员进入星云信息传讯公司。《水母网》明确为集团所属二级媒体。调整后的星云公司，共有员工69人，公司下设运营中心、编辑中心、互动中心、新媒体中心、研发中心、技术中心、行政中心等七个部门。借eHR集团版推广的契机，公司调整了员工薪酬与绩效考核管理办法，重新修订广告发布、经费管理、市场销售提成等细则。

内容建设

【概况】　2011年，公司坚持“调整、增强、推广、创收”八字方针，在同城相同媒体中形成了自己的风格及优势。根据公司和员工个人发展需要，公司对编辑中心进行了人员、考核体系、工作流程及分工、思想意识等方面的调整，通过这些调整，使编辑团队更有战斗力，网站点击量继续保持烟台地区领先优势。

2011年，公司在追求新闻点击增长的同时，加大了对重大新闻的深度报道和专题制作，力求提高网站新闻定位。一年来，针对重大新闻事件，策划制作了大学生村官张广秀、蓝色经济崛起、烟台开埠150周年、烟台女选调生王媛媛情动贵州、纪念建党90周年、2011海阳亚沙会及网媒海阳行、烟台开埠150周年、纪念辛亥革命100周年、烟台最美女孩刁娜车海救人等新闻专题。这些专题的推出，加大了网站主流新闻的力度，有效地扩大了网站的影响力。

2011年，公司强化新闻互动推广工作。在推出重大专题及新闻典型人物时，主动联系全国各级网络媒体给予转发，在网络上形成宣传热点，扩大新闻的宣传力度。其中，大学生村官张广秀及女选调生王媛媛的事迹，相继被新华网、人民网转载，其社会影响进一步提高。

论坛互动

【概况】　《水母网》论坛主打公益和运动品牌。目前拥有一支人数众多的网络志愿者队伍，涵盖环保绿化、公益慈善、人文关怀、爱心献血等方面。2011年，水母网论坛成功孵化了烟台市马拉松协会，协会成员在2011年国内三大马拉松赛事上均进入前三十名，并代表烟台参加了在韩国仁川举行的中韩马拉松比赛。

《水母网》论坛围绕完善用户体验和线上线下活动结合的方针，积极培育互动品牌，营造积极健康的论坛环境，实现了论坛建设与活动策划的同步发展。“水母品味团”、“水母运动汇”、“水母观影团”、“水母自驾族”四大论坛品牌全年共策划线上线下活动180余个，使论坛的影响力全面提高。

烟台民意通

【概况】 2011年，“烟台民意通”作为政府听取民意三条网络渠道之一被写入红头文件，“烟台民意通”无论在访问量、网民关注度还是部门回复率等方面较以前都有了明显的提高。2011年全年，“烟台民意通”接受网友有效提问22765条，回复率为94%。栏目新增参与单位24个，部门总数达到174个。网民提问的热点问题集中于公交、住房、供暖以及城市建设等方方面面。

2011年，“烟台民意通”在全面做好原有栏目的基础上，推出了“服务大看台”板块。该板块以文字和图片组合的形式宣传烟台市大政方针，解读机关文件，分析社会动态，直播民意访谈，为烟台市民了解身边事提供了一个互动平台。3月，烟台民意通配合全市的主题工作，积极宣传烟台市承诺制，大篇幅介绍部门改进机关作风优化发展环境的工作进度，连续不断推出30个部门的公开承诺，得到了广大市民的一致好评。同时，“烟台民意通”继续保持与各职能部门联动，开展19期“职能部门走进烟台民意通”访谈直播活动，拉近了政府部门与市民之间的距离，汇聚了民智，传递了民情。

新媒体业务

【概况】 2011年，通过和烟台市主要移动运营商合作，公司旗下的《烟台手机报》实现了对烟台市五区以及龙口、招远、蓬莱、莱州、莱阳、海阳、栖霞、长岛等八个县市区的无缝覆盖》《烟台手机报》经过一年的推广，阅读订户最高点突破十万。同时公司还对外承接短信投票、短信群发、短信产品定制业务，取得了较好的成绩。

2011年，公司主导研发的基于iPhone、iPad和Android手机平台的移动新闻阅读软件“银钮新闻部落”，经过重重审核，获得了国家传媒科技最高奖“王选奖”的三等奖，这也是胶东地区的新媒体项目首次获得的国家级科技奖项。星云公司目前已具备了iOS和Android两大主流智能终端平台的软件研发能力，可对外承接基于iPad平板电脑的餐饮点餐、楼盘展示、汽车销售等系统开发。

技术输出

【概况】 通过集团内部资源整合，公司目前拥有一支20余人的技术队伍，技术领域涵盖网站建设、软件研发、智能终端开发、系统维护和网络工程。2011年底，公司承接了华夏传媒大厦的综合网络布线工程，进行宽带、电话、有线电视、门禁、监控五个网络的铺设，目前进展顺利。

11月，公司为烟台市芝罘区人民法院开发的网上诉讼事务中心正式上线运行，通过信息化手段率先实现了法院对辖区群众的“零距离”全方位覆盖，当事人足不出户即可享受到网上立案、材料收转、网上查询、联系法官、在线缴费、信访服务、视频庭审等功能，极大方便群众诉讼，节约诉讼资源。

2011年，公司为集团印刷产业园定制开发了远程VPN访问系统，实现了印刷工业园与集团大楼以及子网点之间的虚拟办公连接，节约了印刷工业园的硬件投入，提高了印刷公司对子网点的管理力度。

市场经营

【概况】　2011年，公司调整了运营中心组织模式，形成两个房产组互为促进、与综合行业组并驾齐驱，策划组为前三组提供有力后勤保障的“铁三角”架构，为运营的后续发展提供了保证。公司将3月定为客户拜访月，也通过对公司的大客户及潜力客户进行了地毯式大回访，95%以上的老客户留在了水母网站，而且有增量投入。

调整工作重心，人力精力向房产、财经、汽车、商超、通讯等五类互联网营销起步较早，认识较深，客户教育期相对较短的大行业集中。通过客情维护、专业活动策划、品牌活动推动等方式与行业中的很多示范客户建立起了密切的关系。房产行业中众多国字头的房企如越秀、万科、金地、龙湖、中铁等都成为我们服务的客户，汽车业界中75%的企业目前也都成为了我们的客户。金融业中，有一半驻烟的银行和近十家保险、券商已经入驻水母网，百货商超也在稳步推进中，众多品牌也将我们列为烟台地区唯一网络合作伙伴，如海尔、联想、苏宁等。

充分利用烟台流量排名第一的优势，将流量转化为收入。2011年全面介入CPM广告，与有道、百度、易传媒、谷歌等公司合作，CPM探索渐入佳境。

通过建章立制，加强学习与培训，打造一支职业化高素质的运营队伍。公司通过部门周例会、星期二加油站、日常工作经验QQ群内分享、策划头脑风暴等方式进行加强员工学习能力，同时数次派出部分人员到外地网站学习以及听课，来增加员工的专业知识。

通过以上措施，公司2011年的市场经营工作取得了历史突破，超额完成了集团下达的利润指标。

烟台光速影视文化传播有限公司

【概况】　烟台光速影视文化传播有限公司，烟台日报传媒集团所属股份公司，注册资金200万元，现有员工26人。公司现有总经理1名，副总经理2名，下设综合部、影视部、市场部、策划公关部、运维部5个部门，主要业务包括楼宇电视（光速资讯网）、影视制作、户外广告（所城里围挡、南大街滚动阅报栏、海港路灯柱）、策划营销。

2011年，公司累计实现营业收入523.72万元，收入较上年同期增长60%，是2008年全年收入的5倍。公司利润总额73.71万元，同比增长62%。总资产329.1万元，较上年同期增长30%，其中楼宇电视实现收入29.66万元，影视业务实现73.65万元，户外广告实现收入285.34万元，策划营销业务实现135.07万元。

【东风标致整合营销业务】 1月中旬，公司获知东风标致汽车厂家欲在山东省通过竞标选择鲁东、鲁西两家广告公司作为东风标致在该区域的广告、活动运营总代理。最终公司以第一名的成绩在9家公司里脱颖而出，取得鲁东区域总代理权，成为烟威地区首家与国内汽车厂商深度合作的广告企业。通过近9个月的运作，公司先后成功承办中国达人秀东风标致408青岛选拔赛，“蓝围脖舞动吧”青岛地区节水仪式，青岛快闪行动，标致508、308两个品牌在烟台、青岛两地区的4次上市活动，华北大区年中营销大会，华北大区508客户到武汉亲鉴品质锻造之旅等十多次大型活动以及鲁东地区五地市的2011年度的广告宣传。全年代理额170多万元，开辟了公司新的利润增长点。

【户外媒体不断拓展】 2011年，公司在积极开展内部营销项目的同时，不忘拓展户外媒体资源，公司阅报栏现已全面覆盖南大街等人流、车流密集主干道区域，形成广告一条街，二马路、北马路也已建立。目前，起亚k5汽车曾经一次性做82个画面、蒙牛一次性做50个画面、金地房产和鑫荟金行一次性做30个画面等。公司通过对户外媒体的美化及资源拓展，全面实行广告规模化效应，提高客户企业形象的同时，也为更多客户打开全新销售宣传渠道。2011年公司新增阅报栏14个，阅报栏总数已达50个，全年实现广告收入166.8万元。南大街所城里14块仿古围挡均被多家中高端地产企业竞标成功，2011年仿古围挡及海港路灯柱，全年广告收入共计118.5万元。

【打造“全能影视团队”】 影视拍摄制作作为光速传媒的传统支柱产业，已出现设备老化、不全等现象，每有大型活动，都要租借部分设备。2011年，公司先后购置先进的重型专业高智能摇臂和现场录制导播设备，打造出一支集策划、拍摄、编辑于一身的高效能影视队伍，全年先后承接“2010年度烟台好人颁奖晚会”、“2011年广告部嘉年华晚会”、“2011年集团嘉年华晚会”、“农村信用社七一晚会”、“风云广告儿童才艺大赛”等大型晚会。公司以先进的影视设备、完善的影视拍摄、专业的后期制作、经验丰富的策划团队，满足企业各式宣传需求，吸引众多企业回头客。保税港区、益生种业、海阳宣传部、粮食局、地震局等都是公司长期合作客户。

【编辑出版《烟台交通手册》】 11月，公司与烟台交警支队共同策划编辑出版了8万册《烟台交通手册》，此手册集知识性与实用性于一身，详尽介绍了烟台行路过程的一些注意事项以及开车技巧，可以说一册在手，走遍市区不愁。手册一经推出广受社会各界好评，提高公司美誉度的同时，为公司实现收入20多万元。

烟台今日传媒有限公司

烟台今日传媒有限公司成立于2011年12月26日，注册资本50万元。公司设总经理1人，副总经理2人。公司成立后，集团将持有的龙口今日文化传媒有限公司、蓬莱今日文化传媒有限公司、莱阳今日文化发展有限公司、招远今阳文化发展有限公司、莱州今日文化发展有限公司、海阳今日文化发展有限公司等6家公司的股份注入其中，使其成为县域报的控股公司。依托这个平台，今日传媒公司致力于全市县域宣传文化事业的拓展，服务于当地党委政府的中心工作，掌控全市县域报刊市场，培育新的经济增长点，争取3到5年内发展为集团重要支柱产业。

龙口今日文化发展有限公司

【概况】　龙口今日文化发展有限公司，烟台日报传媒集团下属子公司。公司主要负责《今日龙口》的出版发行和经营运作，以及《烟台日报》、《烟台晚报》、《今晨六点》、《阅读文摘》等集团报刊的发行工作。主要机构：办公室、要闻时政部、社会民生部、新媒体发展部、财务室、周末专刊部、西城办事处、发行部、文教部、广告部、策划部、大客户部、户外媒体部。

2011年，围绕集团党委“创收增效年”，今日龙口积极进取，奋力拼搏，超额完成年初确定的各项指标。其中广告收入1101.5万元、发行收入540.7万元，报刊发行投递39420份，比去年有大幅度增长。2011年，公司先后被烟台市委、市政府授予“烟台市文明单位”称号；被集团评为“烟台日报传媒集团先进集体”称号；当选山东省县市报研究会常务理事单位，被评为“2011年度山东省优秀县市报”。

【广告经营】　2011年，公司为确保全年广告收入实现大的突破，采用多种方式积极开拓市场，扩大增收面，经不懈努力全年广告经营取得历史性突破。一是策划市场活动。2011年，先后策划组织三次车展：“2011年全国百强县车展”、“龙口市首届秋季车展”、“龙口市首届冬季车展”；把握住重要节日策划4个特刊：“元旦特刊”、“春节特刊”、“3•15特刊”、“中秋节特刊”；充分运用采编、广告、发行和活动“四位一体”、四轮驱动，实现经济效益和社会效益双丰收，读者节“金特刊”、创刊13周年“红特刊”、元旦消费“绿特刊”等。二是拓宽增收渠道，通过对大行业、大客户的巩固和联系，开发了一批年投入10万元以上的新客户，同时和部分商家以广告抵顶房产、汽车等方式达成长期合作计划。三是通过报纸和读者的互动，实现创收。2011年，美食相亲会，辣友会、看房团等策划活动等都为增收、促收起到了积极作用，同时拉近了和读者的距离，增强了报纸的亲和力。四是产业多元化。2011年在做好平面媒体《今日龙口》、网络媒体《龙口网》的基础上，3月底与集团对接开设了《龙口手机报》，并于下半年创办新闻性杂志《藏天下》和影像杂志《影像》，向多元化发展。

【报刊发行】 2011年，公司在保证完成老订户的基础上，不断发展新客户、大客户，同时通过制定一系列的激励政策，调动全员的积极性，收到了预期的效果。2011年，公司开发龙矿医院、工行、中行、绿杰醋业、齐鲁证券、水清乔姜家等一批新的订报客户。通过活动策划带动发行，联合社会各界，为贫困户送党报400份。制定奖惩措施，发动全员订报，发行以外人员共征订各类报刊15000份。

【改善软硬环境】 2011年，公司对“软环境”和“硬环境”继续升级和完善，同时对人事和部门进行调整，将业绩突出、工作负责、责任心强的同志充实到领导岗位。在“软环境”方面，落实全员劳动合同制，建立完善的员工信息档案，通过EHR，实行网络化管理，方便和规范今后的人事统计、人员流动和管理工作。做好职工社保、公积金申报、缴纳工作，将东西两城的发行员纳入正规化管理，提升其工资水平和福利待遇，并发放统一服装。同时通过举办首届职工羽毛球赛、听专家讲解市场营销课，开展“和谐机关”创建活动，提升企业文化建设。在“硬环境”方面，对办公楼内部重新粉刷；租赁或购买花卉，绿化办公环境；为新老同志配备、更换电脑；改建三楼空闲办公室为会客室；改建院内大车库为会议室（兼培训室）。目前，公司通过不断地完善，办公环境变得更加舒适，员工的归属感更强了。

蓬莱今日文化发展有限公司

蓬莱今日文化传媒有限公司，烟台日报传媒集团控股子公司，主要负责《今日蓬莱》的出版发行与经营运作。公司主要机构：总编室、时政新闻部、社会民生部、文体时事部、专刊部、教育培训部、网络技术部、视觉设计中心、广告部、发行部、办公室、房产营销中心，现有职工47人。2011年公司完成广告收入425.3万元，比上年同期增长228.1万元。同时，较好地完成了集团下达的报纸征订计划。

招远今阳文化发展有限公司

【概况】 招远今阳文化发展有限公司为烟台日报传媒集团控股子公司，主要负责《今日招远》的出版和经营运作，以及《烟台日报》、《烟台晚报》、《今晨6点》、《阅读文摘》等集团报刊的发行工作。

主要机构：总编室、新闻部、广告部、发行部。

【广告经营】 2011年，公司加大策划力度，积极开拓市场，多方面扩大营业收入。2011年，招远今阳文化发展有限公司全年广告营业收入211.16万元，同比增长26.71%。

【报刊发行】 2011年，公司加强领导，按照集团的部署要求，通过强化措施，制定一系列激励办法，有力地调动了各方面的积极性，完成了集团下达的各种报刊征订任务。

莱阳今日文化发展有限公司

【概况】 莱阳今日文化发展有限公司为烟台日报传媒集团控股子公司，主要负责《今日莱阳》的出版发行和经营运作，以及《烟台日报》、《烟台晚报》、《今晨六点》等集团报刊的发行工作。主要机构：总编室、新闻部、广告部、教育培训部、发行部等。

【广告经营】 2011年，公司创新理念，拓展市场，加大策划力度，扩大经营收入，全年广告经营收入165.4万元，同比增长21.4%。

【报刊发行】 2011年，《今日莱阳》发行量比上年增长50%。同时，超额完成集团下达的报刊发行任务指标。

莱州今日文化发展有限公司

【概况】 莱州今日文化发展有限公司为烟台日报传媒集团控股子公司。公司注册资金50万元，主要负责《今日莱州》的出版发行和经营运作，以及《烟台日报》、《烟台晚报》、《今晨6点》、《阅读文摘》等集团报刊的发行工作。公司主要机构：总编室、新闻部、教育培训部、广告部、发行部。

【广告经营】 2011年，公司广告收入223.28万元，比上年增长27.1%。

【发行工作】 2011年，《今日莱州》发行量为10440份，完成任务的102.8%；《烟台晚报》、《今晨六点》的发行均比上年有较大增长，合计发行首次超过万份大关，圆满完成了集团下达的发行任务。

海阳今日文化发展有限公司

【概况】 海阳今日文化发展有限公司，烟台日报传媒集团控股子公司。公司主要负责《今日海阳》的出版发行和运营工作，以及《烟台晚报》、《今晨6点》、《阅读文摘》等集团报刊的发行工作。主要机构：总编室、新闻部、广告部、网络部、发行部。

【广告经营】 2011年，海阳今日文化发展有限公司多方开拓市场，扩大营业收入，实现广告收入140万元，完成了集团下达的任务指标。

【报刊发行】 2011年，公司一方面强化员工市场意识，另一方面加大措施，提高《今日海阳》在本地的知名度和发行量，取得了较好的效果。经过全体员工的不懈努力，完成当年报纸发行任务。

烟台华夏厚方文化发展有限公司

【概况】 2011年12月26日，烟报党字〔2011〕29号文件决定，撤销集团创意策划部，改制成立烟台华夏厚方文化发展有限公司。公司隶属于华夏传媒有限公司，系独立法人企业，法人代表为原集团创意策划部主任张凯。在所有制性质上系股份有限公司，工商登记注册经营范围为传媒及文化产业的投资。国家政策允许范围内投资、资产经营管理、企业财务及投资咨询，文艺演出、商业演出、体育赛事活动的组织、策划，庆典、礼仪活动创意策划，群众文化艺术交流，企业形象策划，公共关系服务，会议服务，展览服务，设计、制作、代理、发布国内广告，图文制作，设计工艺礼品及文化用品、体育用品的销售（法律、行政法规、国务院决定规定需审批或许可的项目除外）。

【组队参加中韩马拉松韩国站比赛】 5月5日，由韩国京仁日报社、烟台日报传媒集团联合主办的2011国际马拉松赛第一届中韩（韩国）国际马拉松赛在韩国京畿道华城举行。根据主办双方商定，每年的中韩国际马拉松赛分上半年与下半年两次举行，地点分别为韩国与烟台，以运动为桥梁促进两地文化交流。本次马拉松比赛由韩国京畿道华城市、韩国京仁日报社以及烟台日报传媒集团联合主办，华城市体育会、华城市志愿服务中心协办，5月5日上午9点30分鸣枪起跑。竞赛项目分为半程马拉松（21.0975公里）、迷你马拉松(10公里)以及特色家庭跑（5公里）。本次比赛，烟台日报传媒集团马拉松代表队22名运动员，用他们的执着和真诚，赢得上万名韩国马拉松爱好者的尊重。其中，来自淄博的两位男女选手贾潇晶、袭建芳，在竞争中脱颖而出，均获得了半程马拉松（21.0975公里）第九名佳绩。其他运动员也都获得了纪念奖牌和奖品。其中年龄最大者，来自烟台的61岁退休工人王学军，以1小时40分钟的成绩位列第29名。韩国运动员听到翻译说出参赛者“61岁”时，全场掌声一片，很多韩国运动员纷纷上前与王学军拥抱、合影。与王学军一样引起重大轰动的，还有一位来自淄博张店、现年47岁的袭建芳。她在半程马拉松比赛中获得了第9名的好成绩。比赛结束后，中韩双方运动员握手、拥抱、合影，并相约秋天在烟台举行的第二届中韩马拉松大赛再见。

【烟台市地方税务局庆祝建党90周年“先锋颂”】 6月14日，由烟台日报传媒集团策划部承接、承办的烟台市地方税务为庆祝中国共产党成立90周年，以”先锋颂”为主题的诵读晚会，在烟台大剧院举行。采用“历史丰碑”“时代先锋”“星火相传”三个章节贯穿整台晚会，以回顾历史，总结现在、展望未来。同时，又赋予其新鲜的演出形式结合声、光、电、视频、特效等舞美效果将晚会的大气恢弘、热烈浓重的氛围充分表现出来了。通过具体内容和形式的设计来追求双向情感对应，抓动情之笔，增强晚会的教育力、感染力、凝聚力，回顾中国共产党90年来的奋进历程。以动人的艺术形式，再现我们记忆中的不同时期的时代最强音符，唤起地税人对激情燃烧岁月的温暖回记，唤起地税人对祖国、对人民、对党的深厚情感，增强地税系统员工的使命感、责任感和荣誉感。

“雅言传承文明，经典浸润人生”晚会在总体风格上以建党90周年为大背景，用经典诵读的形式，充分展现出烟台地税系统先锋事迹，把握好“先锋颂”的主题，强化宣传目的；营造出了热烈浓重、大气恢弘、和谐美好的氛围。最终，得到了省、市两级地税局党委的高度评价，随后典礼的实况录像在省市电视台播出。这是本年度党委给创意策划部制定经济指标后第一次承接的社会活动，为创意策划部在进入市场经济方面积累了经验，同时赢得了社会声誉和经济效益。

【第六届中国青少年艺术节】 7月31～8月3日，“第六届中国青少年艺术节”在北京举办，烟台赛区的海选活动由烟台日报传媒集团主办、烟台艺轩文化交流有限公司承办，海选活动由创意策划部全程策划。

【烟台市“安利杯”健康跑暨中韩马拉松启动】 9月3日，由烟台日报传媒集团创意策划部承办的，烟台日报传媒集团、烟台市体育局主办，安利（中国）日用品有限公司冠名赞助的中韩马拉松全民热身暨2011安利纽崔莱健康跑烟台站活动，在滨海广场鸣枪。这场“以跑步倡导健康生活理念”的全民健身跑已经进入第十个年头，此次纽崔莱健康跑烟台站作为2011年烟台中韩马拉松的启动热身，首次来到美丽的海滨城市烟台，共吸引了6000多名健身、长跑爱好者参与其中。

【第二届中韩（烟台）国际马拉松赛】 9月17日，2011第二届中韩（烟台）国际马拉松赛在烟台市莱山区滨海路举行，比赛的起点、终点均设在滨海路体育公园田径场外。这次赛事由烟台日报传媒集团与烟台市体育局、烟台市旅游局、韩国京仁日报社联合举办，烟台大学、共青团烟台市委协办，由美尚国际（香港）女性用品连锁有限公司总冠名。每年举办两届——上半年在韩国；下半年在中国。本次比赛共设“全程马拉松”、“半程马拉松”、“迷你马拉松”、“特色家庭跑”等四个竞赛项目，来自世界各地的近5000名选手参加了本次比赛。刘则司、房广分别以2小时31分17秒、2小时55分49秒的成绩斩获全程男子组、女子组冠军 。大赛的目的是以马拉松赛为媒介加强两国媒体之间的友好往来，同时也为国际间的文化体育交流搭建起桥梁，并通过这个国际性的体育舞台，将它办成一个城市的盛会、公众的节日。

【第八届读者节】 10月10日上午9时许，烟台日报传媒集团第八届读者节在烟台市文化广场举办。本届读者节，吸引了数千名新老读者前来参加。期间，国际上流行的“快闪行动”在同一时间，分别在市区文化广场、火车站、滨海广场首次亮相烟台。读者节的内容有文艺表演、报人与读者、广告商的互动构成。文艺演出有威风锣鼓表演、舞蹈队表演；报社领导、读者代表、广告商先后发言；中间穿插有奖知识问答。活动的流程、统筹由创意策划部担纲。

【“小明星大舞台”钢琴马拉松音乐会】由烟台日报传媒集团、烟台市保利大剧院管理有限公司联合主办的、以“小明星大舞台”为主题的钢琴马拉松音乐会。该活动从11月中旬开始，到12月上旬结束，得到了烟台很多家长、琴童的大力支持与称赞，该活动是山东省乃至全国首创的时间跨度最长的钢琴独奏音乐会，“走进大剧院，钢琴随你弹”品牌正在塑造成烟台特有的文化品牌。

【福山公安分局建局70周年文艺晚会】12月30日，由烟台日报传媒集团策划部承接、承办的福山公安分局建局70周年“忠诚颂”庆典晚会，在福山宾馆举行。晚会由央视主持人撒贝宁主持。整台晚会在主题展现上，采用“光辉历程”“峥嵘岁月”“时代风采”“警魂永驻”四个篇章来贯穿；在舞台艺术上，通过朗诵、音乐、歌舞和视频专题，运用声、光、电、视频、特效等舞美效果，生动地展现了福山公安70年来走过的道路，将晚会的大气恢弘、热烈浓重的氛围充分表现出来。整台晚会的风格突出了“文化的厚重感、形式的庄重感、视觉的冲击感”。最终，得到了市、区两级公安局党委的高度评价，随后典礼的实况录像在市电视台多次播出。

【第三届烟台市道德模范颁奖典礼】2012年1月17日，由烟台日报传媒集团作为主要承办方的“第三届烟台市道德模范颁奖典礼”在烟台大剧院成功举办。这台颁奖典礼晚会以《德润众生》为总纲，分五个章节：《夏日的清风》、《无暇的明月》、《晨曦的雨露》、《七色的彩虹》、《灿烂的阳光》即；敬业奉献—清风；孝老爱亲—明月；助人为乐—雨露；见义勇为—彩虹；诚实守信—阳光。

“第三届烟台市道德模范颁奖典礼”由市委宣传部、市文明办、市总工会、团市委、市妇联主办，烟台日报传媒集团、市文化局、市广播电视局承办。在实际运作过程中，集团根据分工，对整个活动从道德模范人物专题片制作，到颁奖晚会的举办，所有相关流程设计，从创意策划到执行，由集团策划部负责全程担纲。典礼结束后，得到了市委领导的高度评价。

烟台印刷产业园管理有限公司

【概况】　烟台日报传媒集团直属全资子公司，2011年4月2日正式登记注册。公司注册资金50万元，主要职责为烟台印刷产业园园区管理、厂房建设、对外招商等。公司下设机构：办公室、招商推广部。到2011年末，产业园已引进驻园企业5家，其中办公区闲置办公室招商全部结束。

烟台印刷产业园位于烟台市福山高新技术产业区核心区域，紧邻同三高速，地处福山区与烟台经济开发区交界的重要位置，是烟台日报传媒集团为优化烟台市文化产业结构，构建特色鲜明文化产业布局而精心打造的全市首个文化产业园区项目。印刷产业园占地100余亩，是目前全市唯一一个理念最新、定位最高、功能最全、服务最优的园林式印刷产业园区。

烟台印刷产业园一期目前已经完成规划建设并投入使用，划分为商务办公、生产加工、教育培训基地、生活配套等四大功能区。商务办公区高标准装修，配套设施现代化，办公条件、舒适度国内一流；生产加工区宽敞大气，拥有国内档次最高的专业化生产车间；园区内的印刷中专学校，为印刷复印行业输送专门人才；生活配套区位于园区综合楼内，设施宾馆化，管理公寓式。

【市场摸底】　公司注册后，随即启动市场摸底，走访了在印刷或文化创意产业园区管理方面起步较早的省份城市，取得了一些先进经验，启发了思路；走访市、区相关主管职能部门，对行业及产业进行市场调研，了解产业及相关政策；与园区周边企业接触，了解高新区周边企业厂房租赁情况、租金水平、经营现状等；与物价部门探讨，对福山区物业管理水平、标准、收费标准进行摸底；与几家印刷企业接洽，探讨印刷企业厂房需求、合作方式等；与教育方面专业人士进行交流，为盘活教育宿舍公寓楼寻找出路。

【盘点资产　核实面积】　园区房产证全是大证，没有楼层或房间面积。对外招商需要用到每个使用单元的实用面积、建筑面积、公摊面积。公司自己动手翻图纸，根据竣工图对照核实。对厂房、办公区、宿舍楼的房屋、空调、消防、地面、地下设备、园林绿化、水电使用情况以及维护现状详细了解、检修维护。

【品牌包装宣传】　公司首先以《烟台首个印刷产业园招商启动》为题三报刊发消息，对产业园进行首次新闻报道，迅速提升烟台印刷产业园知名度。以“烟台印刷产业园，一个能静下心来干事的地方”为主题，精心设计园区形象广告。新闻配合广告发布后收到了预期效果，园区整体形象得到提升，品牌得到有效推广，各类企业求租电话接连不断。与此同时，公司充分发挥网络力量，在一切能够利用的网站上发布招商信息。为了客户前来参观洽谈能找到地方，公司在福海路、永达街通往园区的路口安装了路牌标识。

附：

烟台日报传媒集团2011年主要经济数据

单位：万元

年份	总资产	固定资产原值	营业收入	纳税总额	社会贡献额	广告收入	报刊收入
2010	37113	34703	26505	2569.7	14057	15899	5871
2011	38490	34859	31591	3661.1	16590	19791	6959

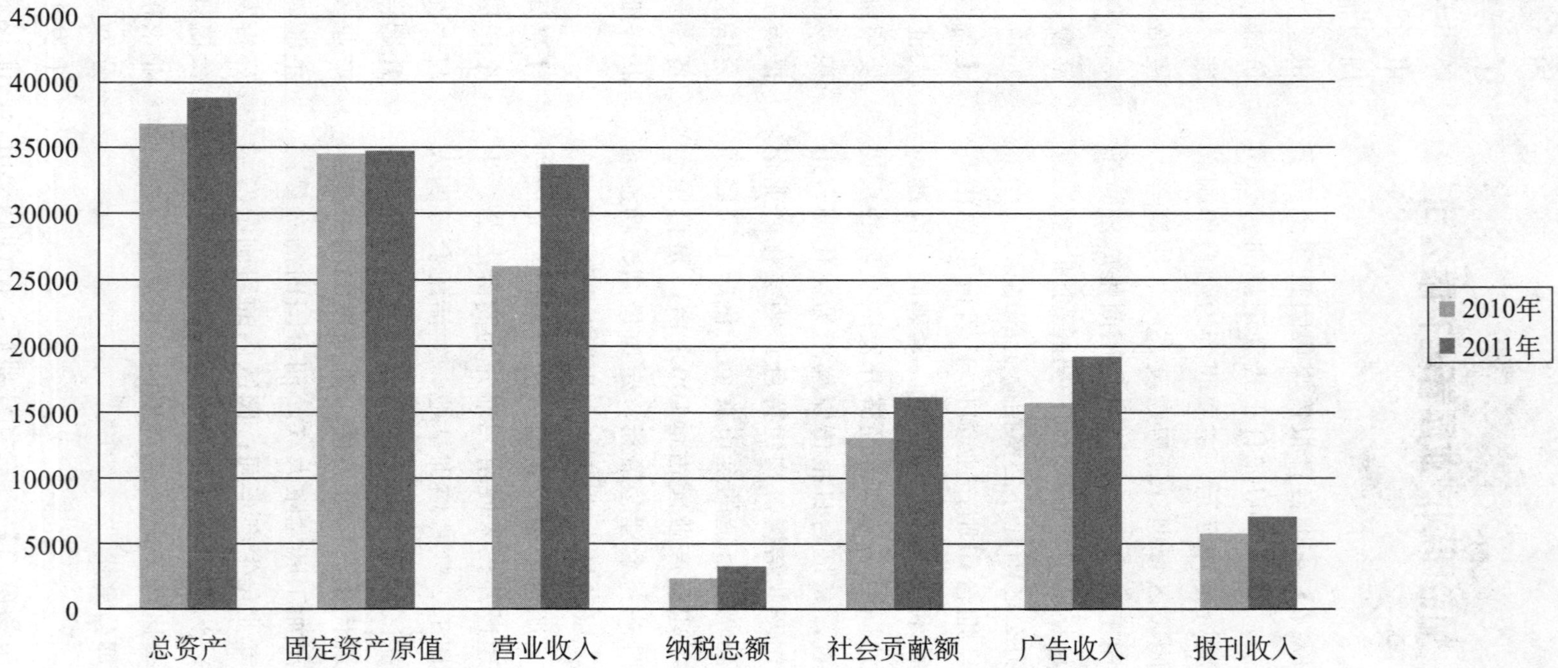

光荣榜

烟台日报传媒集团（烟台日报社）获上级荣誉称号（奖励）

荣 誉 称 号	颁 奖 单 位	颁奖时间
山东省上海世博会新闻宣传先进集体	山东省上海世博会参展工作领导小组执行委员会	2011.1
学习型党组织建设工作先进集体	中共烟台市委宣传部	2011.2
烟台市模范职工之家	烟台市总工会	2011.4
第四届全省新闻系统文明单位	山东省精神文明建设委员会、山东省新闻工作者协会、山东省新闻学会	2011.5
首届山东省新闻出版奖优秀集体奖	中共山东省委宣传部、山东省新闻出版局、山东省人力资源和社会保障厅、山东省财政厅	2011.5
省级文明单位	山东省精神文明建设委员会	2011.6
第五届王选新闻科技奖三等奖	中国新闻技术工作者联合会	2011.7
2006-2010年全市普法依法治理工作先进集体	中共烟台市委、烟台市人民政府	2011.11
创建全国文明城市工作先进单位	中共烟台市委、烟台市人民政府	2011.12
2011年度全市工会工作红旗单位	烟台市总工会	2012.1
2011年度骨干明星企业	中共烟台市委、烟台市人民政府	2012.2

荣誉称号	颁奖单位	颁奖时间
2011年度履行人口和计划生育工作职责先进单位	中共烟台市委、烟台市人民政府	2012.3
2009-2011年度“3+1”联手共建社会主义新农村先进单位	中共烟台市委、烟台市人民政府	2012.3
“十一五”烟台发展残疾人事业先进单位	烟台市人民政府	2012.5
2011年度烟台市老龄事业好新闻评选活动优秀组织奖	中共烟台市委宣传部、烟台市老龄工作委员会办公室、烟台市新闻工作者协会	2012.5

烟台日报传媒集团所属单位获上级荣誉称号（奖励）

部门名称	荣誉称号	颁奖单位	颁奖时间
黄海数字出版社	首届山东省新闻出版奖 音像制品、电子出版物、网络出版物奖	中共山东省委宣传部、山东省新闻出版局、山东省人力资源和社会保障厅、山东省财政厅	2011.5
96110呼叫中心	烟台市青年文明号	烟台市创建青年文明号活动组委会	2011.5
小报童发行公司	全国报纸自办发行先进集体	全国报纸自办发行协会	2011.6
《水母网》	2010-2011年度全国地方十强新闻网站	中国地市新闻网联盟、第四届中国地市网盟年会组委会	2011.8
集团工会	全市工会工作红旗单位	烟台市总工会	2011.9
《37° 女人》	山东省优秀期刊	山东省新闻出版局	2011.12
96110呼叫中心	巾帼文明岗	烟台市妇女“双学双比”文明建功竞赛活动协调小组 烟台市妇女联合会	2011.12
集团团委	2011年度全团的工作综合考核红旗团委	共青团烟台市委	2012.1

烟台日报传媒集团员工获上级荣誉称号

姓名	荣誉称号	颁奖单位	颁奖时间
郑强	首届山东省新闻出版奖优秀人物奖	中共山东省委宣传部、省新闻出版局	2011.8
郑强	2010年度骨干明星企业经营者	中共烟台市委、烟台市政府	2012.2

烟台日报传媒集团2011年度先进集体名单

集团办公室、人力资源部、小报童发行公司、烟台晚报、龙口今日文化发展公司、资产运营部、报捷新闻印刷公司、风云广告公司、大写国际文化传媒公司、审计部

烟台日报传媒集团2011年度突出贡献奖名单

牟卫平、徐立栋、周海峰、徐宝华

烟台日报传媒集团2011年度年度经理人名单

祝荀、张志刚、李丽

烟台日报传媒集团2011年度十佳编辑记者名单

陈刚、王奂芝、孔小炜、高峰、孙琳、郑昕、李珑、孙淼、夏丹、王文武

烟台日报传媒集团2011年度优秀大客户经理名单

孙泓炜、栾绍静、李杰、仲海

烟台日报传媒集团2011年度优秀经营管理人名单

申大陆、于金阳、许　杰、杨松涛、于广新、马　艳、姜书强、蒋玉玉、曹玉娟、王　玮、李晓飞、卢　岩、张　凯、方　毅

烟台日报传媒集团2011年度优秀共产党员名单

王金恒、于　梅、李庆基、高　科、宋献忠、
曲勤波、衣起辉、韩文友、王　婧、仲维勋

烟台日报传媒集团2011年度优秀编辑名单

郭明新、唐丽霞、赵冬梅、张　琳、王　欣、张　宁、邹牧村、
解晓燕、时立国、王玉秋、鲍铭岩、胡　郁、刘家昌

烟台日报传媒集团2011年度优秀记者名单

李京兰、杨春娜、魏文杰、唐寿锐、沈文婷、姜　晓、杨　健、
石　磊、杨　洁、姜　炎、原晓东、李雅丽、郑　婧、王　宁

烟台日报传媒集团2011年度优秀员工名单

吴佳运、邹春生、王海燕、刘清呐、吕小方、魏　斌、刘　雪、谢春晖、柳昊杰、
王　炜、刘　伟、李　卫、王兵霞、王　毅、刘　健、张晓友、温立芳、刘高旗、
聂利亚、于　峰、于晓宁、张　玮、王俊杰、徐积光、郭　晶

文献辑存

烟台日报传媒集团干部选拔任用管理细则

第一章 总则

1.1指导思想

为加强集团干部队伍建设，实现干部选拔任用的科学化、规范化和制度化，形成富有生机与活力、有利于优秀人才脱颖而出的选人用人机制，为集团实现发展战略和经营目标提供保障，根据《党政领导干部选拔任用工作条例》、《公司法》和相关文件精神，结合集团实际，制定本细则。

1.2原则

1.2.1任用原则

（1）德才兼备、任人唯贤；

（2）群众公认、注重实绩；

（3）公开、公平、竞争、择优；

（4）民主集中制；

（5）依法办事。

1.2.2回避原则

（1）干部选拔任用工作回避

集团党委及人力资源部讨论干部任免等有关事项，凡涉及与会本人及其亲属的，本人须主动回避，或由党组织负责人及人力资源部负责人告之回避。

干部考察人员在干部考察工作中涉及其亲属的，本人须主动回避，或由考察组组长告之回避。

（2）干部任职回避

干部任职须回避的亲属关系包括：夫妻关系，直系血亲关系，三代以内旁系血亲以及近姻亲关系。

有上述亲属关系的员工，不得在同一单位（部门）担任双方直接隶属于同一领导的职务或者有直接上下级领导关系的职务，也不得在其中一方担任领导职务的单位（部门）从事人事、审计、财务工作。

1.3适用范围

本细则适用于集团中层经营管理层和专业战略层岗位员工的选拔和任免，具体岗位见《烟台日报传媒集团岗位矩阵表》。

第二章 干部选拔任用

2.1任职资格

2.1.1政治素养

具有履行岗位职责所具备的马克思列宁主义、毛泽东思想、邓小平理论水平，自觉实践“三个代表”重要思想和科学发展观。有较强的政治意识、大局意识、责任意识，坚持正确的舆论导向，为人民服务，为社会主义服务。

践行集团文化、认可集团的价值取向，团队意识强，协作精神好，能带领下属员工完成集团交给的各项任务。具备良好的职业道德，有强烈的责任心和使命感，廉洁自律，遵纪守法，弘扬正气，与时俱进，勇于创新。

2.1.2能力素质

具备岗位任职所要求的年龄、学历、工作经历、知识和技能，身体健康。竞聘或被推荐时，须满足下列条件：

（1）中层部门正职（含）以上岗位，男要小于46周岁，女要小于43周岁；中层部门副职岗位，男要小于43周岁，女要小于40周岁。

（2）国家承认大学本科（含）以上学历；

（3）在集团从事相关专业工作三年（含）以上，媒体副总编辑人选须从现任正职中产生，中层部门正职人选须从现任部门副职中产生，部门副职人选须从从事相关专业的员工中产生；

（4）前三年年度胜任力考核得分不低于70分。

在子公司担任副总经理（含）以上职务，上述条件可适当放宽，但不得在社会上开办公司，其家庭成员也不得开办与其所在公司有关联业务的公司。

2.1.3绩效表现

竞聘或被推荐时，前三年年度绩效等级须C（含C）以上。

2.2干部选拔任用程序

2.2.1候选人员

2.2.1.1推荐

职能部门、事业部和子公司负责人由集团主要负责人或分管领导提名。职能部门、事业部和子公司负责人以外的其他职务由所在单位（部门）通过员工投票推荐的方式向集团党委提出推荐人选。获推荐的人选经党委认可后列为候选人。

2.2.1.2竞争上岗

竞争上岗的岗位及范围由集团党委根据需要研究确定。

报名参加竞争上岗人员的基本条件和资格，应符合本细则规定的干部任职条件和资格。

竞争上岗工作由人力资源部组织实施，程序包括：

（1）公布岗位。由人力资源部在eHR公布竞争上岗的岗位、职数、任职条件和资格。

（2）网上报名。凡符合条件的员工，于规定的时间内在eHR报名，并填写相关的个人信息。

（3）资格审查。人力资源部根据任职资格和条件进行审查，在eHR公布通过资格审查的人员名单。

（4）竞聘演讲。竞争上岗人员统一进行竞聘演讲。人力资源部负责组织竞聘演讲评议小组，对竞聘者履行竞争岗位职责所必备的政治素养、业务知识和基本能力素质进行评议打分。

综合任职资格评定和演讲成绩，按照1：2的比例确定候选人员名单。

2.2.2组织考察

人力资源部负责组织考察小组对候选人进行考察，根据候选人的不同情况，通过适当方式在一定范围内发布考察预告。

2.2.2.1考察内容

根据干部任职条件、资格以及岗位职责要求，全面考察候选人政治素质、能力素养、业绩表现、培训经历和民主评议情况。

2.2.2.2考察方式

（1）个别谈话

与候选人及相关人员进行面谈，面谈时考察人员不得少于二人，并做好记录。参加个别谈话和征求意见的人员一般为候选人的主管领导，候选人所在单位（部门）中层干部及员工代表。

（2）民主评议

参加民主评议的人员为候选人所在单位（部门）的全体员工，参加人数不少于人员总数的三分之二，投票方式为无记名投票。人力资源部统一制作、发放、收集和统计民主评议表。

（3）信息查阅

在eHR查阅并记录候选人基本人事信息，业绩、能力和态度考核成绩，培训经历及成绩等信息。

2.2.2.3考察材料

人力资源部出具书面考察材料，内容包括：候选人基本人事信息；前三年年度业绩、能力、态度考核成绩，培训经历及成绩；主要特长和不足之处；谈话和民主评议情况；候选人签名。提拔任职后，考察材料归入候选人的人事档案。

2.2.3党委研究

集团党委召开党委会研究干部任免事项，党委会由党委书记主持，党委书记不能参加会议时可委托副书记主持。

与会人员要有足够的时间听取情况介绍、并充分发表意见，对任免事项应发表同意、不同意或者缓议等明确意见。在充分讨论的基础上，采取口头、举手或者无记名投票等方式进行表决。

对分歧较大或者有重大问题不清楚的事项，应当暂缓表决。对影响做出决定的问题，会后应当及时查清，避免久拖不决。

2.2.4任前公示

在党委会研究决定后，下发任职通知前，对拟提任职务的干部在cHR进行公示，公示期为5天。

2.2.5任职谈话

对提任职务的干部由党委指派专人与其谈话。

2.2.6任职调动

人力资源部负责办理干部调动手续，相关待遇在任职次月兑现。

干部任职聘任时间为党委研究通过日。有试用期的，试用期为1年，试用合格续聘，试用不合格不予续聘。

在子公司担任副总（含）以上职务满3年（含）以上，且绩效表现合格，调离子公司时，方可担任相应职务。

第三章 工作纪律和责任追究

3.1工作纪律

选拔任用干部，必须遵守下列工作纪律：

（1）必须严格按照干部任免权限和程序选拔任用干部，不得私自任用干部；

（2）不准以领导个别碰头、圈阅等形式，代替集体讨论决定干部任免；

（3）不准个人决定干部任免，禁止个人改变集体做出的干部任免决定；

（4）不准要求提拔本人的配偶、子女及其他亲属，或指令提拔身边工作人员；

（5）不准在机构变动和主要领导工作调动时，突击提拔调整干部；

（6）不准在干部考察工作中隐瞒、弄虚作假、歪曲事实真相，或泄露讨论干部任免的情况；

（7）不准在干部选拔任用工作中任人唯亲，封官许愿，营私舞弊，搞团伙，或打击报复。

（8）受到党纪、政纪处分的干部，在处分期内不得提拔任用；

（9）干部被司法机关或纪委监察部门立案审查期间，不得提拔任用。

3.2责任追究

集团在干部选拔任用工作中，必须严格执行本细则，自觉接受组织监督和群众监督。各单位（部门）、党员、干部、员工对干部选拔任用工作中的违纪违规行为，有权向纪委监察室和人力资源部举报、申诉。纪委监察室和人力资源部按有关程序核实处理。

对用人失察造成严重后果的，根据具体情况，追究主要责任人以及其他直接责任人的责任。

第四章 干部管理

4.1个人重大事项报告

报告事项及要求：

（1）本人因私出国(境)和在国(境)外活动的情况；

（2）本人婚姻、家庭重大变化情况；

（3）配偶、子女受到执法执纪机关查处或涉嫌犯罪的情况；

（4）本人认为应当向组织报告的其他重大事项。

应当向组织报告的重大事项，报告人应在事后一个月内以书面形式报告。因特殊原因不能按期报告的，应及时补报，并说明原因。

4.2免职

有下列情形之一的，免去现任职务：

（1）年度能力、态度考核得分低于70分，年度内月度绩效等级累计3个E；

（2）任职聘期内所负责单位（部门）年度绩效等级累计2年为E；

（3）存在严重工作失误，给集团或单位（部门）带来严重影响；

（4）根据集团提前离岗休息和退休的相关规定，达到任职年龄界限或者退休年龄界限的，免去现任职务，具体规定及待遇见《员工职业生涯发展管理办法》；

（5）根据工作需要或者其它原因，应当免去现职的。

4.3辞职

辞职包括自愿辞职、引咎辞职。自

愿辞职指因个人或者其它原因，自行提出辞去现任职务。引咎辞职指因工作严重失误、失职造成重大损失或者恶劣影响，或者对重大事故负有重要责任，不宜再担任现职，由本人主动提出辞去现任职务。

自愿辞职和引咎辞职，必须以书面形式向集团党委提出申请。经党委研究后予以答复，未经批准，辞职者不得擅离职守，否则以旷工论处，造成损失的，追究法律责任。

4.4离任审计

独立经营核算的事业部负责人和子公司总经理离任时须接受离任审计。

审计部负责实施离任审计工作。离任审计实施终结，出具审计报告并由离任者和继任者签字。同时，将审计报告抄送人力资源部、集团办公室。

审计人员要坚持客观公正、实事求是、廉洁奉公和保守秘密的原则，严格遵守纪律。

在审计中，发现有违纪情况，交由集团纪委查处；触犯刑律的，移交司法机关依法处理。

第五章 附 则

（1）本细则由集团人力资源部负责解释。

（2）本细则自2011年1月1日起执行。

中共烟台日报传媒集团委员会

2010年12月26日

烟台日报传媒集团员工薪酬管理办法

第一章　总则

1.1指导思想

为建立“对内公平、对外有竞争力”的薪酬管理体系，以绩效为导向，充分发挥薪酬体系的激励和约束作用，发掘人力资源的潜力，支持集团战略目标的实现，特制定本办法。

1.2原则

1.2.1激励性

效率优先，适当拉开岗位职级间的薪酬差距，体现薪酬的激励作用，激发员工的工作积极性和创造性。

1.2.2竞争性

薪酬标准要在市场上有一定的比较优势、能吸引人才，做到薪酬水平领先、薪酬结构多元化、薪酬价值取向合理。

1.2.3公平性

薪酬管理要维系员工对薪酬的公平感，对薪酬政策有明晰的认识与判断，做到内部公平、过程公平和结果公平。

1.2.4经济性

薪酬总额控制、利润分配政策和薪酬水平要考虑集团经营状况和人力成本承受能力。

1.3总薪酬结构

员工总薪酬包括岗位固定薪酬、岗位浮动薪酬、补贴、年终效益奖、社会保险和福利。

1.4总预算调整

薪酬总预算调整分为常规性调整和战略性调整。常规性调整指根据年度人力资源规划和员工年度绩效结果应用，每年调整一次。战略性调整指根据集团经营状况，参照同行业、本地区薪酬水平，适时对集团薪酬构成及比例、标准进行调整，原则上每3年调整一次。

人力资源部负责制订调整方案，按程序审批后实施。

1.4.1常规性调整

每年年初，人力资源部根据集团当年人力资源规划和员工上年度绩效结果应用，制订年度薪酬总预算，按程序审批后实施。

1.4.2战略性调整

集团近3年年度经营利润平均增长率不低于5%、平均劳动分配率低于45%、员工人均收入与烟台市职工平均工资的平均倍数比低于2.5时，可上调年度薪酬总预算。反之，停止增长总预算或下调总预算。

总预算增长率低于经营利润增长率，集团年度经营利润额每增减1%，总预算相应增减0.7%。预算增加额通过调整岗位固定薪酬、岗位浮动薪酬或补贴进行分配。

1.5适用范围

本办法适用于集团薪酬管理。子公司薪酬管理办法可参照本办法自行制定，报集团人力资源部备案。

第二章 岗位固定薪酬

2.1管理序列标准

管理序列各职级岗位固定薪酬标准根据管理序列员工岗位固定薪酬总预算、管理序列员工人数和各职级岗位固定薪酬递进率及幅宽确定。

递进率是岗位职级间的岗位固定薪酬的增长率，体现各岗位职级的价值差异。

幅宽是同一岗位职级内岗位固定薪酬最大值与最小值的差额，体现同一职级内岗位固定薪酬的变化幅度。

2.2专业序列标准

专业序列各职级岗位固定薪酬为管理序列同职级岗位固定薪酬的90%。计算公式：

专业序列各职级岗位固定薪酬＝管理序列各职级岗位固定薪酬×90%。

2.3档次标准

管理序列和专业序列各职级岗位固定薪酬设21个档次，档差根据岗位固定薪酬最大值、最小值及档次数确定，计算公式：

档差＝（岗位固定薪酬最大值－岗位固定薪酬最小值）/21

2.4保留工资

2006年1月1日前入职的员工，岗位固定薪酬低于原档案工资标准时，原档案工资标准与岗位固定薪酬之间的差额设为

“保留工资”。档案工资以本人2005年12月档案工资为准。

2006年1月1日后进入集团工作的员工，岗位总薪酬低于原档案工资标准时，原档案工资标准与岗位总薪酬之间的差额设为“保留工资”。档案工资以本人入职时档案工资为准。

2.5发放原则

月度绩效等级为E时，扣发岗位固定薪酬的15%；累计三个月为E进入待岗程序。其他月度绩效等级正常发放。

事假、非工伤病假30天（含）以内的，岗位固定薪酬根据工作天数发放,非工伤病假超过30天以上的，按烟台市最低工资标准发放生活补贴；其他假期全额发放。

第三章 岗位浮动薪酬

3.1标准

各职级岗位浮动薪酬根据同岗位职级岗位固定薪酬、岗位固定薪酬与岗位浮动薪酬的比例确定。计算公式：

岗位浮动薪酬＝岗位固定薪酬÷岗位固定薪酬的比例×岗位浮动薪酬的比例

3.2核发

岗位浮动薪酬根据员工月度绩效考核得分发放。计算公式：

员工岗位浮动薪酬＝月度绩效考核得分×个人月度绩效系数×本单位（部门）分值

本单位（部门）分值＝单位（部门）岗位浮动薪酬预算/单位（部门）绩效总分

单位（部门）岗位浮动薪酬预算＝单位（部门）员工岗位浮动薪酬预算之和。

单位（部门）绩效总分＝单位（部门）员工个人绩效总分之和

员工个人绩效总分＝月度绩效考核得分×个人月度绩效系数

集团领导作为一个考核单元核算岗位浮动薪酬。

3.3发放原则

编辑、记者、校对岗位员工休假当月，岗位浮动薪酬根据月度绩效考核得分发放；其他员工休假当月，岗位浮动薪酬根据月度绩效考核得分和工作天数发放。

3.4挂账与返还

3.4.1集团主要领导

集团主要领导的月度岗位浮动薪酬根据集团经营利润月度分解计划指标完成情况发放。完成计划，全额发放；没完成计划，发放70%，其余挂帐。年终完成计划，挂账部分全额返还；没完成计划，全额扣减。

3.4.2集团分管领导

分管职能部门、新闻中心和呼叫中心的集团领导，月度岗位浮动薪酬根据集团经营利润月度分解计划指标完成情况发放；分管事业部和子公司的集团领导，月度岗位浮动薪酬根据所分管事业部或子公司月度分解计划指标完成情况发放。月度完成计划，全额发放；没完成计划，发放75%，其余挂帐。年终完成计划，挂账部分全额返还；没完成计划，全额扣减。

3.4.3职能部门员工

职能部门员工的月度岗位浮动薪酬根据集团经营利润月度分解计划指标考核情况发放，完成计划，全额发放；没完成计划，发放80%，其余挂帐。年终完成计划，挂账部分全额返还，没完成计划，全额扣减。

3.4.4事业部员工

事业部员工的月度岗位浮动薪酬，根据事业部经营利润月度分解计划指标完成情况发放，完成计划，全额发放；没完成计划，发放80%，其余挂帐。年终完成计划，挂账部分全额返还，没完成计划，全额扣减。

第四章 补贴

4.1交通补贴

（1）标准

交通补贴标准根据岗位确定，具体标准见下表：

交通补贴标准表

岗位序列	岗位职级	金额（元/月）
管理序列	G20	2600
	G17-19	1950
	G13-16	1350
	G11-12	1120
	G9-10	840
	G1-8	300
专业序列	记者J11-12	1120
	记者J9-10	840
	记者J4-8	700
	编辑部副主任	840
	编辑J4-12	300
	工程J3-12	300

职能部门普通员工，岗位职级为1——8级，根据工作性质，由所在部门确定外勤人员名单，报人力资源部审批，交通贴标准按450元/月执行。

（2）发放原则

月度绩效等级为E，扣发交通补贴；其他绩效等级正常发放。

休婚假、丧假、探亲假、产假、病假、事假当月，交通补贴根据工作天数发放；其他假期全额发放。

4.2通讯补贴

（1）标准

通讯补贴标准根据岗位确定，具体标准见下表：

通讯补贴标准表

岗位序列	岗位职级	金额（元/月）
管理序列	G17-20	250
	G13-16	167
	G11-12	134
	G9-10	67
	G1-8	25
专业序列	记者J11-12	134
	记者J9-10	67
	记者J4-8	50
	编辑部副主任	67
	编辑J4-12	25
	工程J3-12	25

（2）发放原则

休婚假、丧假、探亲假、产假、病假、事假当月，通讯补贴根据工作天数发放；其他假期全额发放。

4.3误餐补贴

（1）标准

误餐补贴标准根据岗位确定，具体标准见下表：

误餐补贴标准表

岗位序列	岗位职级	金额（元/月）
管理序列	G17-20	400
	G13-16	300
	G11-12	300
	G9-10	300
	G1-8	200
专业技术序列	编采部门副主任	300
	记者J9-12	300
	记者J4-8	200
	编辑J9-12	300
	编辑J4-8	200
	工程J3-12	200

（2）发放原则

休婚假、丧假、探亲假、产假、病假、事假当月，误餐补贴根据工作天数发放；其他假期全额发放。

4.4住房补贴

（1）标准

住房补贴发放比例为薪酬基数的35%。

薪酬基数的核定，事业编制执行现行档案工资标准。企业编薪酬基数按照事业编制套改工资标准计算。

（2）发放原则

事假、非工伤病假30天（含）以内的，住房补贴根据工作天数发放；其他假期全额发放。

4.5独生子女补贴

奖励独生子女父母，标准为每人每月5元，从申请当月起至子女满14周岁止。

4.6加班补贴

每日加班补贴标准见下表：

加班补贴标准表

单位(部门)类别	岗位职级	金额(元/月)
职能部门	1--5级	30
	6--8级	35
	9--12级	40
事业部	4--5级	35
	6--8级	45
	9级及以上	50

节假日不能安排休息，又不能安排调休的员工（不含记者），可发加班补贴。

职能部门除集团办公室、部分技术岗位外，其他不发放加班补贴。事业部，依据员工职级及部门预算控制，发放加班补贴。

4.7夜班补贴

事业部员工，根据实际工作需要，发放夜班补贴，每个夜班补贴10元。职能部门除集团办公室、部分技术岗位外，其他不发放夜班补贴。

第五章 年终效益奖

集团一个完整财务年度结束后，当利润总额超额完成计划指标时，视超出额度提取年终效益奖金。

5.1预算分配

5.1.1日、晚、晨报预算

（1）日报预算计算公式

日报预算=日报原始预算-日报分摊新闻中心预算

日报原始预算根据日报年度超额利润情况确定

日报分摊新闻中心预算=日报分摊新闻中心年度理论绩效总分×日报理论分值

日报分摊新闻中心年度理论绩效总分=新闻中心年度理论绩效总分×日报分摊系数

新闻中心年度理论绩效总分=新闻中心员工年度理论绩效总分之和

员工年度理论绩效总分=年度理论绩效考核得分×分配系数×年度理论绩效系数

年度理论绩效考核得分为100分

年度理论绩效系数就是员工100分时的年度绩效系数。

日报分摊系数=日报用稿比例×日报理论绩效总分比例

日报用稿比例=日报年度用稿量÷日、晚、晨报用稿总量×100%

日报年度理论绩效总分比例=日报年

度理论绩效总分÷日、晚、晨报年度理论绩效总分之和

日报理论分值=日报原始预算÷（日报年度理论绩效总分＋分摊新闻中心年度理论绩效总分）

（2）晚报、晨报预算计算方法同日报。

5.1.2新闻中心预算

新闻中心预算为日、晚、晨报分摊新闻中心预算之和。

5.1.3职能部门预算

职能部门预算=职能部门理论绩效总分×日、晚、晨报理论平均分值

5.2核发

部门预算确定后，由人力资源部根据员工年度绩效考核成绩和工作日进行核发。

5.2.1集团领导

集团领导年终效益奖计算公式：

年终效益奖=年度绩效考核得分×调整系数×年度绩效系数×日、晚、晨报理论平均分值

年度绩效考核得分=年度内月度绩效考核得分平均值

5.2.2职能部门员工

各职能部门员工年终效益奖计算公式：

年终效益奖=年度绩效考核得分×年度绩效系数×部门分值

部门分值=部门预算÷部门年度绩效总分

部门年度绩效总分=员工年度绩效总分之和

员工年度绩效总分=年度绩效考核得分×年度绩效系数

5.2.3日、晚、晨报员工

（1）日报员工

日报员工年终效益奖计算分为三个序列：部门主任及以上员工（含总编室副主任）、编辑、其他员工。

员工年终效益奖计算公式：

年终效益奖=年度绩效考核得分×年度绩效系数×所在序列分值

序列分值=序列预算÷序列年度理论绩效总分

序列预算=序列年度理论绩效总分×日报理论分值

序列年度理论绩效总分=序列员工年度理论绩效总分之和

序列员工年度理论绩效总分=员工年度理论绩效考核得分×调整系数×年度理论绩效系数

日报理论分值=日报年终效益奖预算÷日报年度理论绩效总分

（2）晚报、晨报员工年终效益奖计算方法同日报员工。

5.2.4新闻中心员工

新闻中心员工年终效益奖计算分为三个序列：部门主任及以上员工（含总编室、媒体融合和数字信息部副主任）、记者、其他员工。

年终效益奖计算方法同日报员工。

第六章 社会保险和住房公积金

6.1社会保险

集团依据国家政策为员工缴纳社会保险。

按现行政策，事业编员工缴纳社会保险的险种主要有：养老保险、失业保险、医疗保险、工伤保险、大额医疗保险。社会保险缴费基数按事业单位套改的档案工资执行。

企业编员工缴纳社会保险的险种主要有养老保险、失业保险、医疗保险、工伤保险、生育保险、大额医疗保险等。个人社会保险缴费基数根据市最低社会保险缴费基数以及个人社会保险缴费系数确定。计算公式如下：

个人社会保险缴费基数=烟台市最低社会保险缴费基数×个人社会保险缴费系数

个人社会保险缴费系数与岗位层级、年度绩效等级、入职年限三因素有关。

个人社会保险缴费系数=1+三因素分数之和/100×100%

三因素分数满分为100分，岗位层级占30分、年度绩效等级占50分，入职年限占20分。得分小于0分时按0分计。

岗位层级分5级，共计30分。

岗位层级分数表

岗位层级	分数
营运战略层(17-20级)	30
专业战略层（13-16级）	22
中层经营管理层（9-12级）	15
基层经营管理层（6-8级）	7
独立运作层（1-5级）	0

年度绩效等级分5级，不同等级对应不同的分数，共计50分。

年度绩效等级分数表

年度绩效等级	分数
A	50
B	25
C	0
D	-20
E	-40

入职年限从入职日开始计算，分8档，共计20分。

入职年限分数表

工作年限	分数
5年以下	0
5年（含5年）——10年	4
10年（含10年）——15年	8
15年（含15年）——20年	12
20年（含20年）——25年	15
25年（含25年）——30年	18
30年以上	20

6.2住房公积金

集团依据国家政策为员工缴存住房公积金。集团视经营情况确定缴费基数和缴费比例，缴费比例区间8-12%。个人和集团分别按基数的同比例存入员工住房公积金个人账户。员工可根据住房公积金相关政策提取使用。

第七章 福利及其他

7.1补充养老保障

集团根据国家相关政策为员工建立补充养老保障，缴费比例根据经营状况确定，所缴费用记入个人补充养老保障账户。

7.2补充医疗保险

集团根据国家相关政策为员工提供补充医疗保险，缴费比例根据经营状况确定，用以提高员工的医疗保障水平。

在岗员工补充医疗保险标准见下表：

在岗员工补充医疗保险标准表

岗位层级	金额(元/年)
营运战略层(17-20级)	2500
专业战略层（13-16级）	2000
中层经营管理层（9-12级）	1500
基层经营管理层（6-8级）	1200
独立运作层（1-5级）	1000

7.3记者团体意外伤害险

集团每年为记者购买团体意外伤害险。如遭受意外伤害，视情况可领取一定的保险金，最高保险金额为10万元。

7.4防暑降温费

每年6-9月份，集团根据员工出勤天数发放防暑降温费，标准参照相关文件执行。

7.5取暖费

在岗员工取暖费每年10月份根据岗位发放，具体标准如下表：

取暖费标准表

岗位职级	金额（元/年）
13-20级	1900元
9-12级	1500元
1-8级	1200元

2009年前已按社会职称兑现的取暖费标准予以保留。

7.6过节福利

中秋节、春节发放实物福利，春节发放现金福利。

第八章 个人承担项目

法律、法规以及集团规章制度规定的应从个人薪酬中扣除的款项直接从员工薪酬中扣除。包括但不限于员工个人薪酬所得税、应由员工个人承担的住房公积金、应由员工个人缴纳的社会保险费用等。

8.1个人薪酬所得税

根据《个人所得税法》规定，个人薪酬所得应缴纳所得税。应纳税所得额为岗位固定薪酬、岗位浮动薪酬、住房补贴和夜加班贴等之和扣除免征额、自提社会保险和自提住房公积金之后的余额。

8.2住房公积金

根据住房公积金政策，住房公积金的缴存金额由单位和员工共同承担，个人承担部分直接从薪酬中扣除。

8.3社会保险

根据社会保险政策，社会保险由单位和个人共同缴纳，个人缴纳部分直接从薪酬中扣除。

第九章 薪酬发放管理

9.1发放时间

集团实行月薪制，当月考勤，次月发放。职务或岗位调整，薪酬待遇在党委研究通过的次月执行。

发放时间为每月18日，如遇节假日、公休日则提前相应时日发放。以法定货币人民币支付，员工通过指定银行的个人薪酬账户领取。

9.2审批

人力资源部核算薪酬，负责制作《薪酬汇总表》、《薪酬明细表》，提交人力资源部负责人、集团分管领导审批。

9.3报表留存

月度《薪酬汇总表》、《薪酬明细表》和薪酬核算相关资料，分类装订成册。每年一月份将上年度薪酬相关报表移交档案室。

9.4查询

员工通过eHR查询个人薪酬明细。员工对薪酬产生异议时，可向人力资源部申请复核。

9.5保密

集团薪酬政策属于核心机密，执行保

密制度，知情人员及员工本人不得以任何方式透露相关信息，对于薪酬政策外泄造成负面影响的，一经核实，视情节轻重对当事人予以相应的处罚。

第十章 附则

（1）本办法由集团人力资源部负责解释和修订。

（2）本办法自2011年1月1日起施行。

中共烟台日报传媒集团委员会

2010年12月26日

烟台日报传媒集团员工绩效管理办法

第一章绩效管理总则

1.1指导思想

为了科学、规范、有效地进行绩效管理工作，塑造以高绩效为导向的绩效管理体系，围绕集团战略，采用“平衡记分卡”的管理思想逐级分解、落实，通过对单位（部门）业绩、员工业绩和胜任力的考核，持续改进员工、单位（部门）及集团整体绩效，确保集团事业平衡、可持续发展，为员工薪酬分配和职业生涯发展提供客观依据，特制定本办法。

1.2适用范围

本办法适用于集团各职能部门、事业部及全体员工。子公司参照执行。

1.3绩效管理原则

（1）公开公平公正

绩效考核标准、绩效管理过程和绩效考核结果公开、公平、公正。

（2）均衡

重点考核工作业绩，兼顾胜任力。

（3）客观

用事实和数据考核，避免主观因素或武断猜想。

（4）反馈

及时进行绩效反馈和沟通，解决存在的问题与不足。

（5）时限

考核结果仅反映单位（部门）、员工当期绩效，不溯及之前的绩效。

（6）强制分布

按比例强制分布绩效考核结果，防止过度集中。

1.4绩效管理组织

1.4.1绩效考核委员会

绩效考核委员会负责组织、实施和改进集团整体绩效管理工作，成员包括集团主要领导、人力资源部分管领导、资产运营部分管领导，集团办公室、人力资源部和资产运营部主要负责人。

绩效考核委员会办公室设在人力资源部，办公室主任由人力资源部主要负责人担任。

1.4.2人力资源部

人力资源部具体负责组织、实施和改进集团整体绩效管理工作；根据本办法核算绩效考核得分，强制分布单位（部门）、员工月度、年度绩效等级，进行绩效结果应用；按季度出具绩效管理报告，总结、评估集团绩效管理状况和效果，针对存在的问题与不足提出改进方案，按程序审批后实施。

1.5绩效管理对象、周期及内容

绩效管理对象分为单位（部门）和员工两个层面，单位（部门）层面包括集团各职能部门、事业部及子部门；员工层面包括集团领导、单位（部门）负责人、职能部门和事业部其他员工。

绩效管理周期分为月度、季度和年度。

绩效考核内容包括业绩和胜任力。

根据绩效管理对象的特点设定相应的管理周期、考核内容及其权重，详见下表：

考核对象	考核周期	考核内容	权重
各职能部门、事业部及子部门	年度	业绩	100%
集团领导	月度	业绩	100%
	季度	胜任力	100%
	年度	月度业绩	40%
		分管单位（部门）年度业绩	30%
		季度胜任力	30%
单位（部门）负责人	月度	业绩	100%
	季度	胜任力	100%
	年度	月度业绩	40%
		负责单位（部门）年度业绩	30%
		季度胜任力	30%
其他员工	月度	业绩	100%
	季度	胜任力	100%
	年度	月度业绩	70%
		季度胜任力	30%

1.6绩效管理关系

集团各职能部门、事业部及子部门和员工绩效管理关系详见下表：

单位(部门)/员工类别	绩效考核量表制定	绩效考核		绩效沟通	
		绩效考核	绩效审核	绩效沟通	沟通审核
职能部门	绩效考核委员会	绩效考核委员会	--	--	--
职能部门子部门	职能部门负责人	职能部门负责人	--	--	--
事业部	绩效考核委员会	绩效考核委员会	--	--	--
事业部子部门	事业部负责人	事业部负责人	--	--	--
集团分管领导	集团主要领导	集团主要领导	--	集团主要领导	--
职能部门负责人	集团分管领导	集团分管领导	集团主要领导	集团分管领导	--
职能部门经理	职能部门负责人	职能部门负责人	--	职能部门负责人	--
职能部门其他员工	职能部门经理	职能部门经理	职能部门负责人	职能部门经理	职能部门负责人
事业部负责人	集团主要领导/分管领导	集团主要领导/分管领导	--	集团主要领导/分管领导	--
事业部副总编辑、部门主任	事业部负责人	事业部负责人	--	事业部负责人	--
事业部其他员工	事业部部门主任	事业部部门主任	事业部负责人	事业部部门主任	事业部负责人

第二章绩效管理体系

2.1绩效考核指标体系

绩效考核指标是反映业绩目标完成情况和胜任力表现层级的数据。集团绩效考核指标体系是由一组既独立又相互关联，并能较完整地表达考核要求的业绩指标和胜任力指标组成。

2.1.1业绩指标

业绩指标是根据目标岗位的工作职责和性质，由集团发展战略和年度经营目标分解得出，基于集团关键价值驱动因素，反映关键经营活动结果的指标。业绩指标包括关键业绩指标（KPI）和工作目标（GS），是集团各单位（部门）和员工绩效考核的主要内容。

（1）关键业指标（KPI）

关键业绩指标（KPI）用来定量考核集团经营活动中可以量化的由客观计算公式得出的结果，侧重考核当期业绩、最终成果和对经营成果有直接控制力的工作。关键业绩指标考核以统计数据为基础，把统计数据作为主要考核依据。

集团业务类岗位，即事业部负责人，事业部部门主任及以上岗位，事业部编辑、记者和校对等岗位员工的绩效考核指标以关键业绩指标（KPI）为主。

（2）工作目标（GS）

工作目标（GS）用来定性考核主要工作不易量化的、由考核者评价得出的结果，侧重考核长期性工作、工作过程和对经营成果无直接控制力的工作。

集团业务支持类岗位，即职能部门负责人，职能部门经理，职能部门主管、专员，事业部媒体专员等岗位员工的绩效考核指标以工作目标（GS）为主。

2.1.2胜任力指标

胜任力指标用来定性考核目标岗位员工履行本岗位职责、完成业绩目标过程中所应具备的各项胜任力的表现层级，主要包括知识指标、能力指标和态度指标。

2.2绩效考核量表

2.2.1绩效考核量表分类

绩效考核量表是记录单位（部门）和员工绩效考核信息的重要文件。集团绩效考核量表包括单位（部门）年度业绩考核量表、员工月度业绩考核量表和员工季度胜任力考核量表。

2.2.1.1单位（部门）年度业绩考核量表模板

指标分类	分类权重	指标项	权重	单位	目标值	目标及要求	完成值	指标得分	评语
财务		指标1							
		指标…							
客户		指标1							
		指标…							
内部流程		指标1							
		指标…							
学习与成长		指标1							
		指标…							
量表考核得分：									

2.2.1.2员工月度业绩考核量表模板

指标分类	分类权重	指标项	权重	单位	目标值	目标及要求	完成值	指标得分	评语
KPI		指标1							
		指标2							
		指标…							
GS		指标1							
		指标2							
		指标…							
量表考核得分：									

2.2.1.3员工季度胜任力考核量表模板

指标分类	分类权重	指标项	权重	单位	目标值	目标及要求	完成值	指标得分	评语
知识		指标1							
		指标…							
能力		指标1							
		指标…							
态度		指标1							
		指标…							
量表考核得分：									

2.2.2绩效考核量表内容

绩效考核量表主要包括指标分类、分类权重、指标项、权重、单位、目标值、目标及要求、完成值、指标得分、评语和量表考核得分共11项内容。其中指标分类、分类权重、指标项、权重、单位、目标值、目标及要求7项内容在绩效考核量表制定阶段完成；完成值、指标得分、评语和量表考核得分4项内容在绩效考核阶段完成。

2.2.2.1指标分类

（1）单位（部门）年度业绩考核量表指标分类

单位（部门）年度业绩考核量表根据集团平衡计分卡（BSC）制定。通过对单位（部门）财务、客户、内部流程、学习与成长四个方面的考核，将单位（部门）目标与集团整体战略目标统一。

通过财务类指标明确单位（部门）在集团战略目标体系中的地位和作用。通过客户类指标，推行内部客户观念，提升单位（部门）内部客户服务意识和工作效率；加强经营单位（部门）外部客户管理和服务意识，提升集团竞争力。通过内部流程类指标规范、改进单位（部门）内部流程管理，提高管理效率和水平。通过学习与成长类指标，关注员工学习与成长，不断提高人力资源质量和效率，支持集团可持续发展。

（2）员工月度业绩考核量表指标分类

员工月度业绩考核量表根据员工岗位职责和个人年度业绩目标设定，包括关键业绩指标（KPI）和工作目标（GS）。

（3）员工季度胜任力考核量表指标分类

员工季度胜任力考核量表根据员工岗位职责及核心胜任力设定，包括知识指标、能力指标和态度指标。

(4)员工年度业绩和胜任力考核量表指标分类

员工年度业绩和胜任力考核量表指标包括月度业绩考核量表指标和季度胜任力考核量表指标，业绩指标权重为70%，胜任力指标为30%。

2.2.2.2分类权重

绩效考核量表指标分类权重之和为100%，各指标分类的权重根据单位（部门）、岗位职责及工作重点设定。

2.2.2.3指标项

绩效考核指标体现了工作重点和要求，设定指标时，考核者需与被考核者就被考核者的工作重点和要求进行沟通，使员工通过绩效考核指标明确自己的工作重点和努力方向。

绩效考核指标设定要遵循关键特征原则，不宜过多，要对实现集团发展战略和年度经营目标，履行本单位（部门）和岗位职责、完成工作任务有关键支持作用，以5－10个为宜，可根据具体情况增减。

2.2.2.4权重

各指标类别包含的指标项权重之和为100%。

权重根据单位（部门）、岗位职责及工作重点设定，体现不同指标对集团、单位（部门）和个人整体业绩的重要性的不同，帮助员工确立工作重点。

权重分配要保持相对均衡，单项指标的权重不宜过高或过低，即不超过30%或不低于5%；能够明显区分各指标项的差异，指标项之间的权重差别最小为5%或为5%的倍数。

2.2.2.5单位

关键业绩指标（KPI）的单位设为表示指标数据的单位。

工作目标（GS）和胜任力指标的单位设为“分”。

2.2.2.6目标值

目标值是代表绩效目标及要求的数字，关键业绩指标（KPI）的目标值直接代表业绩目标要求；工作目标（GS）的目标值代表评价标准，一般设定为5，即《行为尺度考核量表》中代表“合格”评价标准的数字；胜任力指标的目标值代表胜任力的表现层级。

2.2.2.7目标及要求

目标及要求是对指标及其目标值的具体界定与说明。考核者在设定绩效考核指标时，须参照目标设定SMART原则，对每项指标的目标及要求进行详尽、具体地界定与说明，确保绩效考核双方对指标含义及目标要求达成共识。

目标设定SMART原则：

绩效考核指标的目标设定必须是具体的、可衡量的、可实现的、现实的和有时间限制的，即符合目标设定的SMART原则：

Specific(具体的)，所设定目标必须是具体的工作任务和活动的集合，可以被证明或观察，对目标完成结果事先应有具体预期，以准确向被考核者传递明确期望，便于被考核者制定目标行动计划；

Measurable（可衡量的），所设定目标必须是可以通过获得的数据和信息衡量的，且衡量成本不能太高。可衡量并不是完全量化，有些目标只能通过定性标准来衡量；

Achievable（可实现的），所设定目标不宜过高或过低，要接近实际并具有一定的挑战性，在付出努力的情况下能够达到；

Relevant（相关的）：所设定目标必须和集团、单位（部门）目标相联系，和本岗位职责相匹配；

Time-bound（有时间限制的）：所设定目标要有时间限制，注重工作效率。

2.2.2.8完成值

关键业绩指标（KPI）的完成值即该指标实际完成数据。

工作目标（GS）的完成值是由考核者根据工作目标具体要求及实际完成情况，参照《行为尺度考核量表》评价标准，通过客观分析、判断评价得出的分数。

胜任力指标的完成值是被考核者在工作过程中表现出来的胜任力所实际达到的层级。

行为尺度考核量表

评价等级	分数	考核标准特征描述
杰出	8-9分	工作业绩远超目标： 在规定时间之前完成任务； 完成任务的数量、质量显著超过目标； 给集团带来预期外的较大益。
优秀	6-7分	工作业绩超过目标： 严格按照规定时间要求完成任务； 在数量、质量上超过目标； 超过集团预期目标。
合格	5分	工作业绩达到目标： 基本上达到规定时间、数量和质量标准； 达到集团预期目标。
需改进	3-4分	工作业绩基本达到目标： 偶有小的疏漏； 有时在时间、数量、质量上达不到规定标准； 没有给集团造成不良影响。
需告诫	1-2分	工作业绩显著低于目标： 工作中出现较大的失误； 在时间、数量、质量上与规定标准相差甚远； 经常突击完成任务； 给集团造成损失或不良影响。

2.2.2.9指标得分

绩效考核指标实行百分制考核。

（1）关键业绩指标（KPI）得分

计算公式：

正向关键业绩指标（KPI）得分=完成值÷目标值×100。

反向关键业绩指标（KPI）得分=（2×目标值-完成值）÷目标值×100。

（2）工作目标（GS）得分

计算公式：

工作目标（GS）得分=完成值÷目标值×100。

（3）胜任力指标得分

胜任力指标考核得分由考核者根据被考核者胜任力考核要求层级和在工作中的表现所达到的层级，参照胜任力评价标准，直接评价得出。

2.2.2.10评语

绩效考核时，考核者须对被考核者绩效目标完成情况进行绩效反馈，认可并强化所期望的绩效表现，对存在的问题与不足提出建设性的改进建议，鼓励被考核者尝试新的工作思路和方法。

考核者填写绩效反馈评语时，要引用具体的行为及结果实例，阐明行为结果对其他员工、单位（部门）以及集团绩效产生的影响，并表明未来对其所期望的绩效表现。

2.2.2.11量表考核得分

计算公式：

量表考核得分=∑指标得分×权重×分类权重

2.3绩效沟通记录表

2.3.1绩效沟通记录表模板

沟通项目	沟通内容
被考核者	
综合评价	
被考核者	
改进计划	
考核者	
改进建议	

2.3.2绩效沟通

（1）综合评价

被考核者综合评价个人月度业绩表现，回顾本月业绩指标完成情况和上月改进计划执行情况，总结好的经验，分析存在的问题与不足。

（2）改进计划

被考核者根据存在的问题与不足，拟定绩效改进计划，内容包括需要改进的项目、达到的目标和完成的时间。

（3）改进建议

考核者根据被考核者的综合评价和改进计划，提出建设性的改进建议。

2.3.3绩效面谈

提倡考核者与被考核者经常进行面对面的沟通与指导，每月至少1次。

第三章绩效管理流程

3.1绩效计划制定

3.1.1集团平衡计分卡（BSC）制定

工作步骤及内容	完成时间
A1.集团发展战略目标回顾 在制定新财年绩效目标前，回顾并确定集团发展战略目标，明确实现发展战略目标的衡量标准。	12月前3个工作日
A2.内外部环境分析 分析集团外部机遇和挑战、内部管理优势和劣势，判断集团经营状况，明确实现发展战略目标的具体规划。	12月前3个工作日
A3.集团平衡计分卡(BSC)修订 对新财年经营目标和工作重点达成共识，明确实现集团新财年经营目标和工作重点的衡量标准，制定集团新财年平衡计分卡(BSC)及财务预算分配计划。	12月前5个工作日
A4.目标行动计划制定 对每个目标确定负责人，并要求负责人制定具体的、可执行的目标行动计划，并就行动计划进行沟通，以保证集团平衡计分卡(BSC)的可操作性。	12月前7个工作日

3.1.2集团平衡计分卡（BSC）的分解

工作步骤及内容	完成时间
A5.集团平衡计分卡（BSC）宣讲 通过不同的组织形式向全体员工宣讲集团新财年平衡计分卡（BSC），确保员工了解集团新财年经营目标、工作重点以及衡量标准，并对集团新财年经营目标和工作重点形成共识。	12月前9个工作日
A6.集团平衡计分卡(BSC)分解 （1）与各单位(部门)负责人沟通，说明集团新财年经营目标和工作重点，明确财务预算以及对各单位(部门)的期望要求，讨论集团平衡计分卡(BSC)横向及纵向分解方法，确定每个目标的具体负责单位(部门)、行动计划和完成时间。 （2）各单位(部门)分解集团平衡计分卡(BSC)，制定本单位(部门)平衡计分卡(BSC)，确定绩效目标、行动计划、完成时间及资源配置。 （3）确认各单位(部门)平衡计分卡(BSC)，根据单位(部门)平衡计分卡(BSC)在eHR制定各单位(部门)年度业绩考核量表并送签。 （4）各单位(部门)负责人在eHR查看并确认所负责单位(部门)年度业绩考核量表。 （5）各单位(部门)子部门分解本单位(部门)平衡计分卡(BSC)，并制定子部门平衡计分卡(BSC)，确定绩效目标、行动计划、完成时间和资源配置。 （6）单位(部门)负责人确认子部门平衡计分卡(BSC)，根据子部门平衡计分卡(BSC)在eHR制定子部门年度业绩考核量表并送签。 （7）子部门负责人在eHR查看并确认所负责子部门年度业绩考核量表。	12月前15个工作日

3.1.3员工绩效考核量表制定

工作步骤及内容	完成时间
A7.单位(部门)平衡计分卡(BSC)传达 各单位(部门)及子部门负责人与本单位(部门)员工沟通，解释、传达集团及本单位(部门)新财年平衡计分卡(BSC)，明确本单位(部门)年度工作目标、重点以及对员工的期望。	12月前17个工作日
A8.员工绩效指标制定 考核者与被考核者进行沟通，对员工新财年的业绩指标、胜任力指标及目标、行动计划形成共识。	12月前17个工作日
A9.资源需求的提出与确认 各岗位员工、单位(部门)提出为实现绩效目标及行动计划所需的资源，包括人力、资金和物资设备等。 集团对各单位(部门)及员工资源需求进行审核和确认，实现资源的最优配置。	12月前20个工作日

A10.员工月度业绩考核量表制定 考核者根据被考核者年度业绩指标、目标及行动计划，按时间要求进行分解，在eHR制定被考核者月度业绩考核量表，完成指标分类、分类权重、指标项、目标值、目标及要求的设置，并送签至被考核者签核完毕。	月度开始前3个工作日
A11.员工季度胜任力考核量表制定 考核者根据被考核者年度胜任力指标及目标，在eHR制定被考核者季度胜任力考核量表，完成指标分类、分类权重、指标项、目标值、目标及要求的设置，并送签至被考核者签核完毕。	季度开始前3个工作日

3.2实施计划

工作步骤及内容	完成时间
B1.实施计划 考核者与被考核者保持密切沟通，考核者跟踪、掌握被考核者月度业绩表现和季度胜任力表现，提供必要的指导和支持，帮助被考核者达成业绩目标、提高胜任力水平。	——

3.3绩效考核

工作步骤及内容	完成时间
C1.员工月度业绩考核数据收集 考核者或单位(部门)HR专员收集被考核者月度业绩指标完成数据，为员工月度业绩考核做好准备。	月度结束后3工作日
C2.员工月度业绩考核 考核者在eHR录入被考核者月度业绩指标完成值及评语，确认并提交被考核者月度业绩考核量表得分。	月度结束后5工作日
C3.员工季度胜任力考核数据收集 考核者或单位(部门)HR专员收集被考核者胜任力指标表现信息，为员工季度胜任力考核做好准备。	季度结束后7工作日
C4.员工季度胜任力考核 考核者在eHR录入被考核者季度胜任力指标表现层级、评价指标考核得分及评语，确认并提交被考核者季度胜任力考核得分。	季度结束后9工作日
C5.年度绩效考核数据收集 人力资源部收集各单位(部门)年度业绩指标完成数据，并与各单位(部门)负责人沟通、确认； 人力资源部收集员工月度业绩考核量表得分和季度胜任力考核量表得分。	年度结束后7个工作日
C6.年度绩效考核 根据各单位(部门)年度业绩指标完成数据，录入各指标项完成值、评语，确认并提交单位(部门)年度业绩考核量表得分。 人力资源部计算单位(部门)和员工年度绩效考核得分，并与各单位(部门)负责人和员工本人沟通、确认。	年度结束后10个工作日

3.4绩效沟通

工作步骤及内容	完成时间
D1.综合评价和改进计划填写 员工在eHR新增月度绩效沟通记录表，填写综合评价和改进计划，并确认完毕。	月度结束后3工作日
D2.改进建议填写 绩效沟通负责人在eHR查看员工综合评价和改进计划，填写改进建议，送签绩效沟通记录表。	月度结束后5工作日
D3.绩效沟通记录表确认 绩效沟通双方在eHR签核确认月度绩效沟通量表。	月度结束后7工作日

3.5绩效改进

工作步骤及内容	完成时间
E1.被考核者实施改进计划 被考核者实施改进计划。	——
E2.考核者指导改进计划 考核者跟踪被考核者绩效改进计划落实情况，并提供必要的指导和支持，帮助被考核者实施绩效改进计划。	——

3.6绩效申诉

在绩效考核过程中，职能部门员工如果认为受到不公平对待，在和直接考核者沟通无效的情况下，有权利在被告知考核结果后5个工作日内向其所在单位（部门）分管领导申诉，逾期视为认可绩效考核结果。

在绩效考核过程中，事业部员工如果认为受到不公平对待，在和直接考核者沟通无效的情况下，有权利在被告知考核结果后5个工作日内向分管领导申诉，逾期视为认可绩效考核结果。

员工申诉时需要以电子文档形式提交《绩效考核申诉表》，分管领导接到申诉之后，要积极、妥善处理争议。

第四章绩效考核结果

4.1绩效考核计算

4.1.1月度业绩考核得分

员工月度绩效考核得分即个人月度业绩考核量表考核得分。

4.1.2季度胜任力考核得分

员工季度胜任力考核得分即个人季度胜任力考核量表考核得分。

4.1.3年度绩效考核得分

休假当月业绩考核得分不参与年度绩效考核得分计算。

（1）集团领导年度绩效考核得分

计算公式：

集团领导年度绩效考核得分=个人月度业绩考核平均得分×50%+分管单位（部门）年度业绩考核得分×20%+个人季度胜任力考核平均得分×30%

（2）单位（部门）负责人年度绩效考核得分

计算公式：

单位（部门）负责人年度绩效考核得分=个人月度业绩考核平均得分×40%+负责单位（部门）年度业绩考核得分×30%+个人季度胜任力考核平均得分×30%

（3）其他员工年度绩效考核得分

计算公式：

员工年度绩效考核得分=个人月度业绩考核平均得分×70%+个人季度胜任力考核平均得分×30%

4.2绩效等级评定

单位（部门）、员工月度、年度绩效等级分为A、B、C、D和E五个等级，分别代表月度、年度绩效考核结果为杰出、优秀、合格、需改进和需告诫。

各单位（部门）和员工分别根据月度、年度绩效考核得分，以及所在评定序列绩效等级强制分布比例，确定月度、年度绩效等级。

4.2.1绩效等级评定序列

集团各单位（部门）分为职能部门和事业部两个评定序列。

员工分为集团领导、职能部门负责人、事业部负责人、各职能部门副职及以下员工、各事业部部门主任及以上员工、各事业部管理序列其他员工、各事业部编辑、各事业部记者和各事业部校对共九个绩效等级评定序列。

在子公司任职总经理、副总经理岗位的集团员工，按照集团绩效管理办法评定年度绩效等级。

4.2.2绩效等级强制分布比例

（1）集团领导

月度、年度绩效等级强制分布比例 (%)				
A	B	C	D	E
0	25	75	0	0

（2）职能部门、事业部及其负责人

各职能部门、事业部及其负责人月度、年度绩效等级根据各职能部门和事业部分管领导的月度、年度绩效等级确定。

（3）各职能部门副职及以下员工、各事业部部门主任及以上员工，各事业部管理序列其他员工、各事业部校对

管理序列		月度绩效等级强制分布比例 (%)				
		A	B	C	D	E
单位（部门）绩效等级	A	15	25	60	0	0
	B	10	20	65	5	0
	C	5	15	70	10	0
	D	0	15	70	10	5
	E	0	10	70	15	5

管理序列		年度绩效等级强制分布比例(%)				
		A	B	C	D	E
单位（部门）绩效等级	A	10	20	70	0	0
	B	5	20	75	0	0
	C	5	15	80	0	0
	D	0	15	75	5	5
	E	0	10	70	15	5

(4)各事业部编辑、记者

专业序列		月度绩效等级强制分布比例(%)				
		A	B	C	D	E
单位（部门）绩效等级	A	15	25	55	5	0
	B	15	20	55	5	5
	C	10	15	60	10	5
	D	5	15	60	15	5
	E	0	15	60	15	10

专业序列		年度绩效等级强制分布比例(%)				
		A	B	C	D	E
单位（部门）绩效等级	A	15	25	60	0	0
	B	10	25	55	5	5
	C	10	20	60	5	5
	D	0	15	70	10	5
	E	0	10	70	15	5

4.2.3绩效等级强制分布规则

各绩效等级强制分布顺序依次为E、D、A、B和C，具体人数根据比例、按四舍五入的方法确定。如E等级人数不满1人，则E等级比例加到D等级比例中，D等级人数再按E、D等级比例之和确定；如A等级人数不满1人，则A等级比例加到B等级比例中，B等级人数再按A、B等级比例之和确定。A、B等级人数占总人数的比例不超过A、B等级比例之和5个以上百分点；D、E等级人数占总人数的比例不能超过D、E等级比例之和的5个以上百分点。

第五章绩效结果应用

5.1薪酬分配

员工岗位固定薪酬、岗位浮动薪酬、补贴和年终效益奖、社保根据月度业绩考核得分或年度绩效考核得分分配。具体办法详见《员工薪酬管理办法》。

5.2职业生涯发展

根据月度、季度和年度绩效考核结果进行员工职业生涯发展的规划和管理。具体办法详见《员工职业生涯发展管理办法》。

第六章附则

（1）在此之前施行的文件与本办法不一致的内容，以本办法为准。

（2）本办法由集团人力资源部负责解释和修订。

（3）本办法自2011年1月1日起施行。

（此页无正文）

中共烟台日报传媒集团委员会

2010年12月26日

烟台日报传媒集团员工时间管理细则

第一章总则

1.1指导思想

为规范员工考勤和假期管理，保障集团工作有序进行，提高员工工作效率，树立良好的工作作风，根据《劳动法》和国家有关规定，结合集团实际情况，特制定本细则。

1.2适用范围

本细则适用于集团职能部门和事业部全体员工。子公司可参照制订自身的时间管理办法。

第二章作息时间

2.1工作时间

1.1.1职能部门员工

职能部门员工每周工作五天，即周一至周五为工作时间，具体上班时间见下表：

时间	周一至周五(5月1日至9月30日)	周一至周五（10月1日至4月30日）
上午	8:30——12:00	8:30——12:00
午休	12:00——14:00	12:00——13:30
下午	14:00——17:30	13:30——17:00

有值班要求的，由部门自行安排时间，值班安排表报人力资源部备案。

1.1.2事业部员工

各事业部结合本部门工作实际，自行安排工作时间和休息时间。作息方案及调整情况须及时交人力资源部备案。工作时间安排，原则上一周不少于35小时。

2.2公休日

公休日为每周星期六、星期日。

2.3法定节假日

国家法定节假日为：元旦、春节、清明节、劳动节、端午节、中秋节、国庆节，具体放假时间及安排以集团通知为准。

2.4作息时间调整

根据工作需要，集团可以相应调整员工作息时间。

第三章考勤

3.1考勤方式

集团实行打卡考勤，员工须自觉遵守工作时间，一日打卡两次，即上班打卡一次，下班打卡一次，打卡时间为首次到岗时间和末次离岗时间。

员工上下班均需亲自打卡，任何人不得代理他人或由他人代理打卡,凡有代理打卡行为，一经发现，双方按旷工一日论处。

3.2迟到

上班时间已到而未到岗者，即为迟到。上班时间开始后30分钟内上班者，按迟到论处；超过30分钟以上者，按旷工半日论处；月累计迟到三次的，按旷工一日论处。

3.3早退

未到下班时间而提前离岗者，即为早退。提前30分钟以内下班者按早退论处；超过30分钟者按旷工半日论处；月累计早退三次的，按旷工一日论处。

3.4旷工

迟到、早退超过30分钟，或未经准假而不到岗者，均为旷工。

凡员工旷工者，除不发给当日岗位固定薪酬及补贴外，同时处以旷工时间岗位固定薪酬三倍的罚款。旷工7天（含）以内，集团通报批评；一个年度内累计旷工7天以上，解除劳动合同。

3.5未打卡处理

员工须先到打卡，然后再开始工作或外出办理业务。未打卡的员工（按规定请假的员工除外），特殊情况需事先报单位（部门）负责人，回单位后按照审批程序由单位（部门）负责人在《未打卡原因申请表》上予以批准注明。凡本人未打卡又未经单位（部门）负责人批准证明者，一律按迟到、早退或旷工处理。

员工外出办理业务前须向本单位（部门）负责人说明外出原因及返回单位（部门）时间，否则按旷工处理。

3.6因公出差

员工因公出差，须事先填写《出差审批表》，单位（部门）负责人以下人员由单位（部门）负责人批准；各单位（部门）负责人出差由分管领导、主要领导批准；集团分管领导出差须报集团主要领导批准。

第四章休假

4.1年休假

员工工作时间满1年后，可享受年休假，休假天数根据工作年限确定：

（1）工作年限满1年不满10年的，年休假5天；

（2）工作年限满10年不满20年的，年休假10天；

（3）满20年的，年休假15天。

国家法定休假日、休息日不计入年休假假期。

当年有下列情形之一的，不享受当年的年休假：累计工作满1年不满10年的职工，请病假累计2个月以上的；累计工作满10年不满20年的职工，请病假累计3个月以上的；累计工作满20年以上的职工，请病假累计4个月以上的。

4.2婚假

员工凭结婚证申请婚假。一般婚假3天（女未满23岁、男未满25周岁）。男女双方按晚婚（女满23周岁、男满25周岁）要求结婚的，除国家规定的婚假外，增加婚假14天。

4.3丧假

员工父母、子女、配偶或岳父母死亡，给予丧假3天。员工祖父母、外祖父母或兄弟姐妹死亡，给予丧假1天。

4.4产假

女员工产假为90天，其中产前休假为15天。剖腹产的，增加产假15天；多胞胎生育的，每多生育一婴，增加产假15天；

女方晚育的（指已婚妇女年满23周岁生育第一个子女），增加产假60天。

女员工怀孕不满2个月流产的，产假为15天；怀孕满2个月（含2个月）以上不满4个月流产的，产假为30天；怀孕满4个月（含4个月）以上流产的，产假为42天。

男员工护理假7天。

4.5探亲假

员工工作满1年，与配偶或父母不住在一起，又不能在公休假日团聚的，享受探亲假。

员工探望配偶的，每年给予探亲假1次，假期为30天。

未婚员工探望父母的，原则上每年给假1次，假期为20天。如因工作需要，集团当年不能给予假期，或者员工自愿2年探亲1次的，可以2年给假1次，假期为45天。

已婚员工探望父母的，每4年给假1次，假期为20天。

4.6病假

员工因病需要治疗或休息，可申请休病假，须提供烟台市市直定点医院出具的医疗诊断书。

4.7事假

员工因私事不能到岗工作，经本单位（部门）负责人同意后可请事假，原则上一个年度内累计事假不超过20个工作日。

第五章请假

员工请假须事先在eHR填写《请假申请单》，按流程签核后，按批准假别和时间休假；否则，均以旷工论处。

事假、公休假和非急病病假，须于休假前2个以上工作日办理请假手续。因突发事件或急病来不及提前办理请假手续者，应通过电话迅速向单位（部门）负责人报告，并于当日由单位（部门）负责人代办请假手续；否则，均以旷工论处。

第六章附则

（1）本细则由集团人力资源部负责解释、修订和组织实施。

（2）本细则自2011年1月1日起执行。

中共烟台日报传媒集团委员会

2010年12月26日

关于深入开展“走基层、转作风、改文风”活动的实施意见

烟报字[2011]40号

各单位、各部门：

按照中央、省、市有关指示精神，结合工作实际，集团决定，从本月起到12月底，开展“走基层、转作风、改文风”活动。现就活动的实施提出意见如下。

一、活动目的

通过广泛深入开展“走基层、转作风、改文风”活动，实现三个提高：一是提高新闻采编队伍的整体素质，引导全体采编人员深入基层、深入一线，把基层当作最好的课堂，把群众当作最好的老师，在实践的锤炼中增强政治素质、业务素质；二是提高新闻宣传报道水平。贴近实际、贴近生活、贴近群众，强化群众视角、运用群众语言、回应群众关切，打造读者喜闻乐见的精品力作；三是提高媒体的品牌影响力和读者忠诚度。密切与广大读者的联系，更好地站稳群众立场，增进群众感情，拉近与读者群体和客户单位的距离，扩大媒体的市场占有率和覆盖面。

二、活动安排

（一）组织全体采编人员到基层一线“轮岗”，做好“走转改”专题报道

各媒体要以总编辑带队，成立“走基层”特别采访小组，组织全体编辑、记者轮流沉到街道、社区、农村、企业等基层一线，走近城市、农村的普通人群和最基层的工作人员，用全媒体手段去记录、反映他们的日常生活，同时展示烟台城乡经济社会发展的新变化、新面貌。

从现在起到年底前，各媒体要在重要版面开设“走基层、转作风、改文风”的专版和专栏，持续推出记者编辑深入基层、深入一线的报道。

烟台日报开设四个“走基层、转作风、改文风”相关专栏。其中，在一版开设“YMG现场新闻大赛”专栏，刊发记者、编辑在基层一线的现场体验和调查等；在二版和其他重要版面开设“蹲点调研”、“第一现场”、“YMG记者在基层”等专栏，围绕政府关心、群众关注的热点问题，以深度报道、现场新闻、连续报道等多种形式展开报道。

烟台晚报开设三个“走基层、转作风、改文风”专栏。其中，在二版开设“来自基层一线的报道”专栏，刊发广大采编人员来自基层一线的报道，充分反映开展“走转改”活动取得的积极成果；在重要版面开设“蹲点笔记”专栏，刊发编辑在蹲点调研过程中的感悟和见闻，继续

开设“一个人的战斗”专栏，体验式报道基层一线最鲜活的新闻。

今晨6点在重要版面开设《走基层•话民生》专栏，关注民生话题，开设《走基层•热点追踪》专栏，持续追踪社会热点，开设《走基层•我当居委主任》专栏，蹲点居民社区，开设《走基层•影像记录》专栏，用图片记录百姓生活。

华夏酒报要组织采编人员走访企业和市场，在车间、生产基地和市场中发掘新闻素材，转作风，改文风，切实提高报纸的贴近性和影响力。

今日系列社区报要根据集团的活动方案，结合自身特点，制定实施细则，使活动的开展取得实效。

水母网开设“走基层、转作风、改文风”活动专题，并在首页醒目位置设置链接。专题集纳集团各媒体刊载的“走转改”报道，开设“记者在基层”、“一线报道”、“第一现场”、“蹲点笔记”、“走基层、看民生”等栏目。同时，开设“与网友同行”专栏，从网络上征集基层线索，网络编辑与网友一同走基层，充分做好来自基层一线的报道。

（二）建立覆盖全市的“新闻联系点”

集团各媒体要结合自身特点，发挥自身优势，建立覆盖全市的“新闻联系点”，使“走转改”活动制度化、常态化。

全媒体新闻中心以部门为单位划定14个县市区联系点，建立乡镇、村居、居民三级联系点制度，每名记者建立500人的市民联系网，逐个发放“记者联系卡”，做到随时联络、随时走访；记者每个月至少一次实地采访联系点，了解基层政府发展思路、群众生活风貌及面临的现实问题。

烟台日报在全市确定20个乡镇、村（企业、社区、学校）联系点，分期分批组织编辑轮流到联系点调研。每名编辑每月至少写两篇来自联系点的鲜活报道。

烟台晚报和今晨6点在全市每个县市区确定一个村作为联系点，每季度由总编辑或副总编辑带队到联系点采访调研，研究确定媒体阶段宣传重点；分期分批组织编辑轮流到联系点蹲点调研，并采写蹲点笔记在报纸刊发。

华夏酒报和今日系列社区报充分发挥扎根厂企和县域一线的优势，由总编辑带队，深入基层，深入市场，及时了解最新动向和市场信息。

水母网利用水母论坛和烟台民意通板块，由总编辑带队定期到基层了解情况、报道问题、解决问题。

各媒体在10月15日前，将各自确定的联系点报送集团办公室，在集团层面形成新闻联系点汇总表和信息库。

（三）进一步完善基层群众反馈信息渠道

集团各媒体要进一步完善沟通协调机制，充分发挥“烟台民意通”的渠道作用，及时反映社情民意，解决民生难题。

96110民意通呼叫中心要确保“96110”热线电话的24小时畅通，全媒体新闻中心要安排专职记者值守热线，及时采访了解情况，协调有关部门解决问题，并选择有代表性的事件进行报道。

水母网要充分利用“烟台民意通”互

动平台，继续做好《留言&回复》、《民意会客厅》、《报网互动》、《民意热点》等栏目，对网民在相关页面填写的意见、咨询、投诉，联系各相关部门在平台上及时进行答复，与市民在线交流。

烟台日报、烟台晚报、今晨6点要继续做好“党报热线”、“爱心驿站”、“老于帮办”、“社区大管家”等知名民生栏目，指定专门记者和编辑，选取市民热线留言、网络发帖和各部门反馈情况进行报道。全媒体新闻中心要与各媒体密切沟通，使集团品牌民生栏目每周都能走进社区，与读者面对面交流，现场解决市民疑难问题。今日系列社区报要积极地向集团全媒体供稿平台供稿，将基层的新闻线索及时反映上来，丰富媒体内容和信息渠道。

（四）开展采编人员专题教育培训

各媒体要将“走转改”活动与“三个一切”群众路线主题教育活动、“增强社会责任，杜绝虚假报道”教育活动等有机结合起来，采取分散自学、集中交流等多种形式，教育和引导广大采编人员牢固树立马克思主义新闻观，不断增强政治意识、大局意识和群众观念，切实提高新闻宣传工作水平。

三、工作要求

1.切实加强组织领导。集团成立由各媒体总编辑组成的“走转改”活动领导小组，集团办公室负责对集团“走转改”活动进行调度协调。各媒体要成立相应的领导小组，媒体总编辑要亲自带队下基层，亲自写稿，拿出新闻精品，要制定出符合媒体实际的具体方案，确定专门的分管领导靠上去抓各项工作的落实。

2.建立完善考评激励制度。各媒体和全媒体新闻中心要对采编人员的考核办法进行相应调整，对记者、编辑走基层的报道在考核上予以重点倾斜，从考评制度上保证走基层、到一线的编辑记者不吃亏、受鼓励，充分调动广大采编人员参加“走转改”活动的积极性和主动性。

3.加强对活动的督导检查。集团法务督查部负责对各媒体开展活动的情况进行督导检查。各新闻媒体内部也要建立完善活动督导检查制度，定期对所属各采编部门及广大编辑记者开展活动的情况进行检查，以推动活动深入扎实地开展。

烟台日报传媒集团

2011年10月9日

附　录

烟台日报社的对外开放

孙为刚

1945年8月24日，八路军胶东军区部队解放海滨城市烟台。9月18日，中共烟台市委机关报《烟台日报》创刊。作为中国共产党创办最早的解放区沿海城市党委机关报，烟台日报社自诞生之日就开始了对外开放历程。

本文将从三个历史阶段，对烟台日报社的对外开放加以叙述。

创刊初期的对外开放

由于地处沿海城市，又是中国共产党创办的解放区第一份沿海城市党委机关报，《烟台日报》创办之初，便有了对外开放的经历。

1945年10月，美军两栖作战部队以"保护侨民财产"的名义企图登陆烟台，为蒋介石抢占地盘。烟台军民与之进行了有理、有力、有节的斗争。烟台日报社副总编辑宋慈心作为中方唯一的记者随中方谈判代表登上美国军舰，采访双方谈判情况。当时，宋慈心随身只有老解放区配发的粗布衣服，为展现解放区新闻工作者的形象，报社特地从一大户人家借来一件旗袍。在采访中，宋慈心不卑不亢，落落大方，圆满完成了采访报道任务。这是烟台日报记者第一次执行对外采访任务。虽然条件艰苦，但烟台日报社的前辈们不辱使命，展现了解放区新闻工作者的良好形象。

《烟台日报社志》"大事记"记载："1946年春，苏联记者到报社访问。"《烟台日报社志》第33页的一幅图片佐证了这件事。图中共四人，据创刊初期的老报人纪兆璞回忆，图片中左二便是苏联记者，右二是当时的烟台日报社长兼总编辑于大申，左一是当时的通联科长汪渤，右一是市政府外事部门派的翻译。这位苏联记者是到访《烟台日报》的第一位外国记者。这位苏联记者的姓名，来自苏联哪家新闻单位，访问烟台日报社的具体时间等等，由于年代久远，加之主要当事人已经去世等原因，已经无法得到更为详细的资料。

1946年6月，根据“双十协定”，广东东江纵队2400余人乘3艘美国军舰北撤烟台。为采访这次新闻事件，宋慈心第二次登上美国军舰执行采访任务。这一次，由报社出资，为她做了一件灰细布的列宁装作为工作服，登上美舰执行采访任务。

1947年5月23日，烟台发生了轰动解放区和“蒋管区”的“杨禄奎事件”。因为肇事方为联合国善后救济总署美籍司机史鲁域祺，所以此次报道成为解放区新闻史上一次影响深远的外事报道。在事件发生后的一个半月的时间里，烟台日报社记者肩负社会正义，克服缺乏外事经验等不利因素，先后采访社会各界，包括肇事单位、肇事司机，先后刊发新闻稿件54篇，全方位报道了这次涉外事件，促进了“杨禄奎事件”的公平公正解决，展现了解放区新闻工作者的良好形象。“杨禄奎事件”后来上了历史教科书，还被拍成了电视连续剧。

《烟台日报社志》“大事记”记载：1947年秋，美国合众社女记者葛兰恒女士到烟台日报社访问。有关葛兰恒的资料很少，《山东画报》的创始人康矛召在一篇文章中说：“美国合众社女记者葛兰恒是到过山东战场的第一位外国记者。她是在鲁南战役刚结束时到达山东的，她见到我们是怎样大量歼灭国民党有生力量而不计一城一地得失，并最后取得解放战争的胜利。”葛兰恒在烟台参加了”杨禄奎事件”公审、公祭的过程，5月31日，葛兰恒在《烟台日报》“播种”副第115期上发表了题为《杨禄奎事件》的文章，她在文章中写道：“美国人为了轧死一个中国苦力而作公开的道歉，在中国许多世纪的历史上，还是第一回。”据老报人回忆，1947年9月下旬，葛兰恒随烟台日报社撤往牟平县石字岘村（现属乳山市午极镇）。2000年秋天，笔者曾前往石字岘村采访，据当地村民回忆，当时一个外国女人带着一个小孩曾和报社人员一起住在他们村，村民们印象很深一件事是，那个小孩大便后那个外国女人用纸给他擦屁股，村民们认为那是一件很奢侈的事，所以印象很深。在石字岘村进行为期一个多月的总结后，1948年3月，烟台日报社的大部分人员在社长于大申的带领下，随军南下，葛兰恒之后的去向，不得而知。

改革开放后至20世纪末的对外开放

1951年12月16日，中共烟台市委机关报复刊。此后的20余年，由于种种原因，整个国家的大门是关闭的，烟台日报社也不例外。这期间，报社既无记者赴境外采访，也无境外记者到报社访问，这种情况直到1986年才被打破。

这年8月，来自非洲索马里的几位记者到烟台日报社访问。当时的情景，笔者记忆犹新。在办公室，我见到了几位来自非洲的黑人记者，并与他们握手表示欢迎。印象很深的是，他们卷曲的头发紧贴着头皮，握手之后，发现他们的手掌和我们一样是黄色的。此前在大街上也见过非洲黑人，但这样近距离地接触并握手还是第一次。一年多后的1988年6月19日，索马里新闻代表团一行3人再次到访烟台日报社。7月，日本经济新闻社记者到报社访问。

与此同时，报社领导层也走出国门，开始赴境外访问考察。1989年春，时任报社党委书记、总编辑的周曙光随中国新闻代表团访问英国。1992年10月，时任报社党委书记姜宗文随中国记协代表团赴香港、澳门考察。1993年1月，时任报社总编辑王永福随山东省新闻界东南亚考察团赴新加坡、马来西亚、泰国考察访问。1993年4月，时任报社副总编辑侯云友随烟台新闻代表团访问日本别府市。1994年10月，时任报社副总编辑孙佑天随山东省新闻代表团赴美国考察访问。1996年7月25日，烟台日报社与香港大公报社联办《今日烟台》专版签字仪式在烟台碧海大厦举行。自9月开始，香港《大公报》每月15日刊发一期《今日烟台》专版，为向境外宣传烟台，介绍烟台进行大胆而积极的探索。1996年8月，报社原副总编辑孙佑杰应邀访问韩国。这些考察访问，多为随团组考察访问。为报社领导层开阔眼界，解放思想打下良好基础。

在报社领导出境考察访问的同时，报社记者也通过多种途径，相继走出国门，进行采访报道。1995年6月，《烟台晚报》记者曹玉娟赴瑞典斯德哥尔摩采访第二届女子足球“世界杯”赛，成为报社记者走出国门采访报道的第一人。她从瑞典发回的关于女足世界杯的报道，让烟台读者第一时间了解到这一世界级赛事的盛况。1996年3月，《烟台日报》记者孙为刚随中国文联考察团赴美国访问考察。回国后在《烟台日报》连续刊发15篇“美国掠影”，报道美国所见所闻。1997年5月，《烟台晚报》记者孙洪威赴日本大阪市采访。1999年6月，《烟台晚报》记者曹玉娟赴美国采访报道第三届女足“世界杯”赛。这些采访报道，拉近了烟台读者与世界的距离，为读者了解世界打开了一扇窗户。

21世纪以来的对外开放

进入新世纪，烟台日报社加快了对外开放的步伐。对外开放的地域不断扩大，内容更加广泛，交往日益频繁。

与近邻韩国的交流开放空前活跃。2003年10月，韩国仁川日报权赫哲部长到报社参观访问。2004年12月15日，韩国仁川日报社社长黄虎秀一行6人到报社访问；16日，烟台日报社、仁川日报社建立友好报社关系协议签字仪式在烟台日报社8楼会议室举行。随后，仁川日报社社长黄虎秀在烟台日报社“百家讲堂”发表了热情洋溢的演讲。以黄虎秀此次访问为起点，烟台日报社与仁川日报社等韩国媒体的开放交流进入了一个日益活跃的新时期。

2005年11月22日，以尹光镐为团长的韩国光州采访团到报社参观访问。新年前夕，烟台日报社社长、总编辑郑强和韩国仁川日报社社长朴世镐互致贺电，祝贺新年。

2006年4月21日，韩国京仁日报社社长宋光锡一行到报社访问。6月15日，韩国《光州日报》、《济民日报》等19家媒体组成的韩国地域新闻发展委员会记者访问团一行25人到烟台日报传媒集团参观考察。2007年6月23日，韩国仁川新闻代表团到集团访问。2008年4月10日，以韩国仁川日报社专务皇甫银为团长的仁川日报社访问团到集团参观访问，并与烟台日报社签署友好备忘录。2009年5月4日至6日，烟台日报传媒集团副理事长、副总编辑赵景涛一行3人，应邀访问韩国京仁日报社、仁川新闻社。6月6日，韩国京仁日报社社长宋光锡一行到烟台日报社访问，双方签署缔结友好报社关系协议书，宋光锡社长并在报社“百家讲堂”发表《傻瓜精神成就一流报纸》的演讲。8月6日至9日，烟台日报社社长、总编辑郑强应邀赴韩国仁川参加世界城市庆典活动，并访问仁川日报社、京仁日报社、韩中经济人协会，并签署《中国烟台日报社、韩国京仁日报社中韩亲善国际马拉松赛友好合作框架协议》。

2010年8月28日，韩国仁川日报社仁川港湾公社经营策划组组长金垂吉一行6人到集团参观访问。9月，落实《中国烟台日报社、韩国京仁日报社中韩亲善国际马拉松赛友好合作框架协议》项目——“首届中韩（烟台）国际马拉松大赛”在烟台举行，共有来自中国、韩国、美国、日本、新加坡、澳大利亚、马来西亚等6个国家和地区的近3000名选手参赛。此举开创了由地方新闻媒体举办国际赛事的先例。

在此期间，报社与世界各地的出访交流也日益活跃。

2002年8月，副总编辑王家琳随山东省新闻采访团赴台湾访问。2006年8月23日至9月4日，烟台日报社社长、总编辑郑强，《烟台日报》要闻部主任滕岳随烟台市新闻学会采访团赴台湾进行新闻交流，并首次启动互联网访问远程办公网络系统，跨越海峡进行新闻报道。9月19日至29日，副总编辑王英斌一行赴菲律宾、香港、台湾考察报刊发行市场。

2007年5月16日，台湾“中国新闻学会”访问团一行到烟台日报传媒集团访问交流。8月3日，台湾传播管理研究协会访问团一行13人到集团访问。

2008年3月28日，新加坡报业控股华文报集团副总裁、华文报新闻工作者协会会长林焕章为团长的新加坡华文报集团代表团一行14人到集团访问交流，并与集团篮球队进行篮球友谊赛。5月19日，报社副总编辑赵景涛、王英斌一行赴美国考察。

在此期间，欧洲、亚洲等国家和地区也留下了烟台日报社记者的身影。2002年7月，报社副总编辑殷成明、张海波应邀赴奥地利考察；同月，《烟台晚报》记者张凯赴韩国采访报道韩日“世界杯“足球赛。2003年4月，报社副总编辑殷成明随烟台市新闻代表团赴日本、韩国考察。2004年8月，《烟台晚报》记者张均赴希腊雅典采访报道世界射击锦标赛。2004年11月，报社副总编殷成明随烟台市新闻代表团赴韩国考察。2005年3月25日至4月3日，应韩国仁川日报社邀请，《烟台日报》专刊部主任孙为刚、新闻图片中心主任兰培喜赴韩国采访报道韩国仁川国际马拉松赛。同年4月19日，应韩国仁川日报社邀请，烟台日报记者部副主任杨松涛、记者邹海东赴韩国采访。

随着对外开放步伐不断加快，烟台日报社的对外开放将更加广泛和深入。

《烟台日报》创刊60周年石刻创意、制作、安放始末

韩文友 孙为刚

2005年9月18日，是《烟台日报》创刊60周年纪念日。

60年，在中国天干地支纪年中无疑是一个重要的年份。60年，一个甲子的轮回；60年，半个多世纪的岁月。加之刚刚进入新世纪，报社党委决定，举办系列活动，隆重纪念《烟台日报》创刊60周年。当时议定的主要内容有以下几项：一是举办一个隆重的庆典；二是编纂出版《烟台日报社志》；三是编辑出版两本书：即《一起分享——<烟台日报>创刊60周年精品选》、《一路同行——“我与烟台日报社”征文集》等。纪念石刻并未在当时议定的项目之内。

选定石材

2005年5月，时任《今晨6点》记者部主任的韩文友到烟台大海阳石材有限公司采访。在与该公司总经理宋国然的交谈中，韩文友透露报社将隆重庆祝《烟台日报》创刊60周年。宋国然谈到，公司有一块长5.8米，宽4.8米，厚0.5米，面积28平方米，重20吨，酷似报纸形状的巨石，可加工成石刻，赠送报社，纪念创刊60周年。

韩文友立即向报社主要领导汇报了这个设想，领导们感到创意很好，指示韩文友继续洽谈。8月中旬，宋国然来到报社，与报社党委书记、总编辑郑强见面，就石刻的图案、创意进行详细交流，并达成一致意见。

8月26日，宋国然带着设计方案和效果图再次来到报社，与报社主要负责人讨论交流。石刻设计方案正面为《烟台日报》创刊号（局部），背面为创刊60周年碑铭。整体设计风格集写实、抽象于一体，涵括了点、线、面等艺术元素，形式新颖、手法夸张，从二维到三维视觉角度全面再现了烟台日报社60年的历史与文化积淀。

为了赶在创刊纪念日将石刻赶制出来，大海阳石材公司立即调集精兵强将，投入紧张的加工制作中。公司抽出一间最大的办公室，将创刊号样报放大、拓印、拼接，写真纸样铺满整个办公室地面。公司上下，全力以赴，美工人员或趴、或坐，一笔一划地描摹，校对人员对照原稿认真校对。两天后，写真纸样送进工厂，黏贴在巨石之上。工人们立即进入加工制作过程。与此同时，碑铭起草工作也列入议事日程。

起草碑铭

碑铭篇幅有限，但要反映报社60年的历史变迁、辉煌成就，需要高度概括，且要求文采斐然。报社领导十分重视，成立专门的碑铭起草小组，并先后多次召开会议，讨论碑铭文稿。

2005年9月12日，报社党委在8楼会议室召开石刻碑铭起草座谈会。经报社党委主要领导同意，从报社内部（含退休的老同志）和社会上对此类文字有研究的专家学者共5人组成起草小组。他们分别是：安家正（烟台教育学院教授）、吕福堂（市史志办副主任）、张景芬（烟台大学教授）、刘汉君（烟台日报社原文教部主任）、孙为刚（烟台日报社专刊部主任），后又增加贺宗仪（市委宣传部文化科长、烟台市诗词楹联学会主席）、杨松涛（烟台日报综合新闻部主任）为起草小组成员。会上，起草小组成员对碑铭的主要内容、文体形式进行了充分的探讨。并商定，起草小组每人各起草一稿。2005年底，起草小组成员的草稿陆续提交报社，有的还先后提交两稿。

原稿中有骈体文稿和白话文稿两种，决定由孙为刚执笔，在骈体文基础上修改，先后三易其稿，均不甚理想，遂决定起草白话文稿征求意见。2009 年5月22日，起草小组将白话文稿提交党委成员讨论，未获通过。又决定以骈体文形式起草第五稿。在第五稿的基础上，又经过三次较大修改，到2009年底，碑铭基本定稿。定稿的碑铭正文分6个自然段，608字（含标点符号，不含注释），并在《烟台日报传媒集团年鉴（2009）》“附录”部分（197页）刊载。

期间，为追求高质量的碑铭文稿，报社领导还委托有关人员先后联系北京、四川的专家，请他们参与创作，但因种种原因未果。

直到2010年3月末，碑铭文稿的最后定稿正式交予大海阳石材有限公司加工制作。2010年4月，历时5年，纪念《烟台日报》创刊60周年石刻全部完工

选址安放

由于纪念石刻体积巨大，安放何处颇费周折。

考虑到《烟台日报》为中国共产党创办最早的解放区沿海城市党委机关报，是烟台这座海滨城市的一张文化名片，纪念石刻的安放地应与之相称。

当时考虑的第一方案为素有“城市会客厅”之称的滨海广场，经过多方沟通协调，有关方面基本同意，后因种种原因，此方案未能实施。第二方案为月亮湾西侧的国际会展中心广场，并制作效果图报送市政府有关部门。此方案亦未获通过。第三方案为文化广场小树林，亦未能获准。最后，经有关方面同意，纪念石刻安放在南山公园栖云阁南门西侧。

虽然加工车间距离安放地只有20公里，但是由于石刻超高、超宽、超重，且边角锋利，稍有不慎，将前功尽弃。为将石刻顺利运抵安放地，大海阳石材公司从装车、起运都做了充分的准备。公司总经

理宋国然亲临现场督运。为保证一路畅通，还特地联系警车开路。2011年9月18日6时，纪念石刻自大海阳石材公司车间起运。经过4小时的运行，石刻顺利抵达南山公园栖云阁南门。

2011年9月18日，历时6年，《烟台日报》创刊60周年石刻终于安放在南山公园栖云阁南门西侧，向游人开放。